CONTEMPORARY SHANGHAI ST...
Celebrating the 75th Anni...
of the Founding of the People's Re...

当代上海研究论丛
第6辑

庆祝中华人民共和国
成立75周年

当代上海研究所　／编
上海市地方史志学会

上海社会科学院出版社
SHANGHAI ACADEMY OF SOCIAL SCIENCES PRESS

《当代上海研究论丛》(第6辑)
庆祝中华人民共和国成立75周年专辑

指导单位　上海市地方志办公室
主编单位　当代上海研究所
　　　　　上海市地方史志学会

顾　　问　王依群　马学新
主　　编　陈　畅　肖春燕
副 主 编　黄　婷　毕志刚
编　　辑　徐　菲　石梦洁　任　悦

序

"上海是一个生产的城市和革命的城市,在反革命统治被捣毁以后,这个特征将要显出伟大的威力。"由毛泽东亲自修改审定的新华社1949年5月29日社论《祝上海解放》中的这句话,成功预言了回到人民手中的上海在党的领导下必将书写彪炳史册的发展奇迹。

1949年10月1日,毛泽东在天安门城楼庄严宣告中华人民共和国成立。上海人民无比喜悦,上海放假3天,自2日起悬挂国旗,并举办"狂欢周"活动,用歌唱和舞蹈庆祝新中国的诞生。

上海解放和新中国成立后,上海的几十万工人、几十万其他劳动人民、几十万知识分子和有爱国心的民族资产阶级"第一次不受压迫地联合在一起",上海和全国的其他城市以及乡村"第一次不受压迫地联结在一起",显示出充分的力量。1956年,毛泽东做出"上海有前途的,要发展"重要指示,为上海在20世纪五六十年代赢得了重要的发展机遇。第一个"五年计划"结束时,上海工业产值比1949年增加了268.5%。上海不仅自身逐步发展成为"一个强大的综合性的工业基地",而且为新中国建立起独立的、比较完整的工业体系和国民经济体系做出了重要贡献。第一辆标定型自行车、第一辆国产轿车、第一台万吨水压机、第一艘万吨远洋货轮……多少个"中国第一"都铭刻着"上海印记"。

1978年12月,党的十一届三中全会召开,中国开始了全面的拨乱反正和改革开放。然而,在初期的改革开放格局中,上海作为计划经济的大本营、中央财政的主要来源、国有企业的集中之地,实际上充当着后卫角色,难以取得先发利益。在整个80年代,改革滞后、开放不足,经济发展极为艰难。虽然1985年2月国务院批转上海市人民政府提交的《关于上海经济发展战略汇报提纲》,为上海的改革开放和经济发展奠定基调、指明方向,但因体制和观念的严重束缚,实施效果并不令人满意。

对上海来讲,改革开放真正起步是从1988、1989年开始的。1988年,时任上海市市委书记江泽民带队由上海市最高决策层组成的代表团,赴广东进行为期12天的考察学习。回来后,江泽民借用广东人的一句话,表达了振兴上海的新思路:对外更加开放、对内更加搞活、对下更加放权。1988年和1989年,无论是企业改革、市场建设,还是城市规划包括浦东开发规划等,上海都做了大量的实质性工作和前期准备,可以说上海对于全面启动改革蓄势待发。

1990年3月,邓小平同几位中央领导同志谈话时讲:"上海是我们的王牌,把上海搞起来是一条捷径。"党中央全面研判国际、国内大势,统筹把握改革发展大局,做出了开发开放上海浦东的重大决策。1990年4月起,上海全力实施浦东开发开放国家战略,坚持"开发浦东、振兴上海、服务全国、面向世界",浦东的夜空不再是一片黢黑,"摆渡到400米对岸的外滩被称为'到上海去'"的黄浦江两岸差距消失殆尽;新一轮的城市发展热潮也由此掀起,上海从全国后卫快速变为前锋,带动长江三角洲经济新飞跃,以昂扬的姿态重建"通向世界之桥"、向国际化大都市迈进。

"开发浦东,这个影响就大了,不只是浦东的问题,是关系上海发展的问题,是利用上海这个基地发展长江三角洲和长江流域的问题。"上海以"改革开放排头兵、创新发展先行者"为担当,交出了一份份出色的答卷。从单一功能的工业城市到多功能中心城市,从洋山深水港到张江高科技园区,从浦东开发开放到创设自由贸易试验区,从世博会到进博会,从陆家嘴建筑群到北外滩世界会客厅,上海闪耀着璀璨光芒。随着长三角一体化上升为国家战略,虹桥枢纽地区的区域功能快速发展,上海形成东有"大浦东"、西有"大虹桥"的"双引擎"格局。虹桥国际开放枢纽也成为上海落实长三角更高质量一体化发展战略的又一重要承载地。

今天的上海,城市人口从1949年的500多万增长到了2487万,已成为中国最大的经济中心城市,(地区生产总值,以下以"国内生产总值"的英文缩写"GDP"代称)总量位列世界全球性城市前列,"五个中心"加速建设,科创策源能力持续提升,营商环境不断优化,可与最卓越的国际城市比肩。

一是在更高起点上全面深化改革开放。2023年10月8日,全球制药巨头莫德纳取得上海闵行莘庄工业区的工业用地,12天后拿到施工许可证,从7月5日在沪签署战略合作协议至拿地仅用3个月时间。上海大项目落地速度又一次刷新,让更多国内外企业坚定地选择扎根上海。浦东综合改革试点落地实施,自贸试验区临港新片区率先开展压力测试,长三角一体化发展走深走实,虹桥国际开放枢纽能级持续提升,进博会连续六年成功举办等,上海在更高起点上全面深化改革开放。

二是着力培育新质生产力,强化科技创新策源功能。2023年5月28日,中国国产大型客机C919圆满完成从上海虹桥机场飞往北京首都机场的全球首次商业载客飞行。C919的"研发、制造、取证、投运"全面贯通,标志着中国民航商业运营国产大飞机正式"起步"。2023年11月4日,国产首艘大型邮轮"爱达·魔都号"正式命名交付。"工业上楼""工赋链主"……大到飞机、船舶、汽车,小到我们身边触手可及的一件衣服,数字化、智能化不断做着"加法"。张江科学城、"大零号湾"、G60科创走廊、杨浦科创带、徐汇"模速空间"等科创集群纷纷形成。上海加快推进国际科创中心建设迈上新台阶,强化科技创新策源功能,更好地发挥开放优势,打造更具竞争力的创新生态,产出更多原创性、颠覆性科创成果,加快形成更具影响力和引领力的创新引擎。

三是不断提高社会主义现代化国际大都市治理能力和治理水平。一部手机即可"一网通办"越来越多的政务和公共服务。"一网统管"数字化平台机制确保了城市的安全有序。人工智能、大数据、云计算等新技术,为城市运行赋能、为基层治理减负。从关爱一"小"、关心一"老",到社区食堂的一份营养餐可不可口、垃圾分类的一张投放时刻表合不合理,到建设"千园之城"的一个进度条已"加载"几成……一座超大城市的公共服务供给、日常管理、空间规划建设等事务何其之繁?对民生细节的一盯再盯,是以人民为中心的执政初心始终不变!"全过程人民民主"、一江一河、一步一景、"破墙开园"拓展城市公共空间等,无不是"人民城市人民建、人民城市为人民"的生动注解。上海坚持面向全球、面向未来,对标国际最高标准、最好水平,加快建立与国际通行规则相衔接的制度体系,为中国深度参与全球经济治理积累经验;上海更是坚持人民城市属性,既突出共享又强调共建共治,走出一条具有中国特色、彰显社会主义制度优势的超大城市治理新路,向世界展现"中国之治"新境界。

中国革命的敌人曾恐吓说:"你们不敢接管上海,因为你们无法管理它,除非你们向我们屈服。"国民党反动派和旧上海大资本家也出言嘲讽:"共产党军事一百分,政治八十分,经济只能得零分。"实践证明,我们不但善于砸烂一个旧世界,我们还善于建设一个新世界。75 年来,"从解放的第一天起,上海党组织和上海人民在接管、管理、建设上海过程中经受了无数考验,也不断创造着中国共产党领导、建设、治理大城市的成功经验",在社会主义和中国式现代化的康庄大道上谱写了波澜壮阔、气吞山河的壮丽画卷。

对历史的最好纪念,就是创造新的历史!万里长江,浩浩汤汤,东流入海,一如上海走过的路。"海纳百川、追求卓越、开明睿智、大气谦和"的城市精神,"开放、创新、包容"的城市品格,让上海这座城市始终进取、最具活力!展望未来,上海也必将在推进中国式现代化中充分发挥龙头带动和示范引领作用,为强国建设和民族复兴伟业贡献智慧和力量!

当代上海研究所　陈畅
于 2024 年端午

目　录

序 / (1)

奋发有为的上海港 / 茅伯科(1)
论浦东开发的精神境界 / 熊月之(7)
开放共享、宜业宜居、和谐安全的国际化大都市治理路径探析
　　——跨世纪的上海城市社会治理变迁研究 / 魏　强(18)
长三角联动发展：历程、动力与成效(1990—2006) / 戴伟娟(32)
上海对口支援 / 翟　辉(47)
建设人民城市的见证：从百老汇大厦到上海大厦 / 叶　舟(62)
上海社会生活变迁录(1990—2010) / 徐　涛(73)
以"全过程"工作法"还绿于民"，动迁安置社区治理有新招 / 丁文曲
　　张　芹(84)
人民公证制度创立中的上海经验 / 蔡　煜(96)
中国科普工作发展的"上海贡献" / 乔志远(104)
上海国际科创中心建设十周年回顾 / 黄　婷(116)
长三角G60科创走廊策源地松江
　　——推动高质量发展的鲜活样本和生动实践 / 长三角G60科创
　　走廊创新研究中心(128)
新中国上海要素市场的创立发展及演变 / 潘建龙(138)
解放初期上海私营银行与人民银行关系研究
　　——以金城银行为例 / 彭晓亮(151)
上海工业跨世纪的发展与调整(1991—2005) / 汪时维(159)

上海电影产业的传承精华守正创新 / 毕志刚(175)
上海滑稽剧团的前世今生 / 钱　程(184)
上海爵士音乐：当代回顾与未来展望 / 何　丽(190)
上海的责任：做"快乐最大化"的体育产业 / 徐　菲(198)
"大博物馆计划"下的"上博样本"研究 / 郭奕华(206)
社会主义"中国经验"的上海贡献
　　——1961年沪版《政治经济学教材》编写始末 / 张　生(217)
边干边学，互教互学
　　——复旦大学高分子学科的创建与发展 / 段　炼　伍洁静(230)
归侨学生教育的"上海经验"(1949—1966) / 张　玥(240)
我眼中的上海方志 / 王依群(250)
我在修志领域的两个"上海第一、全国第一" / 褚半农(261)
张伟康先生口述
　　——我在"一只鼎"的创业经历 / 王敏采访，王宇、柴灏浩整理
　　(268)
当年我们怎样工作
　　——急救培训中心的若干记忆 / 徐惠梁(280)
我所经历的三十年上海演艺界及评弹业态之变化 / 范林元(291)

后记 / (303)

奋发有为的上海港

茅伯科

上海港居黄浦江之畔和长江入海口南岸,前瞻东海,背负太湖,南临钱塘,揽江海交汇之胜,得内陆广袤之利。港口形成于隋唐,定位于宋及明,兴于清前期,壮大于清末民初,繁荣于新中国,尤其是改革开放后。上海港雄踞中国大陆港口 180 年,名列世界第一集装箱大港 14 年,为上海城市形成与发展,为长江流域开发与崛起,为中国与世界的贸易往来做出了积极的贡献。

新中国的成立揭开了上海港历史的新篇章。港口主权回到人民手中,码头苦力翻身当家做了主人。从 1949 年至 1956 年,上海港迅速恢复生产能力,完成港湾生产改革和对私社会主义改造,建立起社会主义港口管理制度,装卸机械逐步添置,生产效率不断提高,出色地完成了第一个五年计划,1957 年上海港完成货物吞吐量 1 649.4 万吨,超过 1949 年以前上海港历史最高纪录。从 1956 年至 1978 年,尽管港口先后受到"大跃进"和"文化大革命"的干扰和冲击,但广大职工发扬主人翁精神,坚守岗位,坚持生产。"大跃进"期间,港口职工发扬"蚂蚁啃骨头"精神,土法上马,积极开展技术革新和技术革命,创造了一大批小型装卸机械和配套工具。1966 年货物吞吐量达到 3 697.2 万吨,遥遥领先于国内其他港口。这一时期,上海充实专业建港设计和施工队伍,建成全国最大的港口机械制造厂,外轮理货和船舶检验的业务能力、范围和水平均居全国前列。20 世纪 70 年代初,上海港响应周恩来总理关于"三年改变港口落后面貌"的号召,在浦江两岸掀起了以建设外贸件杂货码头和对煤炭泊位进行机械化改造为主要内容的建设高潮,建成一批机械化、专业化装卸作业线。为港口快速发展创造了一定的有利条件。1976年完成港口货物吞吐量5 461.3万吨，1978年猛增至7 954万吨。上海航道局开始向长江口航道浅滩进军，开通了人工维护水深7米以上的航道；交通部第三航务工程局则在建港中壮大了队伍，提高了建港技术；上海港口机械制造厂研制开发了一系列大型门式起重机，并出口援助越南港口。

客观地说，在1978年以前，上海港在曲折中依然创业有成，有所进步和发展，但从横向看，与世界港口的差距有所扩大。当中国还在扩大以煤炭为主导的低附加值货物吞吐量的时候，世界上一些先进港口已开始大力发展集装箱运输。上海港日益变得陈旧，就像一位蹒跚而行的老人，难以实现新的飞跃。中共十一届三中全会吹响了改革开放的号角，上海港的发展步入了快车道，尤其是浦东开发开放，更是推进了上海港的腾飞。

以港兴市是世界上所有港口城市发展的共同规律。但在城市重视港口发展方面，中国的港口城市远胜于其他国家和地区，上海是其中的典型。上海以港立市，因港而兴，港口为城市融入世界市场，成为国际化大都市创造了不可替代的条件。而上海港因城而荣，上海城市的产业基础、贸易和金融条件，从近代租界到现代特殊海关制度的开放格局，以及海派文化，培育出一个国际化、现代化、追求创新和卓越的世界超级大港。

改革开放以来，上海市历任领导都高度重视港口建设和发展。20世纪80年代，市政府为缓解港口严重压船压货局面，动员和协调各方支持疏港工作，积极配合交通部开展新港区规划选址。中共上海市委、市政府主要领导多次到港口生产现场和规划港址进行调研，指导工作。1986年5月，时任市长江泽民在上海友好港国际研讨会致辞时指出："世界发展到今天的时代，港口如何依托城市现有的经济技术条件，达到自我完善、自我发展，而城市经济又怎样利用港口门户走向世界，港为城用，城以港兴，应该是我们在世界经济新的挑战面前所要研究的主要课题。"这清晰地表明了港口在上海改革开放中的重要地位。1986年，上海港开始实行部、市双重领导，以地方为主的管理体制改革,上海市政府在短短5个月内召开了4次港口现场办公会,及时解决港口建设和发展难题。至"六五"期末,上海港压船压货的严重局面得到缓解。至"七五"期末,煤炭和散粮装卸码头全部实现机械化作业,散化肥、散纯碱、圆木、生铁装卸大部分实现机械化作业,码头靠泊能力及吞吐能力取得较大提升。20世纪80年代末,市政府力推外高桥新港区建设,时任市长朱镕基在外高桥新港区调研时指出:"上海市就是靠上海港发展起来的,现在上海要进一步发展,也要认真考虑港口发展。没有一个新型的国际大港,上海就不可能成为一个真正的国际城市。"在外高桥新港区建设中,市政府有关部门和区县政府给予大力支持,对确保港区建设工程如期完成功不可没。

20世纪90年代,为顺应经济全球化的发展趋势,上海作为中国社会经济发展水平较高的城市,被推到了中国经济发展的前沿,要尽快建成国际经济中心城市,成为"一个龙头、三个中心"。为了实现这一战略目标,1996年1月,时任国务院总理李鹏代表中共中央、国务院向全世界宣布要建设上海国际航运中心。中共上海市委、上海市人民政府主导上海国际航运中心建设,强力推进深水枢纽港选址和建设。时任市委书记黄菊在深水港选址专题调研时强调:"深水港是上海迈向21世纪过程中最为重要的基础设施项目之一。深水港的建设是上海国际航运中心建设的关键,而能否成为国际航运中心又是上海能否建成'一个龙头、三个中心'的关键。"正是在上海市坚韧不拔的努力下,中央和苏浙两省的大力支持下,上海按照"三管齐下"的方针,加快推进外高桥港区建设,启动长江口深水航道建设,最终将洋山深水港工程付诸实施,从根本上解决了上海建设国际集装箱枢纽港的制约瓶颈。由于上海港集装箱吞吐量在20世纪90年代保持年均28.5%的增长速度,集装箱码头能力不足成为发展瓶颈,上海港缺少深水港而难以适应船舶大型化趋势的矛盾逐步显现。对此,上海港于"八五"期间完成外高桥港区一期多用途码头工程,引进港资,完成上海集装箱码头有限公司的集装箱化码头改造。上海航道局与有关单位合作完成长江口拦门沙演变规律(整治技术研究)课题项目,为启动深水航道建设提供依据。"九五"期间,外高桥港区先后完成一期码头集装箱化改造和二期工程,启动三期工程建设,适时缓解集装箱专用泊位能力不足的矛盾,启动并完成长江口深水航道治理一期工程,实现8.5米水深并试通航。在洋山深水港选址论证方面,开展了大量细致深入的研究,形成科学合理的结论。同时,对黄浦江老港区采取"限制规模,调整功能,更新改造"的方针,完成一批重大技改项目。上海港务局于"八五"期间和"九五"期间分别累计完成固定资产投资43.23亿元和55.21亿元。为解决建设资金匮乏的发展瓶颈,1993年,上海港务局与香港和记黄浦集团共同合资组建上海集装箱码头有限公司,港资注入填补了亟需实施的老码头集装箱化改造和专用机械设备添置的资金缺口。2000年,上海港集装箱股份有限公司成功上市,成为中国第一家港口类上市公司,开辟从市场融资的新渠道。

在新旧世纪交替之际,上海港在生产方式上实现了从粗放型向集约型的转变,在生产结构上实现了从以煤炭为主向以集装箱为主的转变,在生产布局上实现了从以黄浦江内老港区为主向以长江口新港区为主的转变。上海港跳出黄浦江,以更广阔的视野远眺海洋,拥抱世界。至1999年,上海港共有生产用泊位319个,其中万吨级泊位98个,码头总长度39公里,年吞吐能力17 981万吨,完成货物吞吐量1.86亿吨,集装箱吞吐量421.6万标准箱(TEU),跃居世界第七位。

进入21世纪,在党中央和国务院领导下,在有关部委和苏浙两省的大力支持下,中共上海市委、上海市人民政府从各个方面指导,协调港口集疏运系统建设,改善口岸服务环境,培育现代航运服务业,并从政策上帮助港航企业积极应对金融危机。先后担任中共上海市市委书记的习近平、俞正声、韩正、李强、陈吉宁等市委领导,根据上海经济转型发展需要,指导国际航运中心建设形成新思路,开拓新举措。市政府历届市长、分管副市长直接领导或指导上海港口的改革开放和建设发展,引领上海国际航运中心建设行稳致远。上海港口围绕国际航运中心建设目标,开启从黄浦江、长江走向海洋,从老港、大港跃进世界强港的新征程。经济全球化和中国加入WTO成为长三角经济迅猛发展的强大动力,推动上海国际航运中心建设稳步发展。上海港实现政企分开,加快推进深水港、深水航道和集装箱码头建设,推进新一轮产业结构调整,剥离辅业,精干主业,巩固和发展集装箱优势产业,从而有效应对周边港口激烈的同质化竞争和船舶大型化的严峻挑战,应对城市深化产业结构调整导致部分制造业货源继续转移和流失的冲击,应对黄浦江两桥之间功能调整导致码头关停和装卸业务外移的冲击,应对国际贸易和航运的大变局带来的冲击。创建新优势,谋求新发展,问鼎世界港口,成为上海港在这一阶段的中心任务。上海进一步加大港口建设投资力度,加快以洋山深水港区为主体的新港区和长江深水航道建设。"十五"期间,上海港口累计完成固定资产投资200亿元,是1980—2000年港口固定资产总投资的1.65倍"十一五"期间,上海港口固定资产投资猛增至400亿元,比前五年翻一番。在中央和浙江省的支持下,洋山深水港建设取得重大突破,洋山一期工程于2005年建成投产,使上海拥有真正意义上的深水海港。至2008年,洋山深水港区连续建成二期工程、三期(一阶段)工程和三期(二阶段)工程,形成具有16个大型泊位的规模化集装箱港区。同时,在外高桥港区连续完成三期、四期、五期和六期工程,集装箱吞吐能力得到极大提升。交通部主持完成长江口深水航道治理二期和三期工程和向上游延伸工程,12.5米的深水航道为上海港和南京以下港口创造出巨大的经济和社会效益。这些重大工程为上海建设国际集装箱枢纽港奠定了坚实基础。2003年,上海港进入集装箱吞吐量1 000万标准箱超级大港行列。2005年,港口货物吞吐量达到4.43亿吨,成为全球货物吞吐量第一大港。2006年集装箱吞吐量突破2 000万标准箱,2007年又超越香港成为世界第二大集装箱港。2010年上海港货物吞吐量达到6.5亿吨,继续保持全球第一;集装箱吞吐量达到2 906.9万标准箱,超过新加坡港成为全球第一大集装箱港。

2012年起,上海港以习近平新时代中国特色社会主义思想为指导,围绕"抓转变,调结构,创建新优势,谋求新发展"的方针和高质量建设世界一流港口的目标,大力推进智慧港口和绿色港口建设,洋山四期智能化码头受到习近平总书记的称赞。上港集团以整合港口资源、调整业务布局、发展物流产业为切入点,优化航线结构布局,增强洋山港区发展后劲;积极转变业务发展模式,全方位推进市场营销工作;继续推进长江战略,基本完成在长江主要港口的战略性投资布局,提高上海港在长江流域的集聚力和辐射力。根据国家战略部署,上海国际航运中心建设在继续巩固区域性集装箱枢纽港的同时,优化现代航运集疏运体系,发展现代航运服务体系,促进和规范邮轮产业,着力改善口岸服务软环境,邮轮母港建设走在东北亚港口的前列,集装箱吞吐量屡创佳绩。2023年,上海港集装箱吞吐量突破4 900万标准箱。

改革开放以来的上海港口历史,是一部创新发展史,创造了多个港口奇迹。其中最突出的是:在远离陆域的深水海域建设了洋山深水港区,成为世界建港史上的奇迹;上海的航道建设队伍成功地整治了长江口深水航道,使水深达到12.5米,解决了水域极其复杂的世界性难题;成规模地建成智能化的洋山四期集装箱码头,为世界智慧港口建设提供了上海样板。上海国际航运中心建设不断推出创新举措,在口岸便利化、起运港退税等方面,为全国港口开拓了新路……

面向未来,上海港励精图治,砥砺奋进,力求为建设交通强国和世界一流港口,做出更大的贡献。

(茅伯科 《上海市志·交通运输分志·港口卷(1978—2010)》编纂室)

论浦东开发的精神境界

熊月之

浦东的开发开放仍在进行中,但从其已走过的 30 多年和已取得的成就来看,已可以说,这是中国城市建设史、改造史上的壮丽史诗,是中国改革开放史上的辉煌篇章。到 2023 年,浦东地区的 GDP 从 1990 年的 60 多亿元到 2023 年的 1.67 万亿元,增长了 280 多倍;以全国 1/8 000 的面积创造了 1/80 的国内生产总值,人均 GDP 达到 28.9 万元,已进入中上等发达国家水平。上海位于全球金融中心前列,浦东的持牌类金融机构已有 1 208 家占到上海市的 2/3。上海口岸贸易总额位居全球首位,浦东占到了上海市的 59%。上海港集装箱吞吐量连续 14 年为全球第一。在科创中心方面,一批卡脖子的关键核心技术在浦东实现突破。

浦东的开发开放对于上海,对于长三角,乃至对于全国来说,都具有十分巨大而深远的意义。随着时间的推移,随着中国改革开放事业向纵深推进,其意义会越来越突显出来,其内涵也会越来越吸引人们去探究。

就浦东的开发开放来说,开发是行为,开放是状态,简约而言,就是浦东开发。之所以强调"开放",是为了突出其面向长三角、面向长江流域、面向全国、面向世界的宏阔胸襟。

一

近代以来,浦东有过三种不同类型的开发,开发主体、开发程度、开发理念各不一样,社会影响也大不相同。

第一种开发指浦东人开发浦东。浦东与浦西在近代以前,在经济文化发展程度上,并无太大差别。近代开埠以后,浦西城市化提速,品质提升,市区扩大,人口增多,浦东日形落伍。浦东与浦西的区别成为乡村与城市、落后与先进的区别。一批活跃在浦西、具有现代意识的浦东人,诸如李平书、杨斯盛、穆藕初、黄炎培、杜月笙等,见贤思齐,自发进行开发浦东的努力。他们在浦东发展公共交通,修建轻轨铁路,修筑海塘,兴办新式学校,创办新型医院,还创办了毛巾厂、营造厂、花卉种植业、奶牛饲养业等新式企业。一部浦东同乡会的历史,半部与浦东开发有关。这是一种地方人出于对本乡、本土的热爱而自发进行的城市化、现代化努力,与张謇开发南通、荣宗敬和荣德生经营无锡同类。

第二种开发指上海人开发浦东。这在不同时期都出现过。1927年,上海特别市设立以后,制订"大上海计划",内容便涉及浦东开发。在此计划中,浦东的洋泾、塘桥、陆行、高行、杨思与高桥乡被划入上海特别市。1930年,上海特别市改名上海市,浦东这六个乡被撤并为三个区,即高桥区、洋泾区与杨思区。按照规划,上海本有建造跨江大桥或越江隧道以贯通浦江两岸的设想,但受财力所限,特别是由于日本侵略上海战争的爆发,这一计划搁浅,仅建成一条南北向的浦东路(今浦东大道的一段)。1958年以后,浦东的川沙、南汇等县划归上海市管辖,上海为了带动浦东开发,将一部分市属企业设在浦东,如毛巾厂、色织厂、化纤厂、棉纺厂、服装厂、绣衣厂、皮鞋厂、缝纫机厂等,又于1984年将洋泾镇全部和洋泾、严桥、六里、杨思、张桥等五乡的部分地区分别划给黄浦区、南市区和杨浦区管辖。黄浦、南市和杨浦三区的管辖范围,有一段时间均横跨浦江两岸。这样的产业布局与制度安排意在以浦西带动浦东,以浦东补充浦西,是上海市在力所能及的范围内自发地开发浦东。1971年,上海第一个越江工程打浦路隧道建成通车,结束了浦江两岸长期悬隔不通的状况,这也是上海在力所能及的范围内开发浦东的实践。民国时期与计划经济时代这两次对浦东的开发,内容有所不同,但就开发境界而言,则无二致,都是在上海市的层面上考虑,开发的区域也主要限于浦东沿江一带,而非浦东全境。

第三种开发浦东的情况已为我们所熟知。1990年4月18日,时任国务院总理李鹏宣布开发开放浦东。这不仅是在上海,更是在国家层面上开发。正如邓小平同志所指出的:"深圳是面对香港的,珠海是面对澳门的,厦门是面对台湾的,浦东就不一样了,浦东面对的是太平洋,是欧美,是全世界。"人们通常所说的"浦东开发"主要指这第三种开发。

就上述三种开发而言,前两种分别是在浦东范围内、上海范围内自发地开发浦东,着眼点是浦东或上海。第三种则是在国家层面自觉地开发,其着眼点已越出浦东,越出上海。"开发浦东,振兴上海,服务全国,面向世界",这十六字是1990年上海确定的战略定位。其立意高远,动力强劲,持续亦久,气象也就与前两种开发不可同日而语。在这次开发过程中,国家将此前给予深圳等特区、经济开发区的所有政策全部给了上海,而且还给了另外一些政策。所以,浦东称"新区"而不是特区,用时任上海市市长朱镕基的话说,这个新区较之特区,"不特而特,特中有特,比特区还特"。称新区而不是特区,还有一层意思,即新区功能有别于其他特区。诚如著名学者王战所说:"新区和经济特区不同,经济特区有强大的资源吸入功能,就像核聚变,而浦东是核裂变,要释放能量。"不搞特区意味着浦东开发不倚重国家给予的特殊政策,而是依靠自主改革、自费改革。鉴于当时的国情、市情,靠国家注入巨额经费进行开发绝无可能,脱离浦西而独立建区、独立开发也绝无可能。不是依靠外在地、机械地叠加能量,而是基于内在创新、释放能量,这是一种创新型开发。

开发浦东是中央领导与上海地方两方积极性的高度融合。对于上海来说,开发浦东是酝酿已久、念兹在兹的心头大事,从陈国栋、汪道涵到江泽民、朱镕基,历届市领导无不为此奔走呼号,陈情再三。由于多种因素错综复杂的影响,到20世纪80年代,上海城市病已经到了可以承受的极限:交通拥挤、环境污染、住房困难、财政窘迫,每一样都压得市领导透不过气来。人均居住面积4.3平方米,人均住房4平方米以下家庭户数占总户数60%,人均道路面积1.57平方米,河水黑臭、轮渡踩踏、甲肝爆发……单单这些数据与名词就足以勾起无量上海人的无限辛酸。以至于上海市原市长汪道涵会说他自己担任上海市市长,上对得起朝廷(缴了那么多财税),但下对不起黎民百姓;上海市原市长江泽民说,看到车厢里乘客拥挤不堪,学校教室简陋危险,无数幼儿入托入园无门,数以万计的职工上下班路上要花四小时以上,一场暴雨就致十余万居民家中进水,心里就感到深深不安;上海市原副市长倪天增在向中央领导汇报工作,述及上海市民住房紧张、防洪防汛能力不足、安全隐患丛集时,禁不住潸然泪下,哽咽语塞,举座为之动容。何以解忧?唯有浦东。当时通盘考虑的北上、南下、西移、东进的四策中,只有东进的投入产出性价比最高,这是上海领导层、知识界的共识,也是浦东、浦西人民的共同心声。但是,兹事体大,不光需费浩繁,也牵涉到国家的整个体制,是牵涉到远高于浦东,也远高于上海的更大系统,没有中央的高层决断与支持是万难办成的。

开发浦东是改革开放总设计师邓小平在历史转折关头做出的重大战略部署。一度以美国为首的西方国家一度对中国实行经济封锁,中国面临的国际环境相当严峻。如何走出困境,将改革开放事业继续推向前进,是摆在中国共产党面前的重大现实问题。就在这时,上海重提浦东开发问题,邓小平大为赞成,亲为倡导,以江泽民为核心的第三代党中央领导当即决策。党的十四大报告中有专门文字阐述此举:"以上海浦东开发开放为龙头,进一步开放长江沿岸城市,尽快把上海建成国际经济、金融、贸易中心,带动长江三角洲和整个长江流域地区经济的新飞跃。"这就将浦东开发由上海一地上升为国家战略。邓小平对上海建设一直非常关心,仅《邓小平文选》中就有56处论及上海,其中内涵最丰富的是四个关键词:王牌、带头羊、素质、品格。其内容可以归结为以下四点:上海综合实力雄厚(工业门类齐全),上海人素质高(文化高、守契约、技术好),办事能力强,国际影响大。朱镕基作为时任上海市市长到中国香港和新加坡、美国等地访问,或接待外国记者采访,宣传浦东开发优势,强调的便是这几点。浦东开发之所以能够高歌猛进,外商之所以云涌雾集,也都与这几点有关。

众所周知,无论在牌局中,还是在战场上,王牌往往能起反败为胜、扭转乾坤的决定性作用。上海不负众望,浦东开发成效卓著。浦东开发,三十而立。今日之浦东,面积占整个上海市的1/5,常住人口占全市的1/4,而GDP占全市的1/3,进出口总额占全市的2/3。这里高楼林立,道路宽敞,流光溢彩,美轮美奂,将一切形容美好城市的嘉言慧语,高(楼房高)、快(速度快)、美(环境美)、时尚、宜居、宜业等,都用来描绘浦东也不嫌过分。今日之浦东,早已与浦西比翼齐飞,难分轩轾!那句所有上海人都耳熟能详的"宁要浦西一张床,不要浦东一间房"的谚语,早成历史。

浦东开发是综合创新的持续实践。浦东开发伊始,上海便提出"金融先行,贸易兴市,基础铺路,工业联动"这十六字开发战略。这是一个全局在胸、循序渐进、超常睿智的开发战略。之所以要"金融先行",是因为金融是现代经济的中心,没有金融,何来资金?没有资金,何从开发?浦东开发需要资金数以万亿计,从何而来?于是,开发者创榛辟莽,筚路蓝缕,创办了证券交易所,创造了"土地空转、批租实转、成片规划、滚动开发"的崭新开发模式,使"金融先行"落到实处,也迈出了上海金融中心建设的第一步。"贸易兴市"是上海传统,是上海发挥襟江带海禀赋优势的关键所在,也是上海服务长三角、服务长江流域的重要内容。"贸易兴市"是个系统工程,港口、机场、道路、桥梁、隧道等必须相应跟上,所以,第三句是"基础铺路"。工业是现代城市竞争力的核心要素,一个世界卓越的城市离不开现代制造业,于是有"工业联动"。这十六字开发战略落到实处,便是陆家嘴金融贸易区、外高桥保税区、金桥出口加工区,以及那么多的道路、桥梁、隧道。

这十六字开发战略是个点石成金的战略。这一战略之所以能够运行成功,其实质是开发者敏锐地看到了、成功地激活了上海城市综合文化资本。这个城市综合文化资本包括上海卓越的禀赋资源、丰厚的文化底蕴、完整的工业门类、充沛的人力资源,也包括上海人在国内国际广泛享有的难以量化而又极其重要的文化影响力,这就是邓小平所说的上海的王牌、素质、品格等文化因素。试想,"土地空转、批租实转",如果不是在上海,而是在荒凉冷僻的山沟里,那土地能空转得起来吗?上海能够成功地将自身综合文化资本激活,将无形资本化为有形财富,这是上海之所以为上海的奥秘所在。邓小平所说的上海是"王牌",这个"王牌"就是上海城市的社会资本或声望资本。

这十六字开发战略的制定,体现了开发者超乎寻常的全球意识、现代意识,集中体现在朱镕基等人极端重视的浦东开发规划上。这一规划的视域广阔、理念超前,涉及产业结构演变、人口增长、市域扩大、土地利用和开发、交通及市政建设、浦东与浦西联系、上海与长三角联系等多方面因素。我们看到,在规划中,不光何处是金融区、何处是保税区、何处是出口加工区,标得一清二楚,而且连何处是高楼、一共有几幢摩天大楼、何处是公园、何处是环线、何处是中央大道,均设想周全,巨细无遗。上海领导对浦东新区的定位是具有世界一流水平的外向型、多功能、现代化新区,是一个布局合理、环境宜人、交通便利、基础设施完善的新城区。更值得城市研究者由衷赞赏的是,开发者对于规划的制订极其认真,对于规划的执行极其严格,一张蓝图管到底,一代接着一代干,绝无换一代领导换一通规划的弊端。这也是浦东开发日新月异、渐臻佳境的原因所在。

二

浦东开发的实践是开发者坚持实事求是、解放思想的路线,创造性地实施国家战略的结果,开放、创新是其最为鲜明的特色。

开放贯串浦东开发全过程。这突出表现在以下三个方面:

一是开发思路的开放。对于浦东如何开发,市领导曾多方征求意见,包括征求海外专家的意见。早在1987年,上海就设立了"开发浦东联合咨询研究小组",聘请美籍华人林同炎院士为高级顾问,成员包括T.Y.L国际工程咨询公司顾问陈乃东先生,迈克尔·梅耶和梅尔·莱恩斯,美国加利福尼亚大学伯克利分校教授艾伯特·阿克尔,美国加利福尼亚大学伯克利分校城建规划系系主任阿伦·维格布斯,新加坡华侨银行(OCBC)执行董事、房地产、金融和建设部门经理黄延康等。国外顾问研究小组的联络地点便设在美国加利福尼亚。上海市领导多次听取这些专家的意见。1989年,上海又建立了"上海市市长国际企业家咨询会议"制度,邀请来自美国、意大利、英国、瑞士、法国、日本、荷兰等7个国家的12家大公司的董事长、总裁,作为市长咨询会议的成员,就上海经济发展中的突出问题进行讨论,每年一次。到第十年,咨询会议参加者已增至12个国家的33家公司的董事长、总裁,分别来自美国、英国、法国、德国、加拿大、荷兰、日本、澳大利亚、新加坡、韩国、泰国和瑞士。1995年后,又增设了仅由市长和成员参加的内部会议,就市长一年来的经济发展中遇到的难点问题进行讨论。从1990年至1999年的十年间,这一会议所讨论的议题有上海如何成为金融中心;上海工业部门如何取得高附加值;上海如何成为贸易和物流中心;上海如何创立中小企业和如何搞活国有企业;上海电信与航空运输业发展;上海城市规划和开发人才资源;上海金融业发展回顾;如何把上海建成国际商贸中心和下岗待业人员就业培训;上海如何面向21世纪;金融风险如何管理。这些议题几乎无一不与浦东有关。这一会议借用外脑,集思广益,围绕上海创建国际经济、金融、贸易中心的议题,围绕上海改革开放中的诸多议题,进行了热烈的讨论,提供了许多具有前瞻性的建议,对于浦东开发起了相当积极的作用。上海也因此确立起了良好的国际形象。

二是项目设计的开放,吸收境外专家、机构参与浦东具体项目设计。陆家嘴金融区的设计,金茂大厦、环球金融中心大厦、上海中心大厦的设计,世纪大道、世纪公园等几乎所有地标建筑的设计,均广邀天下贤才参与,在全球公开招标。美国、英国、法国、德国、日本等国设计单位都在浦东留下智慧的印痕。金茂大厦由美国SOM建筑事务所、上海建筑设计研究院联合设计,环球金融中心由日本森大厦株式会社一级建筑师事务所、美国KPF建筑事务所、上海现代建筑设计(集团)有限公司、华东建筑设计研究院有限公司联合设计,上海中心大厦由美国甘斯勒(Gensler)建筑设计事务所、同济大学建筑设计研究院联合设计,上海东方艺术中心由法国建筑师保罗·安德鲁与华东建筑设计院联合设计,上海科技馆由美国 RTKL 国际有限公司设计,世纪大道景观由法国夏邦杰—德方斯设计事务所、上海市政设计院、上海园林设计院联合设计。各个项目设计单位的最后确定,并不在乎这个单位是中国的还是外国的,而是主要听专家评审委员会的意见,而专家委员会成员的遴选主要看其学术水平与业内地位。金茂大厦设计竞标单位有十多家,都是世界著名设计公司,最后中标的美国 SOM 公司,获得 2/3 的票数,可谓众望所归。令人浩叹的是,陆家嘴地区的综合设计是经过国际招标的,由英国、法国、意大利、日本和我国的五个世界著名设计事务所共同参加设计,分别形成五个方案,最后各取所长,综合成一个方案。

三是面向全国各地的开放。开发浦东的一项重要功能就是带动长三角,带动长江流域,因此,面向内地开放是开发浦东的题中应有之义。为此,浦东在开发之初,便以成本价批给兄弟省份和中央部委一些土地,让他们打下在浦东发展的基础。于是,裕安大厦(安徽)、江苏大厦、嘉兴大厦(浙江)、齐鲁大厦和石油、化工、电信、煤炭等一批省部楼宇拔地而起。而那座广受赞誉的金茂大厦更是由国家外经贸部牵头、多家央企出资兴建的,故取名金茂("经贸"的谐音)。

创新是上海城市品格的灵魂。习近平总书记曾结合自己在上海的实践,精辟地将上海城市品格总结为"开放、创新、包容",这贯穿于浦东开发的始终,也体现于浦东诸多项目实施与法规制订。从大处看,上面所述的开放大多同时是创新,是制度创新。须知,20 世纪 90 年代初,出于国家安全考虑,城市规划设计需要严格保密,但陆家嘴规划却率先打破惯例,向全世界征求方案,搞国际方案招标,这是石破天惊的举动,更是重要的制度创新。邀请外国专家参加上海市市长国际咨询会议,将上海经济社会发展过程中遇到的难题拿出来请大家讨论,这也是重要的制度创新。浦东的开发战略就是创新战略,浦东的规划就是创新规划。从技术创新层面看,更是难计其数,金茂大厦、环球金融中心大厦、上海中心大厦等地标性建筑,每一座都是诸多创新的集成,金茂大厦在超高层建筑施工技术方面,环球金融中心大厦的结构施工所采用的整体提升钢平台模板体系,上海中心大厦在主楼塔冠阻尼器使用方面,都有诸多技术专利,富含创新成分。

在创新方面,就其难度与对全局影响而言,莫过于证券交易所的设立。证券交易是通过市场筹集资金的重要途径,在近代上海早已有之。证券交易向来被称为资本主义"皇冠上的宝石",其本身就是资本运作的一种手段,并不具有资本主义或社会主义的性质。但是,在计划经济时代,在特定的意识形态语境下,证券交易被视为万恶资本主义的标志。茅盾的小说《子夜》、周而复的小说《上海的早晨》中所描写的旧上海的诸多罪恶都与证券交易有关。上海解放以后,解放军查封上海证券交易所,这被视为推翻旧社会的标志性举动。因此,对于筹建证券交易所一事,人们普遍心有余悸,担心犯政治错误。一位参与筹备上海证券交易所的领导便接到友人善意的劝阻:"千万不要搞这个,将来中国的资产阶级就会从这里产生。"擘画其事的朱镕基踌躇再三,当面请示邓小平,邓小平表示:"你们办吧,办了再看。办了不好,我们再改嘛!"有此"尚方宝剑",上海证券交易所才得以在1990年12月破冰成立。

正因为有风险、难度大,所以,1991年邓小平在上海视察时说道:"金融很重要,是经济的核心",当时在场的时任浦东开发办公室副主任黄奇帆兴奋无比,立即记录下来。不料,媒体正式发表的邓小平"南方谈话"却没有这方面的内容。这让黄奇帆颇为怏怏,他找到整理南方谈话的郑必坚,陈述此事。郑必坚与当时在场的朱镕基核实,朱镕基翻阅了自己的笔记本,予以确认。郑必坚又把这段话送给邓小平的秘书王瑞林,请他呈送邓小平审阅。"小平同志看了后说,我的确说过这段话,并仔细地在'金融很重要,是经济的核心'这句话中,'经济'的前面加上了'现代'两个字。后来这段话补充进《视察上海时的谈话》文,收入在《邓小平文选》第三卷第366页。"这段极其珍贵的历史细节折射出金融改革的重要与后人难以想象的风险。

三

浦东开发是部大书,可以从多侧面、多角度、多学科进行解读。浦东开发是宣言书,它向全世界表明,中国改革开放政策不但没有收,而且不断向纵深发展。浦东开发是试验田,土地批租、证券交易、保税区、自贸区等改革开放新措施,在这里酝酿、试验、成长、成熟,然后复制、推广到其他地区。浦东创造的第一难计其数,包括第一条跨越黄浦江的大桥、第一幢超高层建筑、第一条磁悬浮列车线路、第一个保税区、第一个金融贸易区、第一个综合配套改革试验区、第一个自由贸易试验区、中国第一个全球性论坛——《财富》论坛。浦东开发是大学校,在这里,得到锻炼、获得成长的优秀人才更不知凡几。

浦东开发开放的历史还在书写。早在 2007 年 3 月 31 日,时任上海市市委书记的习近平同志就在调研浦东时说:"要进一步深刻认识开发开放浦东这项国家战略的重大意义。"2014 年,中共中央总书记习近平强调,上海自由贸易试验区是块大试验田,要播下良种,精心耕作,精心管护,期待有好收成,并且把培育良种的经验推广开来。2016 年,上海自贸区运行三周年之际,中共中央总书记习近平再作指示:"大胆试、大胆闯、自主改,力争取得更多可复制推广的制度创新成果,进一步彰显全面深化改革和扩大开放的试验田作用。"2020 年 11 月 12 日,在浦东开发开放 30 周年庆祝大会上,习近平高屋建瓴地指出,30 年来,浦东创造性贯彻落实党中央决策部署,取得了举世瞩目的成就,经济实现跨越式发展,改革开放走在全国前列,核心竞争力大幅度增强,人民生活水平整体性跃升。浦东开发开放 30 年取得的显著成就,为中国特色社会主义制度优势提供了最鲜活的现实明证,为改革开放和社会主义现代化建设提供了最生动的实践写照。实践充分证明,党的十一届三中全会以来形成的党的基本理论、基本路线、基本方略是完全正确的;改革开放是坚持和发展中国特色社会主义、实现中华民族伟大复兴的必由之路;改革发展必须坚持以人民为中心,把人民对美好生活的向往作为我们的奋斗目标,依靠人民创造历史伟业。

他还强调,从现在起到21世纪中叶,是我国全面建成社会主义现代化强国的30年。新征程上,我们要把浦东新的历史方位和使命,放在中华民族伟大复兴战略全局、世界百年未有之大变局这两个大局中加以谋划,放在构建以国内大循环为主体、国内国际双循环相互促进的新发展格局中予以考量和谋划,准确识变、科学应变、主动求变,在危机中育先机、于变局中开新局。2021年7月15日,《中共中央 国务院关于支持浦东新区高水平改革开放打造社会主义现代化建设引领区的意见》正式发布,自贸区与引领区建设形成新的联动协同、一体推进。"全球汇""离岸通""私募股权和创投份额转让""一司两地""3C免办"等改革创新层出不穷,营商环境持续优化,高质量发展蹄疾步稳。

  浦东开发三十多年所体现的精神境界,可以归纳为四句话:"无分中西,不别社资,民祉为鹄,美善所是。"在为何开发、如何开发方面,广泛汲取全人类的精神财富,不管其源自中国还是西方,也不去争论其姓"社"还是姓"资",最终衡量的标准就是"真善美",也就是邓小平所说的三个是否"有利于",即是否有利于发展社会主义社会的生产力、是否有利于增强社会主义国家的综合国力、是否有利于提高人民的生活水平。归根到底,"民祉为鹄",以满足广大人民日益增长的对于美好生活的需求为根本宗旨。这是一种高度自觉的境界、一种充满自信的境界,也是体现共产党人立党初心的无私境界。在这个意义上,浦东开发所体现的精神境界,与一百多年前从上海浦西起步的伟大建党精神一脉相承。

(熊月之　上海市历史学会)

开放共享、宜业宜居、和谐安全的国际化大都市治理路径探析
——跨世纪的上海城市社会治理变迁研究

魏 强

1978年,中国启动改革开放,揭开当代中国全面社会转型的帷幕。20世纪90年代,根据党中央的战略决策,上海抓住浦东开发开放的宝贵机遇,迅速迈入改革开放前沿,成为长三角地区乃至全国经济发展和现代化建设的龙头。迈入21世纪,上海经济、文化全面繁荣,同时探索出一条符合超大城市特点和规律的社会治理路径:由政府全面统一管理,过渡到以政府管理为主导,企业、民间组织互动参与;探索流动人口管理和老龄化工作,建设宜业宜居的社会主义国际化大都市;开展社会治安综合体系建设,不断加强精细化管理,力求做到精治、共治、法治,逐步形成城市综合治理新格局。本文从治理主体、治理对象和治理模式三个角度,力求全面梳理上海城市社会治理变迁脉络,展示上海社会主义建设的历史成就。

一、开放治理主体,从政府一元管理扩容到社会多元参与

随着社会转型和经济发展,上海市政府不断地调整管理职能,改革管理体制,同时,社会组织萌芽并迅猛发展,形成重要的社会治理力量。在多方互动下,上海社会治理方式从计划经济下政府一元管理模式,过渡到社会主义市场经济下多元治理模式。

(一)政府管理体制改革——形成"两级政府、三级管理、四级网络"

改革开放以后,作为上海社会治理最重要的主体,政府在促进市

场力量发展的同时,不断改革自身,探索更优的城市管理道路。政府管理体制的变迁过程基本可分为三个阶段:

1. "两级政府、一级管理"阶段(1979—1984年)

新中国成立以来,与国内其他城市一样,上海的行政管理一直实行市与区县"两级政府、两级管理"体制,即在市政府下设市辖区县一级政府。由于实行计划经济管理体制,按照高度集中、以条线为主的管理体制,地区管理的权力大都集中在市政府及其各职能部门,尽管法律规定区县政府为一级政府,但区县政府实际上仅仅作为市委和市政府的一级派出机构,拥有很少的事权、人权、财权。改革开放后,该体制明显不能适应形势发展的需要。1984年10月,党的十二届三中全会决定将改革中心转向城市,推行以城市为重点的经济体制改革。在此背景下,上海在改革城市经济体制的同时,逐步探索改革区县管理体制。

2. "两级政府、两级管理"阶段(1984—1996年)

1984年7月,上海召开市区工作会议,决定给予各区更多自主权,确立市与区之间分工分权合作体制,启动由市一级实际集中管理转向市、区两级合理分工、共同管理的改革。1992年5月,上海召开城市建设市、区联手的现场会议,提出在市区实行"两级政府、两级管理"。1996年3月24日,上海市人民政府发表了《关于进一步改善"两级政府、两级管理"体制的政策意见》,决定在强化区政府在经济发展和城市建设中的责任的同时,将财政税收、建设费用、城市规划、融资、国有资产管理以及引进外资、对外贸易等权限转让给区政府。通过大规模下放管理权限,上海区县政府在经济、社会发展和城市建设方面获得了更大的权限,基本形成"两级政府、两级管理"的政府管理体制。

3. "两级政府、三级管理"阶段(1996年至今)

20世纪90年代以来,上海逐渐由改革开放的"后卫"走向前沿,为了适应改革开放,尤其是浦东开发开放的需要,上海开展了大规模的城市建设和改造。大批居民的迁移、大量外来人员的进入、社会流动人口的增加,以及社会服务事业的发展等,使得上海城市管理对象日益多样、复杂,城市管理职能急剧增加。在这种情况下,城市基层区域管理的繁重负担通过组织网络关系下移到街道一级组织。1995年5月,上海在10个区的10个街道开始"两级政府,三级管理"试点,将街道和乡镇作为上海城市管理体制中的重要环节。1996年3月,上海市委、市政府下发《关于加强街道居委会建设和社区管理的政策意见》,正式决定建立"两级政府、三级管理"的新型管理体制。以街道办为中心形成较为完整的管理权力网络。随着上海大都市城市化进程不断推进,街道办事处数量日益增多。到2021年底,上海市辖有16个区,全市共辖有107个街道、106个镇、2个乡,居委会4 628个,村委会1 556个。"两级政府、三级管理"政府层级关系和管理体制的主导地位不断加强。

(二)社会治理的关键主体转向基层

改革开放前,上海与全国一样,采取的是"万能政府"和"命令—服从"式的治理模式,由中央政府控制社会生活的方方面面。在这种制度下,各级政府拥有国有企业,并直接经营;国有企业不仅从事经济生产,而且承担社会职能,包括提供住房、医疗和社会控制,既是经济组织,也是社会组织。改革开放后,社会治理在城市主体多元化的背景下,关键主体逐渐下移至基层组织。1996年形成城市"两级政府、三级管理"的社会管理体制之后,上海又创建了"两级政府、三级管理、四级网络"的城市管理模式。街道、社区等基层组织承担起越来越多的社会管理的权限和责任,成为转型时期社会治理的关键主体。

1. 计划经济时代社会管理特征

在计划经济时代,上海采取的是"单位制"为主、"街居制"为辅的社会管理体制。主要特征如下:一是单位承担了大部分的社会管理和服务功能,包办了"单位人"所有社会生活的方方面面,个人对单位具有高度的依赖性,个人的社会认同也是以单位为标准;二是街道居委组织的作用很小,国家主要通过单位来进行社会组织、社会动员和社会管理,街道居委组织只是做一些辅助工作,主要负责管理社会闲散人员、民政救济和社会优抚等对象,处于边缘化的地位;三是社会自治组织发育几乎空白,单位组织承担了绝大部分的社会管理和服务功能,社会自治组织缺乏生存的土壤与环境,根据1954年颁布的《城市居民委员会组织条例》中明确规定的居委会的自治性质,由于个人的社会认同是以单位为标准,几乎所有的社会管理和服务都在单位功能范围内。

2. 社会转型期的基层治理特征

20世纪90年代,上海走到改革开放的前沿,在社会主义市场经济迅速发展、经济体制逐步确立与完善的同时,社会生活也发生巨大变化。城市基层社区已成为社会整合、社会服务和社会管理的重要载体,不仅要负担旧体制下单位和国家剥离出来的诸多社会管理职能,还要满足城市居民范围更广、内容更多、质量更高的社区服务需求和人民日益高涨的民主参与意识。当时的基层行政力量还不具备足够的条件,不能适应新形势下社会的治理需要,在这样一种大背景下,上海开展了基层政区职能转变与和谐社区的构建。从1993年开始,上海在中央的领导下,启动新一轮的大规模政府机构改革。通过职能转变,政府将许多不该管、管不了的经济工作交给企业,社会事务交给社会。作为区政府的派出机构,街道办事处等基层机构也着手进行职能转变,以适应改革转型期社会问题治理的需要。

3. 基层力量逐步加强

自20世纪90年代"两级政府、三级管理"制度实施以来,街道办事处开始承担分配经济资源和管理公共事务的职能。1996年,上海市政府颁布《关于加强街道、居委会建设和社会管理的政策意见》,进一步增强街道办事处在社区服务、教育、卫生、社会保障、社会安全等问题上的权力。街道从一个弱小的区政府分支机构成为一个基层管治机构。2004年,上海提出要通过社区党建全覆盖、社区建设实体化、社区管理网格化,创建"党委领导、政府负责、社会协同、公众参与"的社区管理工作新格局。2004年9月起,上海5个区的6个街道受命开展社区党建全覆盖工作试点。2005年试点范围逐步扩大到11个区的24个街道。2006年逐步推向全市。2015年1月5日,印发《上海市委关于进一步创新社会治理加强基层建设的意见》和6个配套文件,针对街镇体制机制、基层队伍力量建设、管理资源和执法资源的配置、基层工作经费保障等基层社会治理中的突出问题,努力实现"让基层更加有职、有权、有物、有人",创新基层治理,保障社会治理成效。

(三)民间组织产生并参与社会治理

20世纪随着市场经济走向成熟,社会转型和多元化的趋势愈渐明朗,政府改革逐步深入以及中国加入世贸组织、融入全球化进程都为民间组织的发展提供了更为广阔的空间。

80年代初,国家的政治、经济和社会面貌发生了根本性的变化,群众的参政意识、结社意识不断增强,社会团体的数量大幅度增长。据统计,上海于1981年已有各类民间组织633个,到1989年猛增至4 300个;90年代以后民间组织经历了3次清理整顿,数量一度出现负增长,1999年民间组织下降到2 636个,开始走上了政府登记管理的规制道路。

进入21世纪,上海民间组织发展迅速,涉及上海的经济、社会、文化、教育、科技、法律等多个领域,在参与环保问题、扶持弱势群体、援助贫困地区建设、创办民办教育、进行慈善捐助、促进行业自律等方面逐步产生了重要影响。据2021年底统计,上海共有社会组织17 367家,其中社会团体4 304家,社会服务机构12 489家,基金会574家。

二、城市宜业宜居,从控制人口规模到优化人口结构

在上海经济飞速发展时期,人口规模急剧膨胀,社会治理面临严峻挑战。在建设社会主义国际化大都市过程中,上海针对人口增长过快、流动人口管理等问题进行了长期探索,逐步建立起适合特大城市特点的法制化、市场化的长效调控机制;同时重视日益严重的老龄化社会问题,采取了较为有效的措施,开展了卓有成效的治理。

(一)人口现状与变化

1978年,上海市常住人口仅1 104万,2009年规模倍增,达到2 210.28万。2010年又增加近百万,达到2 301万;2013年突破2 400

万。人口的快速增长给环境、资源和社会治理带来巨大压力。目前,人口规模的过快增长已经得到有效控制,人口数量逐渐稳定在2500万之内。

流动人口是上海常住人口增长的主力。据上海市统计局数据显示,1990年,上海市总人口仅1334万人;2022年,上海市实有人口已达2475.89万人。其中户籍人口从1990年的1283.35万人增长到2022年的1503.83万人,平均每年增加6.89万人;外来人口从1990年的50.65万增加到2022年的1006.26万人,平均每年增加29.86万人,外来人口占城市总人口的比重从3.8%增长到40.6%。

从人口管理经验教训看,外省来沪人员和无业人员的治理难度较大。据上海市浦东新区人民法院于2019年发布的《涉老年人刑事案件审判工作白皮书》,2018年1月1日至2019年7月31日,在该院审结的322人次老年被告人中,无业闲散人员有296名,占比高达91.93%。据长宁区检察院于2021年发布的《长宁区未成年人检察工作白皮书(2016—2020)》,五年来,审查起诉的74名未成年犯罪嫌疑人中,无业人员为42人,占比56.76%;非本市户籍人数占80%以上。综合上海难治理人口的实际情况,可以发现,职业稳定性差、流动性强的人口是社会治理的难点痛点。因此,加大外来人口就业管理成为社会治理的重要内容。

(二)应对外来人口的社会治理

1. 外来人口的就业管理

随着社会开放度的逐步提升,上海对外来人口管理经历了三个阶段。

鼓励阶段:鼓励外来人口技术移民、投资移民。1994年2月,上海市施行《上海市蓝印户口管理暂行规定》,规定在上海投资人民币100万元(或美元20万元)及以上、购买一定面积的商品房或在上海有固定住所及合法稳定工作者均可申请上海市蓝印户口,持蓝印户口一定期限后可转为常住户口。

限制阶段:限制外地劳动力进入特定行业。1995年2月,为保护本市户籍劳动力的就业,上海市劳动局发布《上海市单位使用和聘用外地劳动力分类管理办法》,将行业和工种分为三类:A类为可以使用外地劳动力的行业工种,B类为调剂使用外地劳动力的行业工种,C类为不准使用外地劳动力的行业工种。采取"先城镇,后农村,先本市,后外地"的用工原则,规定凡能安排下岗待工人员的工种岗位,企业不能使用外地劳动力;依法可以使用外地劳力的用人单位或个体工商户必须申请《务工证》,在使用外地劳力时按一定比例招收本市城镇劳动力。

放松管控阶段:外来人员可自由就业。随着国家《行政许可法》的施行,一些大城市纷纷取消了务工证、就业证等。上海市也于2004年取消《外来人员就业证》,用人单位招用外来人员,也可以像招用本地人一样,只需到职介所办理用工登记备案手续。2010—2017年,上海市流动人口就业登记抽样数据表明,外来人口主要分布在第三产业,第二产业也占据重要地位,其中,制造业、批发零售业、租赁和商务服务业、建筑业是上海从业人员最多的四个行业。金融、租赁和商务服务业、科学研究和技术服务业吸纳的流动人口迅速增加。

2. 外来人口的结构优化

外来人口对繁荣市场经济、激发社会竞争、促进城市建设起到积极的作用。同时,外来流动人口犯罪现象也较严重,给城市的治安管理带来前所未有的压力;外来流动人口对城市的医疗、教育、公共交通、城市环境等公共产品和公共资源也提出了严峻的挑战。因此,外来流动人口的管理成为社会治理的一大课题。

上海市委、市政府高度重视外来人口的管理工作,先后制定和颁布了若干地方性法规规章。一是加强教育引导,规范外来人员的行为;二是营造良好环境,吸引优秀人才集聚。2002年推出"居住证"制度,在社会保障、子女教育等方面进一步增进引进人才的福利待遇;2004年至2022年,不断完善人才落户政策,有序引导高素质人才到上海投资或就业,通过市场手段和政策调控,不断提升外来人口的高素质比例,优化外来人口的学历结构和年龄结构。

随着改革开放的步伐逐步加大,海外人士来沪数量攀升。据上海市统计局数据,至2023年末,全市已吸引30万留学人员来沪工作,这些海外学子创办企业多达6 000余家,一些海归人才更是成长为院士、首席科学家、知名企业家等行业顶尖人才,上海连续多年成为留学人员回国发展的首选之地。

（三）应对老龄化的社会治理

人口老龄化已经成为影响全球经济社会的一个重要因素。由于医疗卫生事业的发展和计划生育政策的坚决实施,上海于全国之先,最早步入了老龄化社会,而且老龄化的程度之深、速度之快,对上海城市的社会治理工作带来前所未有的挑战。

1. 上海老龄化问题特点

一是上海老年人口增长迅猛,老年人口比重明显增加。上海人口老龄化速度呈加速增长的趋势。1990—2020年,65岁及以上户籍老年人口从120.06万人增加至234.58万人,平均每年增加3.8万人。其中2000—2010年老龄化趋势有所缓解,65岁及以上户籍老年人口从152.64万人减少到141.83万人,但2010—2020年间迅猛增加至234.58万人,2020年65岁以上老人占比达到16.3%。

二是高龄老人规模逐步扩大,高龄化速度不断加快。根据《上海统计年鉴》和《上海市健康老龄化行动方案（2022—2025年）》,到2022年12月31日为止,全上海60岁及以上的户籍老年人有553.66万人,占户籍总人口的36.8%,80岁及以上的户籍老年人为83.15万人,占户籍老人的15.02%。人口老龄化与高龄化、家庭规模小型化、纯老化、少子化等趋势交织共存,慢性病、常见病患病占比高,且存在多病共存特点,对健康服务、医疗保障等需求持续增加,对整合型健康服务的提供、就医的便捷性也提出较高要求。

三是老年抚养系数和总抚养系数增大,劳动年龄人口的抚养负担不断加重。随着老年人口的增加和劳动年龄人口的减少,上海老年抚养系数逐年增大,并超过少儿抚养系数。1992年,上海老年抚养系数为24.1%,2000年增大到26.1%。根据国家统计局上海调查总队于

2021年5月19日发布的数据,65岁及以上的老年人口的抚养系数为40.9%,2022年则达到46.3%。老龄化成为社会发展的沉重负担。

四是逐步呈现的独生子女父母老龄化趋势,对传统的家庭养老模式提出严重挑战。上海在全国率先实行计划生育,人口老龄化逐步呈现出独生子女父母老龄化发展的新趋势,比全国提早15—20年。上海市独生子女数量占全市户籍人口总数的22.3%,比全国高15.45个百分点(全国为6.85%)。全市独生子女为610万左右,占户籍人口总数的44.59%,比全国高30.9个百分点。因此,养老社会化势在必行。

2. 老龄化问题的治理措施

面对人口老龄化的挑战,上海逐步形成了具有上海特色的老龄化问题治理思路。

一是加强法制保障。根据1996年的《中华人民共和国老年人权益保障法》,颁布《上海市老年人权益保障条例》,其中规定,政府通过协调、统筹、规划、督促、宣传等形式,发展老龄事业,保障老年人合法权益。在政府规划纲要中对老龄工作进行部署,提出理念先进的核心概念,如"大力发展居家养老""整合社会资源""倡导全社会对老年人的尊敬和精神关爱"等,并在实践中形成一整套与市政府实事项目、社会福利事业相结合的老年服务体系,由此体现出"政府动员与社会互助相结合"的发展思路,基本构建了多层次养老保障体系,养老保障总体水平逐步提高。

二是大力发展养老设施。20世纪90年代,上海市养老设施建设速度加快,出现了老年公寓、托老所等新形式。自1995年以来,上海市连续6年将发展老年福利事业、新建和改扩建养老机构列入市政府事实项目。2001年出台了养老机构建筑规范,把养老机构的发展纳入了规范化的轨道。此后,政府不断加大对养老事业的扶持力度,投入大量资金或鼓励社会兴办养老机构。2022年,社区卫生服务中心与全市养老服务机构实现"愿签尽签"。家庭医生"1+1+1"签约60岁以上老年人超过400万。设置家庭病床近8万张,每年服务近80万人次。建成238所标准化智慧健康驿站和46家示范性社区康复中心。

长期护理保险制度试点全面推进,惠及老年人近40万人。

三是坚持引进外来高素质青年人才。统计数据表明上海常住人口老龄化的速度低于户籍人口,引进年轻的外来劳动力可以显著减缓上海人口老龄化的速度。上海主动降低高校应届毕业生和投靠子女落户门槛吸纳中青年人。2018年对北京大学、清华大学应届本科生敞开直接落户大门。2020年,直接落户政策扩展至更多的学校和毕业生,以及所有的全国应届博士毕业生。同时加大对留学人员的引进力度。对于外省市人员与本市居民生育的未成年子女、迁沪父母的未成年继子(女)等,不同程度地取消了独生或符合计划生育政策、常住上海等落户限制。在为上海可持续发展提供人才支持的同时,有效地减轻了老龄化压力。

上海市以人民健康为中心,以满足老年人健康服务需求为导向,坚持积极老龄、健康老龄的发展理念,持续推进健康老龄化,居民主要健康指标保持发达国家和地区水平,2022年人均期望寿命达到84.11岁,在应对老龄化的社会治理方面取得显著成效。

三、安全城市空间,从单一治理模式创新为综合治理体系

我国从1978年开始进入了社会转型期。利益格局的调整、人口流动的增加,以及原有社会控制模式和机制被打破而新的社会控制模式和机制尚未完全形成,共同造成了社会控制的失范。上海的经济发展模式也于20世纪80年代发生了巨大转变,社会转型引发的治安状况明显恶化,经过四十年的努力,上海安全治理取得明显成效,上海的安全水平明显提升。

(一)建立社会综合治理体系

作为改革开放起步比较早的城市,特别是1992年以后,上海改革力度明显加大,城市开放性明显增强。其原有的社会管理模式正在不断完善中接受着新的挑战,社会治安问题突显,即使在邻里关系良好、防范工作基础扎实的老城区,违法犯罪率也呈现上升趋势。

上海与全国同步,实行社会治安综合治理。主要体现在以下方

面：① 实行公安部门"三警合一"的现代警务机制,推行网格化巡逻机制。2003年4月,上海市公安局提出了进行现代警务机制改革的工作思路,希望通过警务改革,改变警察多年以来形成的"朝八晚五"上下班模式,将社区民警、治安民警和巡逻民警"三警合一",让警力充实到基层,在全市推行网格化巡逻机制。② 培育社工群体,政府购买服务,为社团提供各项支持。由政府购买社团服务,为社团提供一定的资金和资源,社团则提供相应的专业性服务,从源头上预防和减少犯罪,降低社会管理成本,形成与上海特大型城市相匹配的经济与社会和谐发展的新格局。③ 综合运用治理主体和治理手段。在治理主体方面,依靠党的领导和组织权威,在政府的协调下,公安、工商、房管、城管、民政、劳动等职能部门以及工会、妇联、共青团等社会团体各负其责,依靠人民群众广泛参与,形成社会治安防控体系。治理还是多种手段的组合,政治的、经济的、行政的、法律的、文化的、教育的,组合使用,力求实效。

《上海统计年鉴》数据显示,2010年,公安机关立案刑事案件达11.97万件。其中侵财型案件及妨害社会管理秩序案件所占比例最大,主要表现为聚众斗殴,寻衅滋事,介绍、容留卖淫等。结伙犯罪和连续作案多,恶性程度高。在外来流动人口聚集地区,赌、嫖宿、卖淫、吸毒等犯罪活动频繁发生,给城市的社会治安带来许多新问题。在酒吧和服务性行业从业的外来女性人员夜晚回归附近老式住宅区租赁房屋时遭受侵害的恶性案件明显增多。经过综合治理,恶性案件逐年下降,2020年,公安机关立案刑事案件降至10.16万件,2022年进一步下降为7.98万件,同时,抢劫、抢夺、故意杀人和伤害等恶性案件的发生率也大幅下降,盗窃案件明显由2010年的7.83万件下降到2022年的6 673件。城市安全水平显著提升。

(二)实行网格化管理体制

21世纪初,网格化管理应用在上海的社区建设领域具体表现为:管理内容的全覆盖,社区资源的整合,快捷反应的机制,数字化管理,党政为主、市场和社会为辅的管理措施。

在网格化的探索过程中,上海市以上海华阳社区为例,具体做了相关试点和经验总结。首先是对上海华阳社区网格设置的基本情况做了充分的布置。考虑到资源调配等方面的问题后,将网格化中的"网"设置在街道层面,把街道作为网络运作的主体、资源配置和信息化支撑的平台。以现有的警务区为设置依据,按照"支部相邻、地域相近、小区相连"和"资源相近、文化相融"的原则,再分为四个子网格。网格的设置具有诸多功能,包括信息连通的功能,能快速、准确地获取和反馈信息;快速处置功能,及时调节、执法和处置;资源配置功能,对社区内党的资源、行政资源、社会资源和市场资源进行调控;便民服务功能,社区居民能够就近、及时、便捷地获得多样化服务;社会保障功能,为社区居民尤其是老年人、残疾人群体提供社会救助、创造就业机会;民主自治功能,通过制度的形式,稳定有序地完善社区自治组织及其运行机制。在四个子网格开展警务巡逻、城市综合执法、社区卫生服务、劳动监察、市容环境监察、房屋管理等工作,使子网格内部的管理职责更加清晰,管理范围更加全面,做到职责明晰、反应灵敏、管理精细、指挥有力,为居民提供优质的服务,并有利于进一步优化三级管理,夯实四级网络。通过专业化、社会化、市场化运作,进一步拓展社会组织的参与空间、群众自治组织的参与空间、群众自治组织的发展空间和党参与社会的实践空间,使行政资源、政党资源、市场资源和社会资源在新的载体和平台上形成有效的整合。

(三)完善社会应急体系建设

上海市政府从 20 世纪 80 年代末开始就重视应急管理工作,不断推进应急联动体系建设,完善政府的应急管理体制建设。经过多年的努力取得显著的成绩,基本形成统一指挥、分级负责、协调有序、运转高效的应急联动体系。主要包括以下内容:

一是制定详细的突发公共事件应急预案,明确了上海市的城市应急联动体系,为提高城市应急联动能力提供保障。《上海突发公共事件处置总体应急预案》明确本市突发公共事件应急管理组织体系和预案体系,要求形成"网格化、全覆盖"的应急管理工作机制,使应急管理工作进社区、进农村、进企业。各级政府建立应对突发公共事件的预测预警、信息报告、应急处置、恢复重建及调查评估等机制,提高应急处置能力和水平。

二是成立突发公共事件应急管理委员会及其办公室,确定城市应急联动体系中的领导与决策机构,使之成为应急联动体系的核心。上海市应急管理委员会(以下简称"市应急委")是本市应急管理工作的领导机构,决定和部署本市突发公共事件应急管理工作。上海市应急管理委员会办公室(以下简称"市应急办")是市应急委的办事机构,负责全市应急管理面上的协调、汇总和指导工作。市应急办是市应急委的日常办事机构,设在市政府办公厅,负责综合协调本市突发公共事件应急管理工作,对"测、报、防、抗、救、援"六个环节进行指导、检查、监督。

三是建立应急联动中心并率先提出"先期处置"概念,成为上海市突发公共事件应急联动先期处置的职能机构和指挥平台。2004年9月,上海市应急联动中心在市公安局正式启用。《上海突发公共事件处置总体应急预案》明确,这一机构负责联动处置一般及较大等级的突发公共事件,并将负责组织对特大或重大突发公共事件进行先期处置。

四是确立了强大的科技支持系统,提高了上海应急联动体系建设的科技含量。上海的城市信息化建设水平为建立应急联运机制提供了科学基础。数字城市概念的提出为城市的可持续发展构建了新的理论模式。

1998—2020年间,上海市应急联动体系建设取得显著成就,但在某些具体方面仍有进一步完善的空间:一是在观念上应进一步淡化级别意识,提高应急联动单位的应急联动的能力;二是在制度方面,应急联动体系建设缺乏制度性的保障,2003年初发生的SARS和2022年的新冠疫情是对上海市政府应急管理体系的严峻考验;三是在动员市场主体参与方面,缺乏一套有效激励市场主体参与应急联动体系的制度;四是在监督考评方面,缺乏一整套有效监督规则,没有形成系统考评体系;五是在区域合作方面,跨省市之间区域联动机制还待改进。

根据发达国家和地区政府应急联动体系建设的经验,上海应急联动体系建设还需在民众意识、法制规范、信息公开等方面进一步完善。

总之,上海作为社会主义国际化大都市、改革开放的排头兵、创新发展的先行者,在经济发展、社会治理等方面取得了不凡的成就,初步具备与之经济地位相当的社会治理水准,形成了多元治理主体开放共享、都市民众宜业宜居、生活社区安全和谐的综合治理体系,为经济高质量发展、文化高水准繁荣奠定了坚实的基础,进一步提升了上海作为特大城市的国际地位,充分展示了上海作为蓬勃发展的社会主义国际化大都市的独特魅力。

(魏强 上海商业会计学校)

长三角联动发展：历程、动力与成效(1990—2006)

戴伟娟

长三角在不同的历史时期具有不同的界定。2003年以前，指江苏省、浙江省、上海市两省一市的15个城市，2003年台州正式加入。到2006年长三角指的是16个城市，包括上海市和浙江的杭州、宁波、嘉兴、湖州、绍兴、台州、舟山，江苏的南京、苏州、无锡、常州、扬州、镇江、南通、泰州。2010年长三角再次扩容，增加到22个城市(增加了合肥、盐城、马鞍山、金华、淮安、衢州6个城市)。国务院于2008年9月出台《关于进一步推进长江三角洲地区改革开放和经济社会发展的指导意见》，把长三角扩大到苏浙沪两省一市。本文界定的长三角地区为两省一市。

2006年，包括上海市、江苏省和浙江省两省一市在内的长三角地区以2.2%的国土面积创造了22.6%的国内生产总值，吸纳了10.9%的人口。2006年，长三角地区的国土面积为21.07万平方公里，占全国面积的2.2%。长三角地区的国内生产总值为47 753亿元，占全国的22.6%，常住人口为14 345万人，占全国的10.9%。2006年，全国人均国内生产总值为16 084元，长三角地区的人均GDP为32 488元，是全国平均水平的一倍多。从1990年到2006年，长三角地区的GDP增加了14倍以上，人均GDP增加了近12倍。1990年，长三角地区的GDP为3 103亿元，2006年增加了约14.4倍。人均GDP由1990年的2 515元增加到了32 488元，增加了11.9倍。与1990年相比，常住人口增加了19.1%。

上海、浙江省和江苏省同处长江三角洲地区，地域相邻，人文相近,历史上就联系紧密,长三角联动发展由来已久。虽然在计划经济体制时期有所弱化,但改革开放后,长三角联动发展在政府推进和社会自发参与两个层面上重新启动,长三角地区在全国的地位也日益重要。

一、长三角联动发展历程

从1990年到2006年,长三角联动发展经历了自发接轨上海、政府积极接轨上海、联动机制逐步形成三个阶段。这三个阶段并非泾渭分明,后一阶段以前一阶段为基础。

(一)自发接轨上海、单向联动阶段

在1992年浦东全面开始开发开放之前,长三角联动发展继续了20世纪80年代中期的民间自发的横向联动发展趋势,区域合作以经济技术协作和联合为主。20世纪90年代初,长三角地区的经济合作非常活跃,其中最为普遍的是各种形式的联营及"星期天工程师"。江苏和浙江的乡镇企业利用上海企业的设备进行协作加工或贴牌生产,大量的上海技术工人和科技人员利用周末或节假日兼职到乡镇企业进行技术指导,极大地促进了长三角地区乡镇企业的发展壮大。据1995年上海市科技开发交流中心的统计,"星期天工程师"业余兼职所得报酬与产生的经济效益之比通常为1∶97。这个阶段的长三角联动有力地促进了上海产业和技术向周边扩散和转移,促进了江浙两省企业家的培育乃至后来两地的经济腾飞。

(二)自觉双向联动、浦东开发效应辐射长三角阶段

这个时期上海的关键词是"招商引资"建设浦东,"服务全国"输出技术、人才,提供开发开放窗口。江苏和浙江两省的关键词是"接轨上海"。上海与长三角其他地区的合作向"双向联动"发展。

一是表现为上海经济发展的辐射带动作用。长三角其他地区一般通过来上海参观考察、经济技术合作洽谈、招商引资等形式与上海进行联动,充分利用上海的技术优势、人才优势和对外开放优势,引进技术、人才,吸引国内外投资。如利用上海对外开放的窗口,搭台唱

戏,举行招商新闻发布会、招商恳谈会,宣传介绍各地的经济优势和投资环境,吸引国内外投资经营者。

二是表现为上海与江浙两省企业跨区域投资。随着上海浦东开发开放拉开帷幕,上海先后设立陆家嘴、外高桥、金桥三个国家级开发区和张江高科技园区,出台了一系列政策鼓励外地企业投资浦东新区,鼓励上海企业走出去、对内开放。1992年,浦东新区共有1 248家外地投资企业入驻。到2000年末,外地来沪投资企业累计达1.5万家,投入资金1 300多亿元。其中大部分来自江浙两省。在吸引投资的同时,大量上海企业在江浙两省开店设厂。如上海市百一店、华联商厦等企业在嘉兴、无锡、昆山等地开设商场。浦东发展银行在杭州、宁波、南京、江阴等地设立了分、支行,1995年技术市场的合同成交额达到23亿元。1997年,上海市为鼓励企业跨省、市经济合作,对于已实施并启动的合作项目,给企业贴息等优惠政策;对于部分经济效益高、互补性强的跨省、市经济合作项目,而母体单位资产负债率高、融资有困难的企业,专门设立金额3亿元的"上海工业省(市)间经济合作专项资金",由上海工业投资公司给予信贷支持。

三是表现为政府引导共同投资。如2002年4月4日,上海、浙江共同出资组建洋山同盛港口建设有限公司,上海国际航运中心洋山深水港建设正式启动。2003年6月,由沪浙企业合资达100亿元的《杭州至千岛湖高速公路合资建设协议》在杭州签字。该高速公路东起杭州袁浦,向西经过富阳、桐庐、建德至淳安千岛湖,把杭州"三江两湖"(钱塘江、富春江、新安江、西湖、千岛湖)的旅游景点连为一体,同时至龙游与杭金衢高速公路相接,总长180公里。2003年9月,南通港口集团有限公司与上海国际港务集团有限公司签署共同组建合资公司协议。确定合作建设国家"十五"重点建设项目南通港三期集装箱码头,开辟南通上海绿色快航航线,组建南通电子数据交换中心,共同投资建设经营物流园区等。

(三)长三角联动全面展开、多层次合作机制逐步形成阶段

2000年后,长江三角洲地区的合作步伐加快,合作内容更加广泛,

合作力度进一步增强,苏浙沪三省市及其域内城市领导间互访更加频繁,多层次对话交流机制逐步形成。

一是由各城市市长或分管市长参加的"长江三角洲城市经济协调会"(简称"长三角协调会")成立,建立了区域城市间协商协调机制,长三角区域的经济合作由企业自发推动为主向政府与市场多方联动转变。1997年,上海、无锡、宁波、舟山、苏州、扬州、杭州、绍兴、南京、南通、常州、湖州、嘉兴、镇江、泰州15个城市组成长三角协调会,通过打破行政壁垒、推进横向经济联合、促进区域间产业转移和市场一体化。此后,2003年台州正式加入,长三角协调会成员增加到16个。长三角协调会是一个长效协调机制,2004年开始,协调会市长会议由每两年召开一次调整为每年一次。常务主席方由上海市担任,执行主席方由除上海市外的其他成员市轮流担任。协调会每年设立专题和专项,以专题和专项带动其他政府部门,共推区域合作。

二是由沪苏浙常务副省(市)长主持的沪苏浙合作与发展座谈会启动。长三角区域合作再次由城市间合作上升到省级合作层面,由经济合作向全面合作转变。沪苏浙合作与发展座谈会由上海、江苏、浙江在2001年共同发起组织,由三地常务副省(市)长主持,分管秘书长、发改委主任、联络组和合作专题组负责人一起参加,每年由三地轮流主持召开一次,常设机构为联络组和专题组。座谈会召集人为三地常务副省(市)长,联络组组长为两省一市政府副秘书长,由各地发展改革委牵头。以"优势互补、密切合作、互利互惠、共同发展"为原则。2001年就共同确定了要在区域大交通、区域信息资源共享、区域旅游合作、区域生态环境治理、区域天然气管道网络等5个专题展开合作,2003年的会议又增设"区域规划专题组"和"人力资源合作专题组",开展合作与交流活动,共同致力于优化长江三角洲地区的发展环境。

三是由沪苏浙三省(市)省(市)长参加的"长三角两省一市主要领导座谈会"启动,长三角区域合作上升到三地政府决策层。从2004年起,沪、苏、浙三省市党政主要领导每年召开协商会议,就事关区域发展全局的重大战略问题和重大事项进行磋商,在决策层构建了政府磋商机制。

四是通过专题合作在区域内政府部门之间建立了横向合作联系。一方面,长三角协调会在成立之初就把由杭州市牵头的旅游专题和由上海市牵头的商贸专题视为长江三角洲区域经济合作的突破口,2004年又提出设立信息、规划、科技、产权、旅游、协作专题。另一方面,沪苏浙合作与发展座谈会专门设立了专题组作为常设机构之一,到2006年共有7个专题组。长三角协调会的专题合作以及合作与发展座谈会的专题组都把政府职能部门纳入长三角合作体系。三省市政府有关部门就旅游、信息、环保、人才、技监、科技、市政、工商、教育、陆运等10多个专业建立对口联系协调制度,积极推进专题合作。2005年,铁路规划、水路规划、陆路规划一体化进程加快。旅游合作、知识产权合作、城市规划合作、物流信息合作、诚信体系建设合作、产权交易一体化合作积极推进。

五是政府推动力度加强。江苏和浙江省进一步推动"接轨上海",产业领域的合作更加广泛。产业协作从生产领域向资本领域发展;从单一项目合作向科研开发、加工制造、市场营销、整体合作方向过渡;从以工业领域为主向金融保障、商贸流通、旅游、房地产等领域全方位发展。2001年,江苏省确定实施"三圈四市五轴线"发展战略,其核心是接轨上海,使南京等大城市更大容量地接受上海的辐射。张家港、太仓等地与上海合作上亿元的大项目屡见不鲜,合作对象多为华东理工大学、上海轻工设计院、华东电力公司等实力型单位。活动多、项目多、领导沟通多成为沪苏浙交流的特征。

二、长三角联动发展的动力机制

1990年到2006年,长三角的联动从自发行为到主动接轨,区域联动的领域由点到面,组织领导不断加强,联动形式从举办商品展销到邀请专家学者举办接轨论坛及发展战略研讨,进而形成高层领导互访机制,驱动区域联动发展的包括内在驱动力和外在推动力。

（一）区域联动的内在驱动力

从企业的角度来看，长三角区域联动是企业应对市场竞争的需要。无论是20世纪80年代开始的"星期天工程师"现象，还是浦东开发开放后江浙地区企业在上海投资，都是企业利用上海在资金、人才、技术、政策等方面的优势，取得快速发展，取得竞争优势。企业间加入跨区域行业协会，有助于避免行业内恶性竞争，共享规模效应，取得良性发展。从地方政府的角度来看，同样是借力上海资源优势、共享规模效应的需要。浙江和江苏两省都提出要"接轨上海"，均以上海为窗口进行宣传推介、招商引资，推动地区经济发展，提高地区竞争力。如1995年上海市经委、市财贸办、市协作办等联合成立了推进新一轮横向经济联合领导小组，长宁、徐汇、宝山、南汇、金山、松江、奉贤等区县把协作部门单列，加强对协作工作的管理。1995年，在上海市政府驻各省市办事处的配合下，有关委办共同组织了"上海名牌产品全国大联销"活动。市、区两级工商企业以"点、线、面"结合，在长江三角洲、长江流域和国内其他地区建立销售、商业网络。2002年，杭州、宁波、嘉兴、绍兴、湖州等市与上海之间的经贸往来和合作更加频繁，杭州市成立了接轨上海工作领导小组及其办公室。2004年3月30日，"南通接轨上海恳谈会"在上海举行。南通市与上海交通大学、华东理工大学、东华大学等高校接洽，搭建人才交流与合作平台，分别签订高层次人才培养与就业合作协议，并在中国上海人才市场举办"2004年南通接轨上海人才招聘会"。2004年6月，沪苏浙三地科技部门联合开展长三角重大科技项目攻关活动，共出资1 000万元，联合征集科技项目攻关，经评审确定了9个2004年长三角联合攻关项目。

（二）区域联动的外在推动力

一是来自国家层面的推动力。如"上海经济区"的建立、重大基础设施的规划布局、以上海为龙头发展长三角和长江沿线都要求等，都是推动长三角联动发展的外在推动力。如洋山深水港等国家重点项目建设需要上海和浙江之间联动合作。国家铁路中长期发展规划、国家机场布局规划等全国性规划的落地也促进了长三角区域联动。

二是来自学术界的推动力。理论界有指导实践的内在需求,把区域联动发展理论应用于长三角地区是一个学术课题,对此课题的研究以及研究成果对决策机构的影响,是推动长三角区域联动发展的另一个外在驱动力量。此外,我国作为一个后发的发展中国家,在区域联动发展方面有很多国际上的成功案例可供借鉴,学术界对成功案例的研究也推动了长三角区域联动发展机制的建立和完善。如1999年11月,长江三角洲区域发展国际研讨会在上海举行,联合国环境署亚太区主任安德鲁斯致开幕词,长江三角洲主要城市的政府部门负责人出席会议。会议听取国际地理学会大气委员会主席恩肯德累姆、中科院院士齐康等中外专家对该区域可持续发展的论述和建议。与会专家认为,目前长江三角洲城市群的发展中还缺少区域协调,存在着许多需要整合的问题。在世界经济中面临的最大挑战就是能否在经济、社会、环境方面协同发展。

三是已形成的定期协商制度运行的需要。定期协商制度建立后,就成为推动区域联动发展的新的外在推动力量,需要每年总结取得的进展并制定新的区域联动目标,这在客观上推动了区域联动的进程。2004年7月13日,沪苏浙两省一市道路运输管理部门召开长三角地区道路运输一体化发展协调会。三地共同审议确认《长三角地区道路运输稽查联席会议制度》,打破道路运政工作按照不同的行政区划实行属地管理的局限,使长三角地区的道路运政工作走向信息互通、管理同步的一体化轨道。两省一市间客运、物流、驾驶员培训、维修等各项运输管理业务对口衔接,并且正在形成相应的运行、协调机制。两省一市约定的长三角道路运输轮值协调委员会制度成为有效的协作机制。2004年4月29日,交通部公路司在北京主持召开长三角区域高速公路联网收费研究座谈会,明确今后长三角将不再设省(市)际的主线收费站,在入口处给车辆发放通行卡,卡中记录收费网络、收费站、时间、车型等路口信息,在出口处直接读取通行卡,根据入口信息和车型查询费率表,得出缴费额,中间再无收费环节。

三、长三角联动发展的成效

1990年到2006年,长三角的联动实现了三个转变:由自发联动向主动联动转变,由企业主导向政府主导转变,由对话、项目联动向长效合作机制建设转变。到2006年,长三角地区在诸如大交通建设、区域旅游、科技合作等领域里,已有不少项目启动,并取得明显成效。同时,长三角联动发展还存在诸多瓶颈和困难,需要在机制上、操作上进一步完善。

(一)形成多层次联动态势

1990年到2006年,长三角区域联动不断升级。区域联动的范围不断扩大,区域联动更加多层次,长三角经济联动效果明显。

1. 多层次政府间联动长效机制形成。1990年到2006年,长三角地区城市间、地方政府间联动范围不断扩大,由"对话性合作"开始转向"制度性合作",长三角区域经济互动发展的机制日趋成熟。长江沿岸中心城市经济协调会成员城市中属于长三角的由1990年的6个增加到1996年的8个城市,长江三角洲城市经济协调会成员城市由1997年的15个增加到2003年的16个,2001年发起的区域经济合作与发展座谈会更是把长三角两省一市均纳入联动范围,2004年启动的长三角两省一市主要领导座谈会把长三角的联动提升到一个新高度。这些定期举办的会议成为长三角联动发展长效机制的主体,在这些会议制度框架下,又衍生出了各政府职能部门之间的定期交流制度。

2. 社会力量积极参与区域联动。学术界、新闻界、行业协会等社会力量积极参与长三角联动,其中行业协会是社会力量参与长三角区域联动的重要载体。1990年到2006年,行业协会跨区域服务、地区间行业协会进行联合的趋势明显。2005年,行业协会成为推动长三角合作的主要力量,开展长三角合作交流的行业协会已有27家。行业协会涉及多个领域,采取多种形式进行联动。如房地产、计算机、人才中介等行业的区域合作采取合作联盟形式;市政、塑料、银行、交通、运输、机电等行业采取联席会议制度进行联动;水产、园林绿化、造纸等行业组织采取研讨交流形式进行区域联动。除了各行业的联动,还有消费维权、创业投资等领域的区域联动,除了企业之间跨区域联动,还有开发区之间的跨区域联动等。

3. 长三角企业联动效果显著。资料显示,上海有1/3的经济协作和60%的对外投资集中在长三角,而截至2001年底,仅上海浦东新区累计吸引内联企业中来自江浙两省的占30%以上,随着新一轮国际产业转移,外资的蜂拥进入,日前沪苏浙已累计批准三资企业7万多家,合同利用外资累计1 500亿美元,世界500强企业中已有400多家进入这一地区,长三角不仅经济国际化程度大幅提高,而且以高新技术改造传统产业及高新技术产业的发展形成了一股强大的潮流。如今,在长三角,以上海为中心,沿沪宁、沪杭甬两条高速公路,各类高新开发区和工业园区星罗棋布,新兴产业区已连成一片,大规模的产业集群不断涌现,一个气势恢宏的世界性制造业基地和高新技术产业带正在崛起。

长三角区域的产业联系更加紧密。如2003年,苏浙两省有300余家汽车零部件生产企业,成为上海乃至全国汽车产业的重要基地。上海一辆整车的2 000多个零部件,90%在江苏、浙江及时可取。在"上海桑塔纳轿车共同体"名录中,176家成员单位中多数是苏浙企业。

(二)专题合作成果丰硕

1. 长三角高速路网、高等级航道网逐渐成形。1990年到2006年,省际高速公路通道建设不断推进,区域大交通体系不断完善。2003年在公路、铁路、城际快速交通、航道等基础设施项目的规划对接和建设进度等方面都取得较大进展,先后衔接8条高速公路、1条铁路,推进区域交通一体化。2003年11月上旬,浙江杭州湾跨海大桥全面开工建设,建成后宁波至上海的时间由4小时缩短为2小时。2004年9月,宁杭高速公路、沿江高速公路建成通车。南通加快推进崇启、崇海大桥开工建设的前期工作,扬州至镇江的润扬长江大桥主体贯通。2005年3月16日,国务院正式审议通过《长江三角洲地区城际客运铁路规划方案》。2005年内,沪杭宁交通圈建设管理机构成立。随着杭宁高速、乍嘉苏高速、长江口越江通道、杭州湾跨海大桥的建设，长三角区域在形态上的一体化已初露端倪。

2. 长三角道路交通运输一体化启动。一是集装箱运输一体化。2003年3月，沪苏浙三省市的集装箱车辆，统一资质标准，相互认可，自由出入，打破城际壁垒；其他省市的过境集装箱车辆也统一税费标准，逐步取消已实施多年的"过境证"制度。同时上海交通部门还拓展陆上货运交易中心的功能，通过组建长三角跨省市的运输集团，实现资源共享。二是长三角地区道路货运一体化。2005年4月，沪苏浙三省市交通主管部门在浙江省杭州市召开长三角道路货运发展研讨会。会议就联合推动长三角地区道路货运一体化达成共识，并签署《长三角地区道路货运一体化共同宣言》和《长三角地区道路货运一体化工作联席会议制度》。三是道路交通一体化。2006年5月17日，长三角地区道路运输管理一体化联席会议第一次会议在上海举行。沪苏浙交通主管部门签署了《关于加快推进长三角地区道路运输管理一体化的备忘录》。两省一市交通主管部门将推动长三角地区异地租、还车，推进省市毗邻地区客运班线公交化经营改革，衔接、统一危险品运输的监管规范，推动相互承认运管机构颁发的资格证书。2006年7月31日，道路交通一体化正式启动。两省一市交通厅、运管局对省际客运重点线路和区域公司化改造、协调统一区域集装箱运输管理政策、危险品运输联动监管和信息共享等重点工作开展政策研究并推出相应措施。

3. 长三角港口协调合作机制初步建立。2005年5月和6月，上海市港口管理局和镇江港、南通港分别签订《上海市与镇江港口产业发展合作协议》和《关于加强上海与南通港口之间联合促进地区经济发展的协议》，实现港口之间在资源共享、功能配套、市场建设、行业管理和信息互通等方面的工作合作。2006年9月24日，长三角港口管理部门合作发展联席会议第一次会议在南通召开，长三角16个城市的港口管理部门共同签署通过《长三角港口管理部门合作发展联席会议制度》，交流各港口"十一五"发展规划情况，探讨当前长三角港口发展和管理中的重大问题,并就下一步的合作意向进行交流。

4. 区域交通开始呈现"同城效应"。一是"长三角"公交"一卡通"工程取得明显进展。2002年10月起,上海与无锡的公交卡可以互通使用,2003年在上海、苏州、无锡三地启动公交卡互通工程。2003年10月9日召开的"长江三角洲旅游城市高峰论坛"就16个城市公共交通一卡通互联达成共识。2004年1月,长三角14个城市在无锡召开交通"一卡通"互通研讨会,建立联络会议制度,并成立技术、政策、市场3个协调小组,就市场、投资、利润分配等问题达成一致。4月,由上海牵头的技术协调小组召开第一次技术协调会。10月,沪苏浙三地科委签署共同开发研究"长三角一卡通区域交换中心平台"项目,由上海华腾软件负责攻关。该项目可以在不改变各地已经使用的IC卡基础上,较好地解决结算问题。二是长三角铁路列车公交化。2004年12月8日起,铁路沪宁线在每天上午的黄金高峰时段密集发车,在1个小时左右,先后发出5趟特快列车,平均不到11分钟就有一趟,平均时速为132.7公里,上海至南京全程仅需137分钟,比原来运行最快的"子弹头"列车缩短了25分钟。

5. 逐步实现区域通关一体化。长三角区域在通关方面的联动成效显著,三地联手实施长三角区域通关改革,增强了洋山深水港向长三角地区的辐射和服务能力;实施了"简化和规范转关运输监管"改革,从机制上实现"应转尽转",显著提高了转关效率;实行"属地申报,口岸验放"模式,大幅简化了长三角区域的海关通关手续,提升了通关效率和服务水平。同时,长三角还积极探索建立区域虚拟审单中心,逐步统一区域海关执法标准,建立集约化的区域海关管理模式。上海海关先在苏州、昆山、杭州等周边地区推行提前报关、实货放行的通关新模式,2003年又开设无锡新区的海关直通点,把在上海海关须办的手续"挪"到无锡,长三角对外资吸引力不断增强。2003年6月,浙江嘉兴海关监管站建成并投入使用,上海口岸功能正式延伸至嘉兴。2005年11月13日,长三角地区通关一体化改革启动。来自苏州地区的大批出口货物,经上海口岸物流信息统一平台瞬间完成跨关区通关作业程序,装船远销海外,长三角大通关建设迈出实质性一步,从"两次申报、两次放行"转变为"一次申报、一次放行"。2006年9月1日,长三角"属地申报,口岸验放"区域通关改革在上海、南京、杭州、宁波、合肥、武汉等地海关全面启动,区域通关一体化改革进入正式运行阶段。

6. 联合攻关、共建平台、共编规划,在科技领域的合作不断深入。2004年,沪苏浙召开科技中介、科技创新体系建设、国际科技合作等会议。6月,三地科技部门联合开展长三角重大科技项目攻关活动,三地共出资1 000万元,联合征集科技项目攻关,经评审决定2004年长三角联合攻关项目共9个。并联合申报了国家科技条件基础平台建设项目,积极推进科技信息网等科技资源的共建共享与科技中介服务合作联盟。2005年,长三角联合成立"大型仪器共享平台",科研仪器共享机制将大大降低区域内企业的研发成本,提高区域竞争力。"长三角大型科学仪器设备协作共用网"(www.3gst.com)正式开通,2006年共同编制区域创新规划,推进长三角科技资源共享,推进科技成果转化、联合攻关和政策研究等工作;继续推进科技创新资源共享平台建设;三省市共同举办了"2006长三角中俄科技与创新活动周""长三角民营企业科技创新论坛"等活动。

7. "长三角旅游"逐步形成统一品牌。长三角区域旅游合作始于20世纪80年代中期,从1997年的第一次经济协调会开始,政府层面也参与到长三角旅游联动中,之后经过2003年的"长三角旅游城市l5+1高峰论坛"和2004年共同签署《黄山共识》,至2005年24个城市在《无锡倡议》上签字,再到2006年25个城市发布的《金华纲要》,长三角旅游的区域联动不断深入。

8. 信用管理联动机制初步建立。2004年7月,沪苏浙三地签署了《江苏省、浙江省、上海市信用体系建设合作备忘录》,决定在各自区域社会信用体系建设的基础上,探索建立区域性信用体系建设合作机制和信用信息共享模式。2004年内,长三角16个城市共同签署《共建信用长三角宣言》,信用体系建设和信息共享合作迈出实质性一步。

2005年底,建成"信用长三角"网,实现三地信用工作的信息相互交流、企业信用信息的相互查询,形成一处守信、处处得益,一处失信、处处受制的区域联动机制。2006年6月30日,三地信用主管部门在上海联合发布了"信用长三角"徐汇宣言,宣告将携手打造"信用长三角",营造区域范围内的诚信体系。赖账、欠债不还、偷漏税等各种企业不良信用信息将在长三角实现异地查询。

9. 区域人才开发一体化进程不断推进。2003年长三角三省市人事部门共同签署《关于建立长江三角洲人才开发一体化共同宣言》,同时上海和南京、杭州、宁波、苏州、无锡等5个城市签署《关于建立长江三角洲紧缺人才培训中心合作协议书》,在人才中介服务机构市场准入、专业技术职务任职资格互认、人才服务合作等三方面开展合作。2004年6月,在长三角人才开发一体化第二次城市联席会议上,沪苏浙两省一市人事部门负责人共同签订《关于引进国外智力资源共享的协议》等一系列协议。2005年9月,沪苏浙三地人事部门及苏浙所属19个市人事部门共同举办"2005年长三角人才开发一体化工作会议",会议确定在编制规划、构筑人才大市场、编写高层次人才名录、建立培训教育高级师资库、开展市县公务员互派活动、开展引进国外智力成果交流活动、开展专业技术职务任职资格互认、开展博士后项目合作、召开人事争议仲裁研讨会、开展民营企业人才服务合作等10个方面展开整合三省市人才网资源。2006年完成了《长江三角洲"十一五"人才发展思路研究报告》。各地区间的专业技术资格证书互认工作有序推进,上海市与江苏省联合开展了社会工作者、会展策划、信息管理认证考试;上海市与宁波市联合开展了商务口译、职业秘书等7个专业技术水平认证考试。统一的职位搜索引擎为求职者提供了来自3 000多家用人单位的5万多个用人岗位信息。

10. 联合成立了长三角知识产权保护联盟。2003年11月21日,长三角知识产权保护联盟成立。16个城市联通专利技术交易网络,实现异地举报、案件转办和移交,开辟了跨城市维权的快速通道。共同开辟互联、互动、互补式开放的专利技术服务市场,建立专利技术转移平台;建立长三角区域知识产权专家库,联合对专利代理和专利咨询服务机构进行规范;建立能满足社会不同应用层面需求的专利和非专利信息检索、研究、利用和传播平台。2005年9月,沪苏浙三地27家知识产权局的负责人在上海召开以"知识产权与发展经济区域"为主题的长三角地区知识产权合作与产权圆桌会议,签订了《长三角地区专利行政协作执法协议》,开通了长三角地区专利网上交易视频系统。

11. 区域生态环境合作有序推进。2001年5月召开的沪苏浙两省一市经济发展会上,选择以区域生态环境治理作为三地开展交流与合作的五大重点领域之一,提出要抓紧实施太湖流域综合治理,组织编制京杭大运河环境整治方案,开展东海近海洋环境保护研究。2003年,三地共同开展太湖水域的水污染防治与生态保护的行动,形成固体废物跨省转移管理办法的初步方案。2004年,长江三角洲地区16个城市的气象部门通过《长三角十六城市气象探测设备资料共享协定》,共同建造长三角气候生态环境监测评估网。2006年,两省一市进一步完善海洋灾害共同防御体系,组成东海大型浮标监测系统,为有效开展长三角区域海洋灾害预警预报、应急工作提供技术保障;基本形成赤潮监测及海产品安全保障网络;合作开展海洋环境监测体系建设,监测数据实现资源共享。

12. 长三角区域质量技术监督合作逐渐深入。2003年10月,苏浙沪共同签署《长三角质量技术监督合作互认宣言》,破除彼此间在质量、标准、计量、认证认可等领域的壁垒,共同推进"长三角"一体化进程。2004年8月31日,苏、浙、沪两省一市质量技术监督局再次共同签署《长三角质量技术监督合作互认宣言》,增特种设备安全监察、打假治劣等合作领域的紧密合作与互认,并先后签署包括建立市场准入互认制度、联手打假、信息通报、地方标准互认、中介服务机构资质、人员资格互认等10个方面的宣言。2004年,苏浙沪三省市食品质量安全研讨会召开,出台了《关于实施食品质量安全长效管理的意见》,制定长三角食品、农产品质量合格评定结果互认规则。2005年6月16日,"长三角标准化服务合作网"(www.c3jstd.com.cn)正式开通,进一步促进长三角标准化信息资源的互享互用。2006年8月29日长江三角洲四省一市质量技术监督合作互认暨质量月共同行动会议召开,区域合作扩展至苏浙皖赣沪四省一市,发布了以"十个统一"为主要内容的《十一五期间长江三角洲苏浙皖赣沪合作互认行动纲领》,互认合作的内容更加丰富。

(戴伟娟　上海社会科学院城市与人口发展研究所)

上海对口支援

翟 辉

改革开放后,上海市与云南省、新疆维吾尔自治区、西藏自治区等省区的经济联系日趋密切。1979年中央边防工作会议后,上海市、云南省签署有关经济技术协作的商谈纪要,此后,上海一些区县陆续与云南一些地州(市)建立对口支援关系。根据1996年9月中央扶贫开发工作会议部署,上海与云南结对,开展对口帮扶,共同推进扶贫事业,并积极开展经济协作和社会事业合作。1994年7月,党中央、国务院召开第三次西藏工作座谈会,明确上海市承担全国援藏建设62个重点项目中的2项。同时,上海对口支援西藏日喀则地区的4个县。1996年3月19日,党中央、国务院从维护新疆稳定的大局出发,做出了内地东中部省市对口援助新疆的重大决策。1997年,上海首批援疆干部开始对口援助新疆阿克苏地区的工作。

上海建立对口支援工作机构,完善工作机制,制订工作规划,加强领导互访,合作领域不断拓展,合作方式逐渐多样化;开展扶贫开发工作,以智力、技术和项目援助为重点,以选派干部支持为龙头,以传、帮、带为手段,实行全方位援助。

1996年至2006年上半年,上海在云南无偿投入帮扶资金8.27亿元,实施以解决温饱、整村推进为主的帮扶项目,实施社会帮扶合作项目;开展全方位、多领域经济合作,上海企业在云南累计投入经济合作资金16.3亿元,实施相关经济合作项目。1997—2007年,上海在新疆阿克苏实施对口帮扶项目近400项,投入帮扶资金2.5亿元,援建地区干部培训中心、少年宫、地区急救中心等项目,捐赠大批教学、医疗设备。1995年5月至2007年6月,上海选派四批援藏干部,组织实施各类项目599个,折合资金8.64亿元。上海对口支援有力地推动了云南、新疆、西藏等地的经济社会发展。

一、对口援滇

根据1996年9月中央扶贫开发工作会议部署,上海与云南结对,开展对口帮扶,共同推进扶贫事业,并积极开展经济协作和社会事业合作。此后,两地领导互访频繁,合作领域不断拓展,合作方式多样,取得丰硕成果。上海与云南制订规划计划,完善对口支援工作机制,上海重点帮扶红河哈尼族彝族自治州、文山壮族苗族自治州、思茅地区(2003年撤销思茅地区,设立地级思茅市,2007年思茅市更名为普洱市)、迪庆藏族自治州(2004年增加)四个地州,重点推进与昆明、玉溪、曲靖等地市的经济协作,积极为对口支援地区提供软件支持,有力地推动了对口支援地区的经济社会发展。

1. 规划计划

1996年10月,上海、云南两省市领导签署《关于开展对口帮扶、加强经济协作的会谈纪要》,明确此后上海、云南对口帮扶、经济协作的总体框架和原则等内容。在签署该会谈纪要的基础上,上海、云南联合编制对口帮扶与经济社会协作"九五"计划纲要。1997年1月,上海、云南签署《上海—云南对口帮扶与经济社会协作"九五"计划纲要》(以下简称为《"九五"计划纲要》);同时签订62个社会发展及经济合作项目。

《"九五"计划纲要》明确帮扶协作三大目标、六大任务。三大目标是:上海重点帮扶云南省思茅、文山、红河3个地州,按照云南省委、省政府的统一部署,完成本地区国家"八七"扶贫攻坚计划提出的目标,力争提前一年完成;共同培育云南的支柱产业,促进双方产业结构优化、升级,从根本上提高云南经济发展水平,增强经济实力;进一步加强科技、教育、文化、卫生等方面的合作与交流,促进云南省社会事业的发展。六大任务是:合作建设扶贫开发和经济协作项目;合作开拓国内外市场;合作开展人才培训;合作建设教育卫生事业;合作发展高科技产业;合作拓展金融业务。

《"九五"计划纲要》明确以思茅、文山、红河3个地州的22个县为对口帮扶重点地区,分别与上海金山等12个区县对口,共同推进扶贫开发事业;以昆明、玉溪、曲靖为经济协作重点地区,以效益为中心,开展全方位、多层次的经济协作。

为贯彻中央扶贫开发工作会议精神和《中国农村扶贫开发纲要(2001—2010年)》的要求,上海、云南两省市加紧"十五"期间帮扶协作计划的制订工作。2001年12月,两省市签署《上海—云南对口帮扶与全面合作"十五"计划纲要》(以下简称为《"十五"计划纲要》),两省市工业、科技、教育等13个对口工作小组签署"十五"对口合作协议。

《"十五"计划纲要》把推动沪滇合作从之前的以对口帮扶为重点逐步转向对口帮扶与经济社会合作并重。把科教扶贫放在突出的位置,确定对口帮扶的重点:继续以云南红河、文山、思茅三地州为对口帮扶的重点地区。教育方面,上海19个区县继续对口支援云南8个地州31个县,加强上海100所中小学对口帮扶云南100所中小学,重点帮助当地提高办学水平,改善办学条件,完善九年义务教育;上海10所高校与云南10所高校开展校际对口支援;上海15所中等职业技术学校对口支援云南9所中等职业技术学校。结合"白玉兰温饱试点工程"建设,重点做好科技示范项目的落实。按照对口帮扶地区的农业发展需要,继续实施"良种、良畜、良苗"现代科技示范项目。继续开展小额信贷,支持优质、高效的农业实现产业化。沪滇两地紧密结合,继续做好劳务进沪工作。重点建设一批"7+8"温饱试点村、"安居+温饱"试点工程和脱贫奔小康试点工程,继续实现现代农业科技项目。上海经常开展扶贫济困送温暖捐赠活动,两省市民政部门要健全与之相适应的接受、运行机制。

《"十五"计划纲要》明确在经济社会合作方面,双方将致力于产业结构调整与提升、金融、城市综合服务功能建设、环保、联合参与澜沧江——湄公河次区域的合作与开发、外资侨资台资企业、青少年事务、民营经济、教育、人才战略实施、科技、卫生、文化等方面的合作。

2005年下半年,上海、云南开始商讨"十一五"期间对口帮扶和经济社会合作规划纲要编制工作。2005年12月,两省市签署《上海—云南对口帮扶与经济社会合作"十一五"规划纲要》(以下简称为《"十一五"规划纲要》)。

《"十一五"规划纲要》明确对口帮扶和经济合作的重点任务。在对口帮扶方面,明确了解决温饱、整村推进、干部交流、劳务输出与小额信贷、产业扶贫、科技帮扶和人口较少民族帮扶工作等方面的重点任务。在社会公益事业方面,明确了人才培训、教育帮扶、医疗卫生帮扶合作、社会力量帮扶等方面的重点任务。在经济合作方面,明确了着力推进农业产业化合作与开发,共同推进跨地区产业转移和技术转移,巩固深化科技、医药、环保等领域的合作,加大旅游文化产业的合作力度,加强中小企业、商贸流通等服务业领域的合作,以及联手参与"中国—东盟"合作等方面的重点任务。

2. 对口支援机制

1996年后,上海、云南双方不断完善对口帮扶协作工作机制,逐渐形成省市对接、部门对接、区县对接、社会各界广泛参与的对口支援工作机制和网络。

沪滇两省市党政主要领导每年互访,推进帮扶合作开展,共商帮扶合作大计。上海云南两省市分别成立由省、市领导任组长的对口帮扶领导小组,每年召开联席会议,总结帮扶协作开展情况,确定工作重点,部署下一年工作。1996年12月,上海市对口云南帮扶协作领导小组成立,由市政府分管对口支援工作的副市长任组长。1997年11月,首次联席会议在上海举行;此后每年年底轮流在云南与上海举行。2004年12月,第八次联席会议在昆明召开,此后改为每两年在云南召开一次,隔年则在上海举办沪滇两地的经贸合作活动。

在上海市对口云南帮扶协作领导小组领导下,设立市对口云南帮扶协作领导小组办公室和干部选派办公室;各区县分别帮扶云南对口地州的国家级贫困县,并相应设立帮扶机构;两省市相关委办局对应联合成立专业工作小组;在昆明市设立上海市政府办事处;在云南省和对口地州分别建立由挂职干部组成的帮扶工作联络组与联络小组,将对口帮扶工作和项目落实到各州、县、乡、村。

3. 对口帮扶

上海对口帮扶以思茅、文山、红河三地州为重点(2004年增加迪庆州),主要采取上海市相关区县与云南省相关地州(市)对口的帮扶模式。

1997年后,上海市的对口帮扶主要在地州(市)、县、(乡)村、户四个层面开展。在地州(市)层面,上海市投资900万元,为文山、红河、思茅三个地州各建一座培训中心,并建立一笔教育基金。1997年11月,三座培训中心开工,1998年9月竣工。培训中心建成后,根据三地需要,上海市组织师资,开展定期、不定期的培训。上海市在三个地州各设立一个扶贫教育发展基金,改善三地的山区中小学办学条件,奖励优秀教师。同时,上海市在三地州各设立一个农业扶贫开发重点项目。

在县级层面,上海区县对口支援云南省三地州的县,着重增强贫困县的造血功能。重点支持当地教育事业发展,在每个县援建1—2所希望小学,以帮助解决贫困儿童的失学问题。在市农委的指导和协调下,上海市区县确定各对口县的农业扶贫项目,这些项目结合当地的自然资源和上海的技术、市场优势,帮助贫困县改变面貌,带动一批农户走上致富的道路。

在(乡)村一级,上海市在对口支援中重点构筑贫困乡村医疗卫生事业的基础。针对对口支援地区贫困乡村普遍存在的缺医少药看病难等情况,上海市12个区县筹措资金,在对口支援地区援建多所白玉兰示范卫生所,一些区县还向对口地区的基层医院赠送较先进的医疗器械。

在农户一级,上海在对口支援中直接面向农户扶贫,实行小额信贷,组织劳务输入,开展"1+1手拉手"助学活动。此外,上海各界积极提供无偿援助,投入资金,捐赠衣物、图书等。

1998年上海在乡村层面启动"温饱试点村"建设,给每村援资15

万元;建造卫生所、"一师一小"、卫星电视接收站等。

1999年上海在地州(市)一级积极建设科技中心,加大科技扶贫力度。在县一级,利用贷款贴息鼓励上海企业在对口县发展加工、制造业等合作项目,做好县一级的希望小学援建工作。乡村一级帮助云南建成多个"温饱试点村",援建"一师一小"希望工程、援建村卫生所、援建村卫星电视接收装置,推广坡改梯、沼气池等农村实用技术。户一级利用上海援助的小额信贷及种植业、养殖业优良品种推广基地优势,帮助贫困农户寻找发展经济、解决贫困的出路。

2003年将农户一级并入(乡)村一级,增加省一级。在(乡)村一级,无偿提供5 000多万元资金,通过云南省扶贫系统向三地州乡村贫困农户发放小额信贷,用以购买良种、良苗、良畜,培育一批种养殖专业户,促进村级经济发展。在县一级,通过投资贴息等方式,支持上海企业建立冷饮厂、小商品市场、咖啡脱壳厂、畜牧良种养殖场等中小型合作项目。2003年开始,在部分有条件的对口县,逐步启动"一县一业""一镇一品""一村一特"和"家家富"工程,并尝试协助当地政府制订县级发展规划。在地州一级,上海在三地州与当地合作建设培训中心、科技中心、保健中心、合作农场、现代农业基地等项目,引入上海的良种、良畜、良苗,帮助发展种植业、养殖业,发挥示范、带动、辐射作用。在省一级,加大引导力度,促进两地经济技术合作。

2004年增加迪庆州为上海对口帮扶云南重点地区。州级项目有迪庆干部培训中心、迪庆传染病防治中心和迪庆妇幼保健中心,以及香格里拉中学等。县及以下级项目主要涉及人畜引水工程、通村公路、输电线路、安居工程、希望小学和村卫生室的修建等。

2005年对口帮扶更加注重"一县一业、一乡一品、一村一特"的产业扶持和培育,鼓励专业合作经济组织的发展。

4. 经济协作

《"九五"计划纲要》明确提出,沪滇两省市经济协作的重点地区在昆明、玉溪和曲靖三地市,重点领域包括资源开发、产业、市场、外贸、旅游和金融等。"九五"期间,两地合作推动产业结构调整和优势产业互补。两省市以市场为导向,充分利用双方优势,围绕培育和发展支柱产业,共同在滇投入资金22亿元,实施了生物医药、烟草、旅游、环保等各类经济协作项目共368项。云南在上海投资超过12亿元。上海和云南通过多形式、多内容的合作,既优化了各自的产业结构,又推动了两地的产业发展。

"十五"期间,两地实施各类经济合作项目226项,双方共同投入合作资金17.3亿元,上海方投入14.8亿元。在上海、云南两省市国资委等相关部门支持指导下,两地经贸合作项目投资主要涉及企业并购、产业转移、技术开发、科技、环保、旅游以及商贸服务业等领域。

"十一五"期间,上海与云南继续加强在工业、农业、旅游、商贸、金融、环保等领域的经济合作,探索利用上海技术、资本、信息、人才和管理等优势,推进云南加快企业改革、发展和融资机制创新方面的新路子,促进企业创新能力和区域竞争力的提升;云南与上海企业在国际化过程中加强合作;以现代新昆明建设为依托,积极主动承接上海产业转移和技术转移,围绕云南发展新型工业化和建设重点工业园区的战略,鼓励和引导上海有优势的企业到云南创业与发展。

5. 软件支持

"九五"期间,上海、云南两省市社会合作项目180多项,合作培训各类人员3.5万人次,上海选派44名干部到云南挂职、选派92名青年志愿者参加赴滇接力活动和60名支教教师赴滇工作,云南选派50名县处级干部赴上海挂职学习,近千名干部赴上海接受培训,向上海输出劳务5 000多人次。上海援建的2所师资培训基地、3个培训中心和3个科技中心如期建成。上海通过全社会动员组织开展援建"希望工程"、援建希望完小273所,一村一校教学点244个。开通"白玉兰"远程教育网,双方卫星电视落地互播。上海市每年开展扶贫济困捐助活动。培养医疗卫生专业人员138人,输出新技术150项,援建白玉兰卫生所449个,提前完成卫生"双百"指标。两省市共实施科技合作项目30多项,培训科技管理干部1 500多人次。

"十五"期间,两省市人事部门在人才开发、人才培训、人才市场、职业资格认证等方面开展广泛合作,共培训各类党政人才和高层次专业技术人才2 600人次。上海共投入10 134.62万元,建立希望学校、光彩学校146所,帮助云南培训教师29 924人次,上海累计选派5批、460名支教教师到云南贫困地区支任教,资助当地贫困学生22 722人次。上海各级政府共援助资金2 787.75万元,在四州市分别援建疾病防治中心和264个乡、村卫生室,购置和捐赠各类医疗器械和设备,帮助培训医务人员,为改善云南贫困地区基本医疗条件、实现农村人人享有初级卫生保健打下坚实基础。制订上海白玉兰远程教育规划,通过远程教育进行人才培训和专业讲座。上海推进社会捐赠及社会扶贫。

1996年至2006年上半年,上海在云南无偿投入帮扶资金8.27亿元,实施以解决温饱、整村推进为主的帮扶项目2 675项,实施社会帮扶合作项目2 300多项;两省市企事业单位累计实施各类经济合作项目592项,上海企业在云南累计投入经济合作资金16.3亿元。

二、对口援疆

1996年3月19日,党中央、国务院从维护新疆稳定的大局出发,做出了内地东中部省市对口援助新疆的重大决策。1997年2月13日,上海市和河南省首批援疆干部开始对口援助新疆维吾尔自治区阿克苏地区的工作;2005年,3家中央直属企业加入对口支援阿克苏地区行列。1997—2010年,上海以智力、技术、物资和项目援助为重点,以选派干部支持为龙头,以传、帮、带为手段,大力实行经济、科技、文化等全方位援助,推动阿克苏地区的经济社会发展。

上海对口支援阿克苏地区有关部门和阿克苏市、温宿县和阿瓦提县。上海市成立由市领导挂帅的上海市援藏援疆工作领导小组;2005年4月,成立上海市合作交流与对口支援工作领导小组,市政府合作交流办承担领导小组办公室职能。

1. 技术帮扶

上海注重技术帮扶,变"输血"为"造血",为阿克苏地区培养大批优秀人才。1997年至2010年,上海先后选派6批251名优秀干部和专业技术人员到阿克苏任职;先后安排100余名专家学者到阿克苏调研、咨询、开讲座;先后安排1万名党政干部、专业技术人员到上海学习培训和挂职锻炼。与1997年相比,阿克苏农牧民人均纯收入由1524元增加到4833元,增长2.2倍。

上海市负责经济工作的援疆干部将经济管理理念引入阿克苏的经济工作中,促进当地经济快速发展,各项经济指标年年稳中有升。教育条线的援疆干部以丰富的科学知识推动阿克苏教育事业的发展,援疆教师把学生视作自己的孩子,以自己可亲可敬的实际行动验证着对地区各族人民的一腔爱心。援疆医生积极推广新技术,大力开展高难度医治手术,多项医疗成果填补了自治区和地区医疗空白。医疗卫生工作者还把技术和管理经验毫无保留地传授给阿克苏当地干部,为当地培养了一支永不走的技术队伍,促进了管理、思维模式的转变。上海市增加技术型、应用型以及针对当地产业发展急需的专业人才培训,内容涵盖经济管理、城市规划、信息管理、交通管理、旅游管理、农业实用技术、文化产业、食品产业等方面,为"造血"援疆储备了一批实用型人才。同时,上海援疆干部促成上海师范大学对阿克苏地区的定向招生计划,为阿克苏培养了一支永不走的专业技术人才。

2. 经济援助

从2005年第五批援疆工作开始,党中央、国务院对援疆工作提出,援疆省市"以干部支援为龙头,实行经济、科技、文化全方位的支援",援疆工作思路开始出现由智力、技术援助向"以经济援助为主"的新转变。上海市第六批援疆项目共162个,分为新农村建设、学校、医院等基础设施建设类项目、人才培训类项目和两地交流合作类项目三大类,其中建设项目145个。在上海第六批援疆干部到阿克苏的两年间,上海市共支持援助资金2.57亿元(前五批援助资金3.42亿元),其中,上海市财政资助2.27亿元,第六批援疆干部选派单位累计援助约3000万元。1997—2010年,上海对口支援阿克苏总共无偿投入资金5.9亿元。

3. 合作开发

上海市、阿克苏地区依托各自资源优势,在合作开发中以优势资源为依托,以招商引资为切入点,以项目建设为核心,促进阿克苏与上海市企业全面"牵手"。阿克苏为农业大区,是全国最大的商品棉基地之一,有着丰富的资源,但由于历史、自然等,其生产水平相对落后,经济基础比较薄弱。上海市结合阿克苏地区经济社会发展的需求,把项目援疆、智力援疆、招商引资有机地结合起来,在农业、林业、水利、畜牧、教育、医疗等方面给予阿克苏有力的支援,推动阿克苏的发展。

上海援疆干部联络组积极联络、协调上海棉纺专家、企业负责人到阿克苏考察,共商两地携手、优势互补、推动阿克苏棉纺产业发展之策。探索两地经贸合作结合点,协调上海城市超市有限公司、上海龙人石业装饰公司在温宿县开展业务或扩大投资,促成上海博阳实业、上海大江工业投资设备有限公司与当地达成合作意向;通过在上海建立阿克苏农产品直销店和网络,拓宽阿克苏农产品的销售市场;通过举办首届阿瓦提红枣推介会,与包括上海市在内的8家内地企业签订合作协议;通过发挥援疆干部的桥梁纽带作用,吸引上海及华东地区游客到阿参观、考察、旅游,推动阿克苏旅游资源的开发利用;通过延伸旅游链条,联系促成上海经停乌鲁木齐直飞阿克苏的航班,便于两地企业、游客合作交流等。

上海龙人天材矿业有限公司在温宿县洪积平原工业园区内投资建厂,该公司有80多名本地员工,7 000多平方米的厂房,有新疆唯一的大理石全自动加工流水线。在其带动下,上海许多企业到阿克苏投资。2007年后,上海市国内合作交流专项资金对在新疆投资的29个项目进行了8 000余万元的补贴,极大地调动了上海企业赴新疆投资兴业的积极性。与1997年相比,阿克苏地方财政收入由2.6亿元增加到34亿元,增长了12.5倍。

4. 民生项目

上海市在对口支援中以民生为本,项目向基层倾斜,向农牧民倾斜。上海援疆资金始终恪守以民为本这一基本准则,着重改善农牧民群众的基本生活、基本生产、基本教育、基本医疗条件。如第六批援疆的162个项目,分为新农村建设、学校、医院等基础设施建设类项目、人才培训类项目和两地合作交流类项目等三大类,涉及基层民生改善的项目占总项目的90%左右。1997—2007年,上海市先后援助阿克苏地区学校建设项目52个,总资金1.24亿元,总建筑面积11.5万平方米。仅上海第五批援疆干部联络组在2006—2007年间,就争取到无偿援助建设项目26个,总资金5 020万元。

在对口支援中,阿克苏大地发生了翻天覆地的巨变:一排排低矮的土木平房变成宽敞明亮、设施齐备的抗震安居房;一座座破烂危旧的教学楼化作气派宏伟、功能齐全的综合楼;一个个脏乱差的小乡村摇身变为环境整洁、整齐划一的新农村。当地居民在谈到抗震安居房时说:"每家每户,上海补贴1.5万元,国家补贴5 000元,当地配套一部分建材。我们只需出工出力!"之前家家户户都是土坯房,"靠我自己的能力,再过10年也建不成这个样!"

1997—2010年,在阿克苏人民的艰苦奋斗和上海人民的对口帮扶下,阿克苏的22.2万户、46.7万贫困人口摆脱了贫困,贫困人口占农村总人口的比重由当年的35.47%下降到2009年的21.89%。

1997—2007年,上海在阿克苏地区共实施对口帮扶项目近400项,投入帮扶资金2.5亿元。上海先后援建了地区干部培训中心、少年宫、地区急救中心等当地急需的项目,捐赠了一大批教学、医疗设备,改变了阿克苏教育、医疗落后的状况。医疗环境和设备的改善极大地促进了当地医疗卫生事业的发展。

三、对口援藏

1994年7月,党中央、国务院召开第三次西藏工作座谈会,明确上海承担全国援藏建设62个重点项目中的2项:日喀则市给水工程和西藏自治区传染病医院。同时,上海对口支援日喀则地区的江孜、拉孜、定日、亚东4个县。2001年,增加对口支援萨迦县。

1994年8月,上海市委、市政府成立上海市援藏工作领导小组,由市分管领导担任组长;后成立上海市援藏援疆工作领导小组;2005年4月,成立上海市合作交流与对口支援工作领导小组,市政府合作交流办承担领导小组办公室职能。2005年7月,上海市政府驻西藏办事处成立。同时,上海市各区县、部门,层层落实,建立领导小组,日喀则地区建立受援工作小组,保证对口支援工作正常推进。

1996年12月,西藏日喀则地区党政代表团访沪,上海与日喀则地区共同签署《对口支援日喀则地区十年援藏工作的会谈纪要》,对此后10年的援藏工作做出总体安排。

1. 软件支持

上海市在对口援建之初,便从全市各部门选调优秀人才支援西藏。1995年5月,上海市选派第一批49名援藏干部,至2004年上海市共选派四批援藏干部,共199人,援藏干部年龄多在三十多岁,绝大多数具有大专以上学历,年富力强,专业技术精湛,为日喀则等地培训专业技术人员,组织西藏专业技术人员到上海培训,为西藏的发展提供智力支撑。其中第二批援藏干部为日喀则培训人员1309人次,第三批援藏干部组织到沪人员培训32批305人次。1996年,在上海援藏干部的努力下,通过各区县、委办及企业筹集资金1130万元,为日喀则地区援建23所希望小学。2005年,上海市教委加大对口支援西藏教师培训力度,为西藏教育发展提供智力支持。配合西藏日喀则地区举办中小学校长培训班,利用白玉兰远程教育网参与对当地300名中小学校长的暑期业务培训。

上海市城市规划局帮助西藏5县完成县城规划。西藏自治区日喀则地区的仁布、岗巴、定结、萨迦、康马等5县的县城规划,经过上海市城市规划局两年的辛勤踏勘和设计,完成各项工作任务,2000年10月向日喀则地区领导进行成果交接。仁布等5县的县城规划内容和成果主要包括:县城结构规划、县城总体规划、建筑形态导向规划及重点地区详细设计等。

2. 项目援助

上海市重点援建西藏地区多个项目。1994—2005年,上海市四批援藏干部，共组织实施95个、175个、166个、140个项目，投入资金约9亿元，多数项目集中在日喀则地区。

上海市公用局、自来水公司承建了日喀则市给水工程。工程设计日供水能力为2万吨，由取水、制水、输水三大系统组成，总投资4500万元。1994年9月18日开工，1995年8月26日正式投运供水。上海市自来水公司及其项目组在承建这一项目中，精心组织、精心施工，只用了6个多月的实际施工期（当地每年10月中旬至第二年4月中旬气候寒冷，无法施工）；优化设计和实行全过程的严格管理，使项目一次投产成功，各项技术指标全部达到设计要求。该项工程的参建人员把自己的技术和经验毫无保留地传授给当地工程技术和生产管理人员，得到了藏族同胞的高度评价；发扬"特别能战斗、特别能吃苦"的精神，克服了各种困难。该项工程在西藏自治区成立30周年大庆前作为样板工程建成投产。

上海市卫生局负责建设西藏自治区传染病医院，拥有200张床位，投资3000多万元。1995年11月，医院单体工程基本建成，1996年正式完工。

"上海广场"是上海确定的援藏项目，是援藏工作的标志性项目。上海市援藏援疆工作领导小组办公室与上海建工集团总公司一起克服各种困难，保证工程在1997年4月开工，年内进行结构封顶。"上海广场"坐落在日喀则市的珠峰路与解放路交接处，1998年9月竣工，"上海广场"的建筑面积为10000平方米，总投资为5000多万元，由上海投资3000多万元。

2002年5月，上海援藏的扎寺文化广场和上海援建日喀则地区中专学校教学楼工程相继在日喀则市开工建设。扎寺文化广场总投资3200万元，总面积2.7万平方米，中心广场面积1.6万平方米。扎寺文化广场由文化广场、文化长廊、休闲广场三部分组成。上海市园林集团公司承担建设任务。2003年项目竣工。

日喀则地区中专学校教学楼总投资700万元，上海市教委为此成立援藏项目办公室，上海高等教育建筑设计研究院已完成工程设计，

2003年工程竣工。新教育楼建成后,配套远程教育终端设备,实现上海—日喀则远程教育。

2000年8月,上海贝尔公司与西藏电信"十五"首批建设项目签约,这是西藏有史以来一次性投入最大的电信网建设工程。这项合同涉及西藏全区市话交换机扩容等6个项目,预计总投资达1.2亿元。上海贝尔公司为西藏建设全区的长途网、本地网、N7信令网和智能网等网络。工程完工后,西藏全区的市话容量净增7万线,新建的智能网可为全区开通记账卡业务、校园201卡业务、IP业务等。

3. 物资捐赠

1999年6月10日,上海各界向西藏定日县捐赠物资。闵行区广电局在1998年为定日县提供采、编、录设备的基础上,无偿提供价值40多万元的有线电视设备;普陀区政府捐赠价值15万元大客车1辆;松江区申新水表厂无偿提供价值7万元的大小水表660只;市公安局捐赠价值5万元的10套对讲机。1999年,上海电力局向西藏自治区电力厅赠送2台价值50万元的500千伏安非晶合金箱式变压器,并专门派出技术人员到拉萨指导施工安装,为在布达拉宫广场开展各种大型活动提供供电保障。2002年1月18日上午,长宁区政府、宝钢集团等10多家单位向日喀则地区捐赠价值5 000多万元的资金、物资。2005年7月,上海市党政代表团赴西藏学习考察,在日喀则地区,捐赠7 200万元的专项资金和价值1 500多万元的物资。

4. 安康工程

上海在援建西藏时,实施了"安康工程"。"安康工程"是上海第三批援藏工作的重点之一,实施中达到灯亮、水通、路平、树绿;看得见电视,听得到广播;拥有村委会办公室、医疗室、文化室;家家有副业,户户能增收;社会稳定,环境整洁,生活安康。至2003年,共投资1 000多万元,对30个行政村组织"安康工程"试点,覆盖2 167户,11 702人直接受益,人均现金增收200多元。该工程推动农牧区经济社会的发展,得到当地干部群众的充分肯定。

据统计,1995年5月至2007年6月,上海市选派四批援藏干部,组织实施各类项目599个,折合资金8.64亿元。

除了滇、疆、藏之外,上海还与三峡库区的重庆市万州区和湖北省宜昌县等建立对口支援关系。上海成立对口支援三峡工程移民领导小组,引导上海名牌企业入户库区,先后有白猫、汇丽等35家企业进入库区兴办企业,投入资金1.48亿元;投资200万元援建两个"移民安置试点村",在村内建"五个一"工程,即一所希望小学、一所幼儿园、一个文化站、一个卫生所、一个农技站;支援库区社会公益事业,先后无偿援助资金5 400万元,兴建一批社会公益项目,在万州区五桥援建项目形成"上海街"。

(翟辉　上海市地方志办公室)

建设人民城市的见证：
从百老汇大厦到上海大厦

叶 舟

屹立于黄浦江之滨、苏州河畔的上海大厦是上海外滩经典的五星级老饭店，原名百老汇大厦（Broadway Mansions），自建成起就和苏州河、黄浦江以及外白渡桥共同构筑了一道美丽的风景线，成为上海著名的标志性景观。同时，这幢大厦也是历史的见证，忠实地记录着上海滩的变迁。从百老汇大厦到上海大厦，其实就是上海这座城市从冒险家乐园到人民城市命运变化的缩影。

一、多灾多难的命运

1935年春天，由英商业广公司承建的百老汇大厦落成。当时新建的这幢大厦高22层，曾经一度是整个上海滩最高的建筑。位于17楼的大餐厅是当年上海最高的餐厅，在大厦后方还有当时上海独一无二的4层楼高的停车房，是当年远东最大的汽车库。人们甚至说这是"迄今为止现代创造所能够实现的最诱人的便利设备和舒适设施"。[①]然而没有人想到，仅仅两年后，这座大厦的命运就发生了逆转。

1937年，"八一三事变"爆发，上海沦陷。1939年3月25日，在日本人的软硬兼施下，业广公司被迫将大厦出售给了日本人控制的恒产公司，百老汇大厦沦为魑魅魍魉出没的鬼窟。1945年抗战胜利后，百老汇大厦的悲惨命运并未终结，在这里，各方势力你方唱罢我登场。

[①] Kunion II, *The Diamond Jubilee of The International Settlement of Shanghai*, Shanghai, 1938, 转引自《中国现代主义：建筑的视角与变革》，电子工业出版社2012年，第160页。

当时有一篇散文诗中这样写道:"不信你听,倘遇东风的机缘,从百老汇大楼里,每每传来妖声妖气的怪叫。那不是狮子,那是兽中的狈,岛中的囮。"①直到上海解放,百老汇大厦才等到黎明的到来。

根据资料,恒产公司又名日本恒产株式会社,其实是华中振兴公司的一个分公司。华中振兴公司是日本对中国,特别是以上海为中心的华中地区进行经济侵略和经济掠夺的机构。恒产株式会社并不是一个单纯的商业公司,而是一个为侵华做长期准备的"军事机构"。②这桩交易的真正本质其实就是由日本政府委托恒产公司进行的强行收购。1939年3月28日,交接仪式在大厦的顶楼正式举行,英国旗被降下,而日本旗升起,③百老汇大厦由此开始了一段多灾多难的历史。

日本宪兵队的特务机构特高课一度设在其中,日本的文化特务机构"兴亚院"等也设在楼内,许多日本高级将领、杀人魔王堂而皇之地入住其中,并多次在大厦内召开侵华军事会议。在虎狼猖獗的日子里,这里成了真正的鬼窟。1939年4月,汪精卫叛国后,就搬到百老汇大厦,并以为其进行所谓"和运"的大本营。④ 抗战结束后,《新上海》杂志便指出:"在敌伪时期,就在百老汇大厦里,东洋鬼子有几个重要的机关,专门收集我国军事上的情报,策划侵略的诡计,他的重要性和四川路敌宪队负有同样的使命,也在内不时杀害我爱国志士,但是这事外界知者甚鲜。东洋人也守口如瓶,因此当时人民只知敌宪队是一个杀害中国人的屠杀场。"⑤著名的76号特务机关的实际掌权者,汉奸李士群也在这里中毒,最终暴死。⑥ 这里还是毒窝与赌场,是整个日本在上海地区鸦片贩卖组织的中心。正是由于百老汇大厦的鬼影幢幢,那些擅长与魔鬼打交道的人们也不惜深入虎穴,在这里上演了一出又

---

① 孙石灵:《狭的天地》,《鲁迅风》1939年7月第17期。
② 薛理勇:《老上海房地产大鳄》,上海书店出版社2014年,第177—178页。
③ "Broadway Mansions Change Hands", *The North-China Herald*, Mar 29, 1939, p.546.
④ 《汪精卫在沪设办事处》,《申报》1939年5月8日第8版。
⑤ 《百老汇大厦出现鬼》,《新上海》1947年第51期第8版。
⑥ 经盛鸿、经珊珊:《抗战往事1931—1945》,团结出版社2016年,第416—419页。

一出的风云大戏。1939年底,著名的我党情报人员、有着多重间谍身份的《伪装者》的原型袁殊就利用他和日本驻沪领事馆副领事岩井英一的关系,经后者的介绍,长期住在百老汇大厦,在此开展一系列的情报活动。①

1945年8月,日本宣布投降,但百老汇大厦黑暗的日子却并没有结束。抗战胜利不久,国民党进驻上海,开始接收工作。首先入驻百老汇大厦的是国民党中央宣传部国际宣传处的上海办事处,此后驻华美军接管百老汇大厦,在此成立美军遣撤部,负责管理在华的美军,从此,百老汇大厦开始有美军宪兵站岗。②

这段时间百老汇大厦成为外国人寻欢作乐的乐园。美国记者约翰·罗宾逊后来就回忆道,百老汇大厦里的这个外国记者俱乐部是"亚洲最好的记者俱乐部",他们是"从头到脚都被仆人伺候着"。但是大多数中国人却不得进入百老汇大厦之门,大厦内外完全是两个世界。外国人经常会打开窗户看着外面这个不同的世界:"从我们外国记者所住的十七层楼百老汇大厦遥望,沿外滩的一排巨厦可以一览无遗。而靠近我们的是苏州河,河上广集着无数小船,船中住若干百个家庭,过着穷困的生活。妇女在甲板上做事,孩子在甲板上玩耍。多数孩子都用绳束来牵牢,免得他们翻到河里去。洗净的衣衫晾在竹竿上好像旗帜一样。黄浦江上停泊着海船、江轮和军舰。四周广集着帆船、拖驳和舢板。"③出了大厦门,从北苏州路走到外白渡桥,到处有小偷、乞丐出没。

不过大厦见证了这黎明前的黑暗,同时也见证了在这黑暗中的反抗。1946年12月24日夜,北京大学女学生沈崇被美海军陆战队两个士兵强奸,而国民党政府不但不进行交涉,反借口"有污友邦",企图实行新闻封锁。这一消息传到上海后,各大专院校学生无不义愤填膺。

---

① 尹骐:《潘汉年的情报生涯》,中共党史出版社2018年,第79—82页。
② 《外国记者赁居百老汇大厦》,《新闻报》1946年5月29日第4版。
③ 罗伯特·摩尔:《扬子江边》,转引自邢定康等编:《上海游踪:民国风情实录》,东南大学出版社2017年,第217页。

12月31日,上海市学生抗议驻华美军暴行联合会宣告成立。1947年元旦,全市学生举行抗暴示威游行。1万多名学生于外滩包围了美军驻扎的百老汇大厦,郁积在学生们心头的愤恨终于像火山一样地爆发了。大家散发标语传单,高呼"美军从中国滚回去",唱起《大家起来赶走美国兵》的歌,更有勇敢的学生们爬上屋顶扯下美国旗。①

在百老汇大厦工作的人们更是直接受到美军和国民党政府的欺压,他们也开始起来反抗。1946年2月,百老汇大厦员工因"待遇欠薄",不能维持生计,要求美方增加工资,美方不但不加工资,反而开除了14名工友。全体员工忍无可忍,决定于3月8日发动罢工。大厦经理德雷兰中尉不仅对员工的合理要求置之不理,更直接出动宪兵队,将全体员工的工作服连同里面自己的衬衫全部剥去,赶出大厦。当时新闻媒体报道称:"时值天寒,午后风紧雨密,该批工友鹄立门外,颤抖不已。"国民党社会局曾派专员与负责百老汇大厦的美军总部施阁脱上校交涉,傲慢的施阁脱强硬地说,根本不可能答复劳方的条件,全体复工更是绝不可能。软弱的社会局根本奈何不了美军。②

1946年底,由蒋介石出面,百老汇大厦的管理权交给了励志社。③励志社其实就是蒋家的后勤部。到了1947年,国民党在战场上的失败导致了经济的崩溃,物价飞涨,民不聊生,百业凋敝,怨声载道,百老汇大厦的员工同样陷入了水深火热之中。励志社根本不在意员工的死活,再次激起了员工的反抗。此时大厦员工的反抗斗争受到了由中共地下党实际主持的上海市西餐咖啡舞厅业职工工会的支持。在党的领导下,百老汇大厦的罢工斗争取得的成果也越来越多。④当1949年5月8日,外籍记者俱乐部发出通告,退出该大厦并放弃管理权时,

---

① 金家秀:《美国兵滚出去:记元旦上海学生抗议美军暴行万人大游行》,《评论报》1947年第6期。
② 《百老汇大厦工役罢工遭驱逐》,《新闻报》1946年3月9日第3版。
③ 《百老汇大厦不标售,充励志社上海社址》,《申报》1946年10月2日第6版。
④ 《上海西餐咖啡业职工工会大事记》,中共上海市委党史资料征集委员会主编,中共上海新亚(集团)联营公司委员会,上海酒菜业职工运动史资料征集小组:《上海酒菜业职工运动史料》,1988年,第157—160页。

西餐咖啡业职工工会组织工人进行自我管理①,确保了大厦财产不受损失,顺利迎接解放。

二、从百老汇大厦到上海大厦

历史的转折点不久就到来了。1949年,解放军开始攻打上海的战役。5月25日凌晨,苏州河以南解放后,解放军部队一鼓作气向苏州河以北进攻。可是面对着30米宽的苏州河,解放军却遇到南征北战以来从来没有遇到过的一个难题。

上海是建设新中国的重要基地,毛泽东在战前发出指示:"打上海,要文打,不要武打。"总前委陈毅司令员把这一阶段形象地比喻为"瓷器店里捉老鼠",②就是说老鼠要捉,瓷器还不能碰坏。解放军在进入市区前,早就规定了部队进入市区后,一律禁止使用炮火轰击,只能以轻火力武器作战。但是苏州河一带的地形对我军非常不利,敌人凭借百老汇大厦等北岸的高大楼房和工厂、仓库等建筑,居高临下,交织成严密的火力网,封锁了整个河面和河的南面一条宽广的马路。因此,解放军夺占外白渡桥时,一再受挫,牺牲众多。

当时有很多人主张动用火炮轰击对岸敌人。时任第27军军长的聂凤智坚定地表示,我们爱战士的生命,但我们今天是以主人的身份进入上海的,现在这些被敌人占据着的官僚资产阶级的楼房,再过几小时就为我们工人阶级和全国人民所有。因此我们必须想尽一切办法,尽最大的努力去保全它。

经过反复讨论,大家最后统一了认识,决定要想尽一切办法,既要消灭敌人,又要完整地保全城市。解放军一方面通过国民党市政府留下的代理市长赵祖康往大楼里打电话,劝其放下武器,迎接解放。另一方面从苏州河西部敌人兵力部署较薄弱的地区突破,强行渡河,迂回到大楼的后面。不久,百老汇大厦这个战上海的最后一个堡垒,终

---

① 《百老汇大厦职工解雇纠纷》,《新闻报》1949年2月4日第4版。
② 赵政坤:《解放上海:"瓷器里捉老鼠"》,《党史文汇》2011年第11期。

于回到了人民的怀抱。① 1949年5月27日早晨,上海全城解放。在百老汇大厦顶上悬挂起了巨幅标语"热烈欢迎中国人民解放军解放上海",留守的工人放响了鞭炮,向解放军表示最热烈的欢迎。②

1951年4月16日,经陈毅市长提议,潘汉年副市长批示,决定自5月1日起改名为"上海大厦"。当时的报纸这样报道:"最近,旧百老汇大楼的管理方面与全体职工,又将帝国主义残留下来的污秽遗迹打扫一新,从今年'五一'国际劳动节那天起,'百老汇大楼'这个名字永远不存在了,鲜红的'上海大厦'大字,已在这座雄伟的大建筑物的大门、后门、东西侧门上镌刻上去。"③

新时代的上海大厦工作人员已经当家作主,以前美军、励志社肆意对员工欺凌的时代已经一去不复返了。拖欠大厦工作人员的工资的情况再也不会发生了,而且他们一律有公费医疗,并有家属补助。很多员工都说,今天的政府真是人民自己的政府,处处为人民打算。国家每年拿出这样大批的资金来捐助我的医药费,政府真是关心我们。党对我们的关心真的像我的父母一样。那些经历过解放前黑暗的同志们体会得更深刻。老工人黄金生、施松贵等说:解放前医院是向资产阶级开门,穷人有病没钱是不能去医院的,只有白白等死,今天则恰恰相反,在共产党的领导下,把我们几十年的病都治好了,这真是从古以来没有看见过这样子的人民政府。解放前,大厦员工文化水平普遍较低,建国后,大厦举办了职工业余文化学习班。按照各组的具体工作时间划分了班组,减少班级,加强领导。大部分同志在文化方面有了普遍提高。④

在旧时代,百老汇大厦是资本主义傲慢和帝国主义狂妄的象征。新中国成立以后,第一次在政治体制上明确了人民是城市的主人,使

---

① 聂凤智:《军政全胜的战争》,《20世纪上海文史资料文库》第2辑《政治军事》,上海书店1999年,第289—291页。
② 吴德才、陈毅贤:《农民的儿子杨显东传》,中国青年出版社2011年,第200页。
③ 《旧百老汇大厦改称"上海大厦"》,《解放日报外埠版》1951年5月12日第2版。
④ 《上海大厦1953年人事工作总结》,上海市档案馆藏档案B-1-2-3185-41。

一直由少数人主宰的上海在性质上发生了翻天覆地的变化。靳以在著名的《上海颂》里曾经有这样一段话:"过去它叫什么百老汇大厦,上海哪里来的什么百老汇,还不是那些帝国主义分子和奴才们的白日梦,现在它属于中国,它是我们的上海大厦。"①周瘦鹃也同样写道:"就是我脚下站着的这座雄峙苏州河边的上海大厦,在解放以前叫做百老汇大厦,是外国人的产业,正不知积累着多少上海人的血汗的身家性命呢",而等到上海解放,"仿佛有一枝起死回生的神针从天而降,给上海注入了,新的血液,新的生命,把一切黑暗的、恶劣的、腐朽的、没落的东西全每扫尽了""美轮美奂的高楼大厦上,不见一面迎风招展傲气凌人的洋旗"。"这真是我们中国人,我们上海人扬眉吐气的时候了。"②只有到了这时,"这上海才是可爱的上海,才是我们中国的上海!"上海大厦终于如它新的名字所言,成了上海的大厦、人民的大厦,也为人民的上海做出了重要的贡献。

三、为人民城市和人民国家做贡献

上海大厦也以全新的面貌重新融入并参与构造了新的人民城市的形象。在新中国成立的初期,很多重大事件在上海大厦发生,上海大厦见证了新生的人民政府巩固政权,建设人民城市和人民国家的一系列重大举措,为这一段的历史做出了自己的贡献。

解放初,上海物价能不能稳住,通货膨胀能不能抑制住,成为共产党人面临的全新考验,也直接关系到新政权能否稳固、能否长久。中央决定由陈云同志着手筹建中央财政经济委员会,来解决以上海为中心的全国的经济问题。1949年7月22日,陈云到达上海,以当时的百老汇大厦为中心开展工作。他在上海发起经济战,使投机分子受到严厉打击,让上海和全国的物价迅速稳定下来。多年以后,薄一波同志曾回忆说:毛泽东对这场经济仗给予过高度评价。他指出,平抑物价、

---

① 靳以:《上海颂》,《人民日报》1959年11月16日。
② 周瘦鹃:《我与上海》,《姑苏书简》,新华出版社1995年,第140—141页。

统一财经,其意义"不下于淮海战役"。打那以后,共产党政权在大城市里站稳脚跟,共和国的财政经济也走上了正轨。①

解放初期,上海汇集了众多民族资产阶级上层人物、各民主党派和无党派代表人士,以及文化、教育、医卫、科技界知名人士,他们中的许多人与党组织早就有交往和合作,这为开展爱国统一战线和人民政协工作准备了良好条件。正是考虑到这一点,中共中央华东局成立统一战线工作部,兼管上海市的统战工作,由陈毅市长亲自兼任部长,潘汉年副市长任副部长。统战部就在百老汇大厦办公,占用11、12两层楼。1950年3月成立了中共上海市委统战部,但仍与华东局统战部合署办公,两块牌子,一套班子。

当时陈毅市长亲自负责统战工作。对于统战部的工作,他总是大力支持,放手让大家去做。统战部的工作人员都深深感到在陈毅同志领导下,工作心情舒畅,十分愉快。② 大厦的工作和风景更让秘书长周而复激情澎湃、文思泉涌,在这里动笔完成了著名的长篇小说《上海的早晨》。

1951年,统战部办公地点迁至建设大厦,但是上海大厦的统战岁月并没有就此结束。很多统战对象或者住在这里,或者在此出入,统战部经常派人来对他们进行照顾和关心,大厦相关人员也经常会向统战部汇报这些人的日常生活情况。

上海大厦与新中国外交联系在一起,始于军管会的外侨事务处。1949年8月,外侨事务处开始在百老汇大厦二楼办公,后改名为上海市外事处。当时以美国为首的一些外国势力,以为上海离开了外商与对外贸易就会崩溃,鼓动其商人趁机解雇职工,减少资金,申请歇业,与我为难,加大了外事工作的难度。但外事处遵照毛泽东"另起炉灶"和"打扫干净屋子再请客"的外事工作指标,在中央及市委、市政府的

---

① 《新中国经济第一战:意义"不下于淮海战役"》,《北京日报》2009年6月2日。
② 周而复:《往事回首录》上部,《周而复文集》第21卷,文化艺术出版社2004年,第405页。

正确领导下,各项工作均得以顺利完成。①

1954年10月,上海市外事处迁至南京西路1418号,但是上海大厦和新中国外事工作的渊源并没有就此结束。如今挂在上海大厦18楼贵宾室里的《登高铭牌》上写道:新中国成立后共有120多批世界各国政要登临上海大厦。其中50年代登临大厦的主要是社会主义国家党政领导人和亚洲近邻的兄弟党的领导人。1958年,金日成首相和他所率领的朝鲜政府代表团在游览市区时,登上了上海大厦17层楼,俯瞰上海全景。周恩来对上海大厦情有独钟,他生前曾多次陪同外国元首和政府首脑登上上海大厦的18层平台,鸟瞰上海全景。进入70年代之后,中国和西方国家的交往开始日益密切。1973年9月,身患绝症的周恩来总理由邓颖超随行,全程陪同法国总统蓬皮杜访华,最后一站就是上海。9月16日,双方签订的《联合公报》发表,周恩来总理和蓬皮杜总统在上海大厦阳台上共祝中法友好合作关系的发展。这次也是周恩来总理最后一次陪同外国客人来上海。在那个特殊的年代,上海大厦阳台上的美景向全世界传递着中国的声音和信息,为新中国的外交做出了特殊的贡献。

四、迈向新时代的上海大厦

进入20世纪80年代以后,中国的大门逐渐敞开。1980年,经市政府办公厅同意,上海大厦屋顶悬挂了日本索尼电气公司广告,这是上海大厦屋顶上30年来第一次出现广告。② 随着改革开放步伐的加快,外事活动日趋频繁,国外大量的投资者、旅游者纷纷涌入我国,境内外客人大量增加,上海大厦迎来了一个全新的发展期。据说在80年代初,曾经有一位芬兰客人到访上海,在入住上海大厦期间,早晨把一块用脏的手帕扔入一篮子,然后到餐厅用早餐,用完早餐回房间整

---

① 梁于藩:《上海解放初期的外事工作》,《上海解放四十周年纪念文集》编辑组编:《上海解放四十周年纪念文集》,学林出版社1989年,第136—142页。
② 《上海市机关事务管理局关于在上海大厦等七处楼顶承办国外广告问题的请示报告》,上海市档案馆藏档案 B50-6-126-1。

理行装准备离开时,有服务员敲门微笑着把一块洗干净、熨平整的手帕送到他手上。一块准备扔掉的手帕在这么短的时间内洗干净送回客人,让这位芬兰人很感动。30年后,这位芬兰人任驻爱尔兰大使,递交国书的第二天,就找到中国驻爱尔兰大使馆邸。促使他当大使后急切想找中国大使的缘由之一,是向中国大使表达他对30年前这件小事的感谢。一件小事让这位芬兰人对中国有了这样的感念。① 正是这样的服务奠定了上海大厦当时卓越的声誉。

  1983年,上海大厦开始试行经营承包责任制。1984年3月,按照政企分开的原则,经中共上海市委、市人民政府批准,上海大厦和原属于市政府机关事务管理局的锦江、和平、国际等11家饭店联合组建为上海市锦江(集团)联营公司。1988年4月,上海大厦、衡山宾馆、申江饭店、浦江饭店又组建上海市衡山(集团)联营公司。大厦也借此由原来的行政接待型全面转轨到涉外旅游经营型,创造了新的成绩。1989年10月4日,上海诞生首批6家三星级饭店,上海大厦名列其中。作为老上海时代文化风貌的见证,人们也开始对上海大厦越来越关注。1989年9月25日,上海市人民政府正式公布将"百老汇大厦"列为上海市文物保护单位,同时命名为近代优秀建筑。1996年11月20日,中华人民共和国国务院公布了第四批全国重点文物保护单位名单,其中有上海外滩建筑群,而外滩建筑群即指"从外滩的东面上海大厦(百老汇大厦)起至延安东路口的1906—1937年的老建筑"。21世纪之后,为迎接世博会,上海市对苏州河进行了综合整治,上海大厦周边的风景风貌、交通状况都得到了重大改观。尤其是2009年经过重新修复的百年外白渡桥回归,占据苏州河和外滩最佳地理位置的上海大厦重新进入了人们的视野。

  2008年12月22日,上海大厦挂牌荣升"五星级酒店"。在2010年上海世博会期间,上海大厦作为国内贵宾专用接待饭店,出色地完成了大厦有史以来贵宾人数最多、批次最集中、规格最高、难度最大的

---

① 宁白:《夜谈:"小事"之大》,《羊城晚报(全国版)》2007年4月4日。

接待任务,荣获中共中央、国务院授予的"上海世博会先进集体"称号。

流淌了数千年的苏州河依旧缓缓朝着交汇于黄浦江的方向一路前流。已经横跨其上一百多年的外白渡桥和屹立在其边上 70 多个寒暑的上海大厦依旧静静地看着世事变迁,人来人往,离合悲欢。今天的外滩、外百渡桥、上海大厦已经成为这座城市人民美好生活的一部分,而这里的故事还远未到结束的时候。2020 年 7 月 8 日,《北外滩地区控制性详细规划》获政府审批,像百年前的外滩追梦、30 年前的浦东开放一样,上海在北外滩又将演出一幕新的壮丽话剧,而上海大厦的新篇章也将从此揭开。

(叶舟　上海社会科学院历史研究所)

上海社会生活变迁录(1990—2010)

徐 涛

20世纪80年代末90年代初,国内的政治风波、苏联与东欧的风云变幻、世界格局的剧变,给中国国际联系、经济发展带来一系列困难。1989年与1990年,中国经济增长率连续两年仅为4.2%,不到其他年份增长率的一半。中国要走出困境,必须从国家内部寻求新的活力,必须争取更多的国际理解和响应,这两方面都需要中国向世界提供开放的平台,展现开放的形象。于是,加大上海改革开放力度,开发开放浦东,成为中国向世界展示改革开放形象的最为重要的标志。而20世纪90年代是上海改革开放力度很大、经济发展很快的十年。带动这十年发展的主要引擎,就是浦东开发开放。得益于第一步迈得勇敢、迈得坚实,浦东新区率先发生了令全世界艳羡的惊天巨变,从一个以农业为主、基本属于前工业生活状态的地区,变成了一座功能聚集、要素齐全、设施先进的现代化新城;以浦东开发开放为契机,曾经老旧的上海得以焕发新生,从"后卫"再次回归"前锋",奋力建设着卓越的全球城市和社会主义现代化国际大都市,浦东也成了中国改革开放取得成功的重要象征。从新中国第一家证券交易所到第一个自由贸易试验区,得益于顶层设计和基层创新相结合,"浦东奇迹"雄辩地证明了改革开放是决定当代中国命运的关键一招,也是决定实现"两个一百年"奋斗目标、实现中华民族伟大复兴的关键一招。

进入21世纪,三件大事直接带动与推动了上海城市的发展与转型:一是新一轮上海市城市总体规划的制定与批准;二是中国加入世界贸易组织(WTO);三是上海获得2010年世界博览会的举办权。上海在21世纪进入了改革迈大步、建设大飞跃、综合实力大幅提升、城市形象大放异彩的快速发展阶段。最初十多年间，上海经济保持平稳较快发展，经济运行质量持续改善，服务经济稳步发展，制造业结构不断优化，"四个中心"框架基本形成，城市服务功能显著提升。不仅是城市建设和管理迈上了新台阶，宜居城市的建设也有了新的气象。上海的市区变大了、房屋变高了、夜景变亮了、河水变清了、植物变多了、交通变畅了、住房变宽了。过往社会科学者的研究常常以数据来反映这个世纪之交的巨大变迁，本篇则独辟蹊径，拟从日常生活出发，从衣食住行四个方面，简略梳理新时代之前的上海城市社会沧桑巨变的全景。

一、服饰文化与时尚产业

服饰是人类物质生活中的一大要素，又是社会文明的重要标志。服饰除了满足人们的生活需要之外，还代表着一个时期和一个地区的文化元素。

"文化大革命"期间，上海普通人的服饰并无二致，草绿军装、军帽以及"老三色"（蓝、白、灰）、"老三装"（中山装、军便装、青年装）成为全国统一的服饰。十一届三中全会之后，告别了"老三色""老三装"，上海人的着装流行意识和时尚产业复苏发展，但变化不快。

除了少数如《上海服饰》《ELLE——世界时装之苑》和《上海时装报》是创刊于20世纪80年代外，其他如《时尚》《瑞丽》《时尚先生》《HOW好》《国际服装技术》《国际服装动态》和《大都市》《中国服饰报》《服装时报》等一大批时尚杂志与报纸大都是创刊于20世纪90年代。《解放日报》《文汇报》《新民晚报》《青年报》《劳动报》等主流报刊也会开设各种关于服饰装扮和流行时尚的专栏，《青年社交》《美化生活》等生活类杂志，以及1998年创刊的《申江服务导报》均刊登有大量的服饰时尚类信息。20世纪90年代，上至人大、政协以及政府部门，下到公司、学校的工会，时常邀请服饰专家进行服饰装扮讲座，不少服务性企事业单位甚至将此列为员工教育的一部分。日渐丰富的电视节目、纷繁的时尚类产品广告则成为时尚传播的中介体，如1991年电视连续剧《渴望》热播,曾经引发"惠芳服"流行。1996年后,门户类互联网网站的时尚栏目以及生活和时尚类网站也逐渐成为年轻人接受和交流时尚信息的重要渠道。服饰类书籍不断涌现,《世界名师时装鉴赏辞典》和《国际服装名牌备忘录》分别作为中国第一部解读国外时装设计师和国际服装品牌的著作于1991年和1997年在上海出版。这一时期,上海的服饰文化的形成和发展,不仅是追求时髦、讲究衣着的都市习俗之沿袭、衣着家教的熏陶以及生活环境的影响,也是当时社会重视服饰美学的教育与普及的结果。

与此同时,上海的时尚产业再度振兴。在1998年上海新一轮的产业结构调整中,服装业被定位为城市型工业之一并被保留在中心城区,同时加以重点扶持和开发,这些均为上海服装生产和消费的进一步发展创造了有利机遇和发展条件。上海服装业不但举办了各类时装大赛,还积极与国际合作,举办了各类服装展示会,开拓了视野,时尚品位日益引领全国风潮。其中,影响最大的如上海国际服装文化节(Shanghai International Fashion Culture Festival,简称"SIFCF"),该时尚盛事是由上海市人民政府和中国纺织总会(后为国家纺织工业局,后于2000年12月撤销。)主办,以"美丽世界也美丽自己"为口号,集专业与民众、工商与文化为一体,自从1995年开始每年一度,连续举办。

进入21世纪后,上海的服装产品变得更加多样,人们可以按照自己的理解去着装,无中心、无规律、无权威成为大趋势。商店中服装琳琅满目,国内品牌、国际品牌齐全,既有对传统服装的延续,也有对时尚服装的探索。这时候讲究的是什么样的服饰适合自己,可以穿出自己的个性来。尤其是2001年,中国正式加入世界贸易组织之后,通过"引进来"与"走出去",上海市面上的服装流行已经基本与国际同步。上海国际服装文化节依然每年举办,此外,2004年起,另一场时尚盛会——上海时装周也如约而至。上海时装周一年举办一次,成为体现预测趋势、引领潮流、展示经典、推广海内外高级时装品牌的一个贸易和展示平台。

二、饮食与健康

民以食为天，菜价是老百姓最关心的问题。上海蔬菜价格呈现长期走高、短期波动的运行特征。上海菜价主要受制于蔬菜的供求状况。除市场自身因素外，自然灾害、季节、人为炒作等非市场因素也会冲击短期供求关系，由此造成市场价格的异常波动。避免"菜贵伤民""菜贱伤农"的问题，是政府面临的重要工作。

20世纪80年代末，面对菜区面积减少，吃菜人口增多的窘迫现实，新当选的上海市领导公开宣布"把菜篮子工程作为改进新一届政府工作的突破口来抓"，决定把"菜篮子"问题工程化，运用科学手段，使上海市民的"菜篮子"成为一项建设工程。通过"县长抓菜园子，区长抓菜摊子"，到1993年底，上海市郊区已有千头养猪场436个，百头以上奶牛场170个，万羽蛋鸡场146个，10万羽肉鸡场35个，全年的生猪出栏量达到400万头，家禽出栏量达1亿羽，鲜蛋产量1.7亿公斤，牛奶产量2.2亿公斤。淡水鱼养殖面积从4万亩扩建到16万亩，年产淡水产品21 127万公斤，全市主要副食品的自给率有不同程度提高，市场供应较为稳定。经过深化改革，上海蔬菜逐步走向市场经济，大市场、大流通的格局基本形成，出现了数量充沛、品种多样、质量提高、价格合理、上市均衡、净菜比重上升的局面。此后数届上海市市长坚持了亲自抓"菜篮子"的惯例，以更高的标准将"菜篮子工程"升级迭代。上海市政府如此重视"菜篮子工程"，不仅是着眼于其对整个国民经济作用的意义，更是对作为国际大都市的上海的人民生活和社会安定的重视。

在食品供应方面，渠道单一、高度集中于国有市场和网点的景象得以彻底改变，上海市区集市又从边缘地区发展到市中心区，郊县集市从依乡镇、河港而设的格局向专业化和综合性贸易市场发展。随着市场经济的不断完善，以超级市场（简称"超市"）和便民店为主要载体的连锁商业也呈快速度发展态势。新建的超市有规模化、连锁化、形态多样化、分布合理化及管理信息化五个特点。迈入21世纪，随着居民生活水平的提高，居住环境的改变，标准化菜场服务功能的拓展，呈现出"互联网+菜篮子"的新格局,提供了分类清晰、新鲜保存、明码标价等新型的买菜服务方式。

与此同时,各式各样的餐饮店面新辟出来,中西式快餐、休闲餐饮、楼宇餐馆……世界各地风味集聚申城。在激烈的市场竞争中,一大批民营饮食企业不断发展壮大,鹭鹭、小南国、美林阁、王朝、绍兴饭店、来天华、梅园邨、上海人家等餐馆品牌应运而生,成为新的上海饮食品牌,与传统的老字号品牌企业梅龙镇、新雅、绿波廊、上海老饭店、绿杨村、杏花楼一样受到上海市民青睐。越来越多的市民改劳碌过年为轻松过节,年夜饭生意一年比一年兴旺。

随着经济社会发展,市民增加了对蛋类、水果类、奶及奶制品的消费,饮食结构变得更健康、更合理。1980年上海城市居民家庭人均食品消费支出是310元,2000年达到了3 947元,2010年达到了7 777元。① 即使是考虑到物价变动的因素,上海居民家庭食品开支在总体家庭收入支出的比例中下降幅度也是最大的。随着生活水平的提高,上海居民的饮食结构正在悄悄地变化:以粮食类食品为主的饮食观念进一步淡化,粮食消费量和动物类食品中猪肉的消费量都有所减少,营养更为合理的家禽、鱼、奶及奶制品和瓜果的消费量有较大幅度的提高。总之,主食减少,副食增加。

值得注意的是,上海居民对营养摄入的合理性仍然重视不够。据对上海市区500户居民家庭食品消费情况的调查及测算,人均每天约从各类食品中摄入热量2785千卡、蛋白质61克、脂肪90克。据世界卫生组织和联合国粮农组织的专家认为,每天2385千卡热量、75克蛋白质和65克脂肪是维持"地球上一个普通居民"正常活动的标准饮食指标。上海居民目前的热量与脂肪的摄入水平分别超过标准值16.8%和38.5%,而蛋白质的摄入量却比标准值低18.7%。饮食结构的明显不合理将会导致居民的体质下降,"肥胖病"和高血压、心脏

---

① 上海市统计局、国家统计局上海调查总队编:《上海统计年鉴2021》,中国统计出版社2020年,第202页。

病等心血管类疾病的增多。

三、土地批租与房地产市场

20世纪80年代的上海，经济发展速度放缓，城市基础设施落后，改造缺乏财力。单以房屋改造而论，截至1991年，全市危棚简屋有365万平方米，加上二级旧里房屋累计1500万平方米。限于财力，从1981—1990年的10年间，全市每年只能拆除危棚简屋和二级旧里15万平方米，依此速度推算全市需花100年时间，才能完成危棚简屋和二级旧里的改造任务。其他产业升级、交通拓展等，所需资金更是天文数字。放眼世界，就这一问题而言，中国香港地区和东南亚的新加坡解决得就比较顺利。上海能否仿照中国香港地区和新加坡的实践，进行土地批租？这是摆在土地管理部门面前很现实的问题。

就土地使用制度而论，当时上海城市土地使用制度归市政府办公厅法制处管理。当时的法制处处长钱富兴查阅了有关法律，经与上海法学界有关学者曹建明等研究，广泛地听取了各方面的意见，于1987年形成了《上海市土地使用权有偿转让办法》（以下简称《办法》）。同年11月29日，市政府发布《办法》，规定自1988年1月1日起施行。《办法》规定：市政府对国有土地的使用权，可以通过招标拍卖、协议等方式出让，出让的最高年限：娱乐用地20年、工业用地40年、其他用地50年；土地使用权出让后，受让者可以将土地使用权抵押、出租、转让。就创新点而言，首先是率先立制。当时的《中华人民共和国宪法》第10条第4款规定："任何组织或者个人不得侵占、买卖、出租或者以其他形式非法转让土地。"所以，上海的《办法》是在《中华人民共和国宪法》还未对土地制度进行修改，土地实行无偿无限期使用的情况下，在考察了中国香港的土地批租制度后，在中国内地率先组织制定的。也就是说，在国家无相关"大法"的情况下，先有了试点性的"小法"。因此，这个《办法》是具有创制性和试点性的，为内地土地制度的立法提供了实践经验。其次是法规先行。在上海《办法》施行之前的1987年12月1日，深圳已经出现了第一块国有土地有偿使用权拍卖，在中国内地来讲时间最早,但是深圳那时是在没有正式相关法规的情况下进行的,而制定比较规范的地方法规是上海最早。

1988年《办法》颁布后当年,上海首次向外商出让土地使用权。通过公开招标将虹桥经济技术开发区26号地块1.3万平方米土地50年的使用权,转让给日本孙氏企业有限公司。此后,境内外开发商纷纷抢滩上海旧区改造项目,各区地块出让急剧增加。尤其是在1990年开发开放浦东后,外商和国内各部委及各省市的投资者纷纷涌入浦东参与投资开发,建设用地需求旺盛,上海就此在全市范围开启了通过大面积批租土地筹集城市建设资金的途径,上海城市建设与旧区改造由此驶上了快车道。

1991年11月20日,上海调整房地产开发政策,首次明确将商品房分为内销和外销两大类,以避免在土地使用双轨制的情况下,侨汇商品房和外销商品房在开发经营中的矛盾。上海市外销商品房全部实行土地批租;房地产开发企业经营的内销商品房,通过补地价可以转为外销商品房。1996年8月,上海市政府颁布《批转市房地局等六部门制定的关于搞活上海市房地产二、三级市场若干规定的通知》,主要从以下三方面的政策着手,消化空置房,扩大市场需求,促进房地产二、三级市场联动。同年次月,颁布《上海市购买新建内销商品住宅申报蓝印户口的暂行规定》,蓝印户口政策在全市范围内正式实施。结合降低交易税费后,1996年上海全年存量房地产交易面积较上年增加10%。基于简化交易手续、改善投资环境、推动住房消费的目标,上海先后于1999年、2001年、2003年,归并内销商品住房种类,实施内外销商品住房并轨。并轨后效果马上显现,上海房地产市场大热起来。

20世纪90年代也是上海城市建设史上旧区改造力度最大,速度最快的10年。10年间,上海共拆除各类旧房2787.2万平方米,其中一级旧里87.88万平方米,二级旧里1714.44万平方米,简屋511.66万平方米,完成中心城区365万平方米危棚简屋的改造任务。解决了人均4平方米以下住房困难户,城镇居民人均居住面积达到10平方米以上。"365"危棚简屋改造任务完成后,新一轮旧区改造按照"政府扶持、市场运作、市民参与、有偿改善"的原则,实行货币安置为主,"拆、改、留"并举的改造政策。结合"世博会"主会展区的动迁,总共改造拆除旧房2053万平方米,拆除二级旧里和危房简屋700万平方米,使28万户居民受益。1999年4月6日,上海市房地产管理局设立"上海市廉租住房管理办公室"。通过在长宁、闸北两区先行试点,2002年底,廉租住房制度在全市全面展开。

世纪之交,上海放开房地产市场,国内外房地产商纷至沓来,各行各业竞相涉足房地产,出现了前所未有的房地产开发投资热,推动了房地产市场快速发展。房地产开发投资迅速增长,商品房竣工面积大幅增加,使得上海市民人均居住面积明显扩大,房地产业对国民经济增长的贡献率大大提高,形成了房地产业发展的第一个高峰期。但是,房地产市场超常增长也带来了一定的盲目性等问题。土地供应过多,房地产开发投资规模过大,商品房供给过剩,空置量畸高。房子成了上海居民或贬或褒、嘴边离不开的一个公共话题。

四、上天入地、跨江越海

十一届三中全会后的10年间,上海市民的出行水平并没有在一开始即得到很大提升。在城市基础设施建设没有大规模开展的情况下,上海市的就业岗位、居住人口中绝大部分聚集在浦西的中心区范围内,缺少快速交通支持,仅仅依靠常规的地面公共汽(电)车和自行车交通,难以为市民提供快速、准时的通勤出行服务。浦东和浦西之间缺乏必要的交通联络,郊区交通网络建设的滞后,直接导致城市人口难以向外疏散,浦西的人口、岗位的高度密集造成了地面交通拥堵状况的加剧。城市交通体系发展的滞后,在很大程度上引发了"宁要浦西一张床,不要浦东一套房"观念的流行。城市中心的极度单一、城市功能的集聚也在很大程度上制约了上海向国际大都市的发展进程。

随着浦东的开发开放,上海市的城市用地面积扩大。全市建成区面积逐步扩大,从浦西扩大到浦东、从中心区(内环线内)拓展到外围区(内外环线之间),并且部分地区(如闵行、宝山)已经超出了外环线的范围。根据统计,全市2000年的建成区面积已经达到550平方公里,较1989年的375平方公里增长了46%。上海交通供应水平明显提高,设施量大幅度增长,轨道、高架道路、高速公路、越江桥隧等重大规划项目得以完成,甚至很多是提前完成;上海市民的出行变得更加便利、更加立体、更加多元。

20世纪90年代,上海公共交通的显著变化是改变了原有的单一主要依靠公共汽(电)车的出行方式,逐步形成了多平面、多层次、多元化的公共交通网络格局。"叫车难"的现象得到了初步缓解,上海的出租汽车开始统一专用车色。当时,由上海市建设委员会、上海市公用事业管理局和上海市出租汽车管理处共同商议确定出租汽车色标基色,即车辆下半部分为行业统一的钻石银灰色;随后,由车辆规模在1000辆以上的大型企业选择企业的标志色(车辆上半部分)。与此同时,在《汽车工业产业政策》刺激下,中国汽车工业发展迅猛,机动车数量也随之迅速增加。自1990年起,上海机动车总量一直保持着年均5万—6万辆的增长速度。到2000年底,全市机动车拥有量已经达到70多万辆(不含沪C牌照),较1990年提高了2.5倍。机动车增长直接导致道路交通量的增长,比较2000年与1995年的情况,全市道路交通总量从3 500万车公里增长到5 000万车公里左右。与此同时,高峰时段上海市内环线内机动车平均车速达到了20公里/小时,较10年前提高了近一倍。随着私家车的普及,"堵车难"逐渐成为上海居民的又一个心病。由此,上海市探索出私家车牌照竞拍政策。1994年6月起,上海市计划委员会和上海市公安局联合颁布了《上海市私人自备车、私人摩托车上牌额度竞购办法》。该办法公布实施以来,每月由指定的上海机动车拍卖行举行一次私车上牌额度发放的公开竞购(投标)。竞购以投标的形式举行,中标成交原则是"确定底价、价格优先、投标次序优先——按报价由高到低依次成交报价相同者按投标登记序号先者成交,不到底价不成交"。每次发放上牌额度数量由上海市计委和市公安局所定,以此来限制私家车的快速增长。

21世纪的第一个10年间,上海城市空间格局发生很大变化,城区规模大幅扩张。2010年,上海陆域面积为6 340.5平方公里,其中市区面积为5 155.01平方公里,比1982年扩大了22.4倍,占总面积比重为80.2%;郊区面积为1 185.49平方公里,占总面积比重仅为19.8%;全市建设用地面积已超过1 500平方公里,全市建设用地面积已经达到3 081平方公里,约占陆域总面积的45%。

上海市常住人口总量增长的速度不断加快。第五次到第六次(2010年)人口普查间,全市常住人口年均增长率已经攀升至3.44%,远远高于上海市"十一五"制定的2%的规划目标,而全市常住人口总量更是达到了2 300万,大大突破1 900万的规划目标。全市人口分布呈现出从市区向郊区转移的趋势。

随着经济社会快速发展、城市化进程不断深入以及实有人口规模快速扩大,上海城市的交通出行需求明显增加,突出表现为以下两点:

一是机动车拥有量持续增长,私人小客车成为增长主力。到2010年末,全市机动车拥有量已达到248.77万辆,比2000年翻了近两番,而每万人拥有道路长度则仅比2000年翻了一番,地面道路建设的增长速度远不及以汽车为代表的机动车数量的增长,全市快速路网的饱和度也已明显高于20世纪末的水平。2003年来,"竞拍"这项私车拥有权管制政策逐渐演变为一项颇有成效的交通需求管理措施,使上海有别于中国其他大城市,较好地控制了城市机动车总量的增长速度。但上海私车牌照的拍卖价格一路飙升。2002年,上海私车牌照平均中标价最低为20 956元。2007年10月20日举行的第十次私人私企客车额度拍卖结果显示,上海市私车额度拍卖中标价首次突破5万元大关。上海私车牌照拍卖开始出现有争议的声音。如2004年5月24日,时任国家商务部部长助理的黄海点名批评上海市拍卖私车牌照的做法违反了《中华人民共和国道路交通安全法》。一石激起千层浪。一时间,全国媒体都掀起了一场上海私车牌照拍卖是否合法合理的大讨论。

二是公共交通客运能力提高,轨道交通客运走廊形成。上海世博会成功举办后,投入运营的轨道交通有12条线(含磁浮线,13号线世博段退出运营)、运营线路长达452.6公里,形成覆盖中心城区、连接市郊新城、贯通重要枢纽的"四纵三横一环"(四纵为南北走向的1号线、3号线、7号线和8号线,三横为东西走向的2号线、9号线和10号线,以及4号线环线)的轨道交通网络化运营格局,为市民出行带来方便。公共交通进入地铁时代。

此外,21世纪的上海出现了集民用航空、高速铁路、城际铁路、高速公路、轨道交通、地面公交、出租汽车等多种交通方式于一体的大型、综合性的交通枢纽。以虹桥综合交通枢纽最为典型,另有浦东国际机场、上海南站、上海站等综合交通枢纽的渐次成型。民用航空、铁路客运、水上客运都在21世纪进入了新的发展阶段,有新的发展内容。2010年上海世博会的成功举办,给上海的城市更新与交通发展带来了新的机遇。

经过30多年的改革开放,特别是在21世纪的20年间,上海城市发生了全面、系统、深刻的变化。从空间布局、物质形态看,任何一个经历过或眼见了这沧桑巨变的人,都能直观地感受到:上海市区变大了,由先前主要为600平方公里的中心城区扩大到6 000平方公里之内的广大地区;房屋变高了,1978年以前上海8层以上房屋总共才135幢,21世纪第一个10年后,这个数字已经变成22 998幢,其中30层以上的高楼就有1 066幢;夜晚变亮了,霓虹灯变多了;水变清了,苏州河已由黑臭变为清澈,苏州河两岸已是垂柳依依、花香袭人,苏河湾、清水湾已是环境优雅的宜居之区;土地变绿了,上海世博会召开的那年,上海绿化覆盖率已达38.2%,市区人均占有绿地已从1978年以前的1.69平方米增加到人均13平方米。交通变得畅通了,出行方便了,无论是空中航班、陆路高速公路,还是轨道交通,都较以前大为便捷。最让上海人感受深切的是住房变大了,1978年以前,上海市区人均住房面积仅为4.5平方米,到2010年已增加到人均17.5平方米。与这些生活环境的改善相一致,上海人的寿命也变长了。上海市户籍人口期望寿命从1978年的73.35岁增长到2010年82.13岁。上海用开放、创新、包容的城市品格,实践着"城市,让生活更美好"的诺言。

(徐涛　上海社会科学院历史研究所)

以"全过程"工作法"还绿于民"，动迁安置社区治理有新招

丁文曲　张　芹

在经济学中，通常把"消费""资本形成""出口"形象地比喻为同拉动国民经济发展的"三驾马车"。那么，社区的"三驾马车"包括城市居民委员会、业主委员会、物业服务企业，厘清"三驾马车"间的关系利于社区治理理论的发展。2014年，在创新社会治理加强基层建设的浪潮中，上海市全面取消了街道招商引资职能。街道取消招商引资职能后，工作经费由区财政足额保障，街道工作过渡到"三公一建"（公共管理、公共服务、公共安全和党的建设）的"主责主业"。① 服务型社会治理的理念是将居民、业主的"自治"和物业服务企业以及社会组织的"他治"统一于"共治"的逻辑体系中，这是实现社区治理现代化的必然选择。

在城市化力量的推动下，中国的社区构成在城市社区和乡村社区之外，又多了一种处于城乡之间、属性混合的农民安置社区，并且这种农民安置社区由于中国城市化体量的巨大而有着相当大的规模。② 住在农民安置社区的居民也形象地被称为"村居民"，但此类型的社区发展受到了极大的阻碍，存在"村居民"角色难以转换、对"村居民"管理存在盲点、"村居民"难融入新社区等突出问题。具体表现为居民毁绿种菜、楼道堆物、物业管理不规范、群众投诉等行为，成为小区管理

---

① 叶敏：《重构发展单元：街道经济职能的变迁逻辑——对上海取消街道招商引资改革经验的理论解读》，《理论与改革》2022年第4期，第126—135页。

② 叶敏：《城乡混合的双重管理：农民安置社区的治理之道——基于沪郊嘉定区的经验探讨》，《华东理工大学学报（社会科学版）》2020年第5期，第37—49页。

中的"老大难"。

对此,安亭镇结合区域特点,创新社区治理的工作机制。以博园社区为例,其充分发挥党建引领作用,由居委会牵头,联合业委会和物业,探索制定"全过程"工作法,借助绿化补种、树木整体修剪这一契机,将整治乱种植分为前中后三个阶段。前期,社区的工作重点为统一思想、宣传发动;中期,社区针对矛盾与难点逐一攻破;后期,通过制度保障与加强宣传稳固整治效果,以党员、骨干居民、楼组长作为先锋力量,引导更多居民共同参与社区治理。构建党全面领导、多元主体协同参与的治理格局。

一、社区基本情况

(一)博园社区基本情况

上海市嘉定区安亭镇的博园社区是动迁小区,辖区东至盐铁河、南至博园路、西至曹园路、北至春亭路,包括润渡佳苑一期(春荣路800弄)、润渡佳苑二期(春荣路799弄)两个居民小区,共有121个门楼。润渡佳苑一期、润渡佳苑二期分别在2007年、2011年建成,小区大约有1800户的居民,其中一期有680户,二期有1100户左右,共计5300多人。博园社区占地总面积为23万平方米,小区的存在是为了安置拆迁的村民,这里容纳了周边6个村的村民。拆迁的村民们要么选择货币结算,要么选择房子和一些经济补偿,按照分配原则,一期的居民拿到了一套房,二期的居民拿到了2—3套房。

现在小区的新居民远远超过本地动迁的居民。主要原因在于润渡佳苑两个楼盘的开发商是中波集团(央企),由政府出资开发商代建的100多套的空房在开发商手里,中波集团到现在还没撤离。另外,博园社区有40平方米和60平方米的小户型,房价在每平方米2万元左右,所以二期的出租率特别高。安置房小区,多余的空房出租率高,整体租金便宜,靠近地铁、虹桥机场等因素,造成了该地区市场租赁的需求旺盛。

(二)博园社区的"三驾马车"

居民区党组织在"三驾马车"中发挥组织、协调、监管的作用,保证了社会政治的稳定。居委会工作包括宣传教育、社会福利、治安保卫、文教界卫生、调解民间纠纷、就业等多项工作。博园社区的居委会成立于2011年9月,博园社区居委会主任李峰为人热情,基层工作经验相当丰富。

业主委员会是小区综合治理的重要一环,也是"三驾马车"中维护业主权益的自治力量。业委会的工作侧重于业主的经济利益,进行公共卫生和公共秩序、绿化工作、车辆交通、公用设备设施及居住环境的管理。2019年11月,小区成立业主委员会。先从小区121个门栋里每2栋选1个代表,由这些代表组成业主代表,再从60个业主代表中选出7名业主组成业主委员会。这7个成员包括3名党员,其中2名党员是镇里在职的干部,1个支部党员是女同志。

物业管理企业全面负责业主的房屋维修、环卫清扫、绿化养护、治安保卫等"硬件"工作,提供专业的物业管理服务。博园社区的物业公共管理区域有203 000平方米,由上海安禾好物业公司进行管理。在小区的物业工作人员有20多人,物业费收费标准为每平方米0.75元,高层为每平方米1.3元。小区的维修基金现有2 050万元左右,一年的公共收益大概200万元,包括房子出租、小区停车收费等。而小区停车位的收费标准为地面车位1 200元/年,地下车位1 500元/年。

社区居委会负责行政、政治、法治上的民主自治,业委会则负责财产上的民主自治,物业服务企业是社区的建设者。居委会实施基层治理的左膀右臂的两个主体是业主委员会和物业服务企业,物业公司与业委会之间是平等合作的关系,共同推进小区管理工作。具体而言,物业公司要尊重业委会的意见,及时反馈工作进展;业委会则对物业公司的服务进行监督,提出建设性意见。居委会、业委会、物业这"三驾马车"作为社区基层治理的重要动力,在提升社区治理能级、优化社区服务水平等各方面发挥着不可或缺的重要作用。嘉定区安亭镇博园社区以居民区党总支为工作支点,坚持党建引领"三驾马车"齐头并进,进一步发挥其在社区环境整治的重要作用,让这股凝聚着多方资源的工作合力体现出了担当作为。

二、社区的顽固问题

一直以来,"毁绿种菜"是农民安置小区的"顽疾",这在博园小区也不例外。

博园小区内约有40%的农民在楼前楼后"圈地"瓜分绿地,"青菜、黄瓜、西红柿、莴笋……只要是你能够在菜市场里看到的常见蔬菜,以前在博园社区的公共绿化带里都能找得到"。博园社区的李峰主任笑着说道。面对严峻的小区"毁绿种菜"现象,社区工作人员上门劝导种菜的叔叔阿姨们。然而部分住户依旧带着不满情绪声称:"大家做了半辈子的农民,不种菜我们吃什么,我们拿什么养活自己?"小区住户们认为,原本仅存的靠山吃山、自给自足的"老本行"不能做了,现在就连最后的一点菜地也要被"剥夺",这是不公平的。这一块种在花坛的菜被清理复绿之后,另一块草坪上又冒出来很多菜,"此除彼种"成为小区"毁绿种菜"治理的常态。但凡博园社区内有点宽度的区域全部种上了菜。一眼望去,在小区3米、10米、20米开外的土地上种的都是蔬菜。

对于"小区能不能、该不该种菜",很多人从认知上就存在偏差。作为"农转居"的小区,许多居民的"情怀依旧",对土地、耕种的深厚感情让他们保留着农村生活习俗。虽然住进了城市的高楼大厦,但他们依旧在社区角落,私自围起篱笆,将绿化地"改造"成菜地。更有甚者,扬言自己就是在践行绿化标准,"种绿油油的菜,开漂亮的花,不也是绿化吗?"而一些居民持有不同的观点,对"毁绿种菜"的私自占用公共用地的行为非常反感,认为这严重影响了社区的整体环境,损坏了居民的公共利益,邻里矛盾突出。

早在1892年,德国学者柏勒启奈德就说道:"世界各民族所种蔬菜及豆类,种类之多,未有逾于中国农民者。"中国人到底有多爱种菜?小到塑料瓶,大到整片山林,只要有一丝泥土,都能发挥"种菜"的作用。分析"种菜热"背后的深层含义,大家不妨从三个角度进行考量。一是人的现代化跟不上城市的现代化。英格尔斯认为,以为只要实现了经济的现代化就会一劳永逸地解决国家现代化的问题,而忽视人的现代化,结果会事与愿违。人的现代化是国家现代化必不可少的因素,它不是现代化过程结束后的副产品,而是现代化赖以长期发展并取得成功的先决条件。① 农民进入城市空间后,显然不适应"农转居"的身份,极大地制约了他们的城市融入进程。绿化破坏从实质上来说,是安置区的农民对于空间权利的错位认知,即传统农村社会"我的空间我做主"到现代城市社区"我的空间他做主"的空间异化。二是中国人的农耕思想根深蒂固,土地情怀深深地扎根在中华民族血脉中。受独特的农耕文明影响,中国先民逐渐形成了一种对土地极为尊崇的特殊情怀。② "精耕细作,自给自足"的小农经济结构,传统的户籍制度,"重农轻商"的思想将农民与土地牢牢地捆绑在一起,农民们对土地有着深深的眷恋。三是疫情期间,"种菜"优势凸显。"抢菜潮"作为一种热点现象,和老百姓的需求密不可分。在疫情期间,博园社区开始长达70多天的封闭时期,在此期间,小区内部种植的蔬菜成了渡过难关的妙招。种菜在特殊时期,也许满足了物质需求。但更多时候,它是一种精神疗愈。随着国家经济快速发展,居民消费也在不断升级,升级最主要的一个特征就是在满足了老百姓的物质消费之后,百姓的精神消费需求的快速增长。对于都市的"村居民"而言,每一个种菜过程都会带来挑战和收获,更能给居民们带来充实感。

上海作为特大型城市,人口密度大,建筑密度高,城市绿化与人多地少的矛盾一直较为突出。《上海市绿化条例》第十五条第一款规定:从2007年5月1日起,新建居住区内绿地面积占居住区用地总面积的比例不得低于35%。小区里"种菜风"盛行,绿化带出现了黄土裸露、绿化斑秃、植物枯死等问题。不光如此,私人占地种菜要依法承担侵权责任。《物权法》第七十三条规定了建筑区划内绿地属于业主所有。该条明确了住宅小区内绿地的权利归属,即居住小区的绿地原则

---

① 阿历克斯·英格尔斯:《走向现代化》,四川人民出版社1986年,第20页。
② 何慧丽、吕晓梦、宋允:《小农户为什么会从事生态农业——以豫西L村为例》,《鄱阳湖学刊》2019年第1期,第61—69、125页。

上属于业主共同所有。可见,业主"圈占"小区公共绿地是一种侵权行为,将小区绿地变成私人菜地,侵犯了其他业主对公共绿地的权利。小区内种植蔬菜的行为可能对社区治理产生一系列的影响。这种行为可能对小区的绿化环境造成破坏,从而影响整个社区的美观度和居住体验。种植活动过于频繁,可能会导致土壤质量下降,进而影响到生态环境的健康状况。最后,这种行为可能引发其他居民的模仿效应,进一步加剧小区的环境问题。这种行为也可能引发社区内部的冲突。

一边是小区环境,一边是群众现实需求。面对"老大难",李峰决定铲除"绿地菜",再难也要迈出第一步。博园社区尝试"两条腿"走路,一方面做群众的思想工作,整治"毁绿种菜";另一方面寻求多方支持,消除老百姓的现实顾虑。

三、"全过程"工作法

为解决乱"种菜"顽疾,博园社区充分发挥党建引领作用,由居委会牵头,联合业委会和物业,探索制定"全过程"工作法,借助绿化补种、树木整体修剪这一契机,将整治乱种植分为前中后三个阶段。

(一)凝聚共识　形成合力

"毁绿种菜"属于小区业主的个人行为,未经全体业主的同意,侵犯了小区所有业主的权益。因此,社区治理采取行动整治"毁绿种菜"现象具有合法性基础。博园社区为解决"毁绿种菜"顽疾,居委会联合物业公司和业委会凝聚共识,制订了具体的实施方案,合力解决"毁绿种菜"顽疾。三驾马车作为社区基层治理的重要支撑,通过齐心协力,共同推进社区治理工作,有助于提升居民的生活质量和对社区的认同感,增强社区的凝聚力,提升社区治理能力和优化社区服务水平。

为了更好地解决社区的公共事务难题,社区中的三驾马车需要在党建引领下形成合力,更好地发挥党的政治功能,实现党对社区物业服务的思想引领、组织引领和工作引领。疫情结束后,博园社区居委会以补种绿化为契机,将业委会和物业管理聚齐一处,通过多次召开三位一体会议,居委会、业委会、物业三方统一思想,成立专项工作小组,进一步展开全局规划,将整治私垦乱种和绿化补种作为近阶段的首要工作任务。"铲除种菜哪有那么容易?"博园社区的李峰直接表明了"毁绿种菜"行动的难度。

李峰主任等社区工作人员精心计划、积极行动,利用几天的时间逐路段、逐点位进行"拉网式"排查,将所管辖的多条路段及街头绿地内缺株断档苗木进行普查统计,摸清补栽底数,制订绿化补植计划与台账。为了进一步推进整治行动,博园社区通过公开的业主征询活动,向业主们表明补种绿化的具体内容和金额,为了保证更全面地向居民们宣传小区改正"毁绿种菜"的行动,居委会联合物业工作人员向每家每户发告知书:小区进行绿化补种,请居民一周之内自行清除蔬菜。随后博园社区根治"毁绿种菜"工作小组对全小区进行仔细排摸,不留死角,准确掌握小区乱种植情况。

在计划的执行过程中,博园社区持续与居民们保持沟通和交流,鼓励居民就如何解决种菜问题提出自己的意见和建议,并及时反馈计划的进展情况和成果。这种持续的沟通和反馈有助于提高居民们的满意度和信任度,同时也能够帮助社区更好地应对可能出现的问题和挑战。

通过上述的业主征询活动和计划执行过程,博园社区成功地获得了居民们的支持和参与,并最终铲除了"种菜"顽疾。这一过程不仅有助于提高社区治理的效率和效果,还能够帮助居民们更好地理解和接受社区的决策和管理。

(二)组织发动　增强意识

根治"种菜"顽疾,需要培育小区共有意识。博园社区的强制铲除政策虽然有着一定作用,但是要想根治"种菜"顽疾,重点在于无形的"人心"[①]。治理对象应该从公共事务本身转变为其背后所指涉的人的

---

① 刘祖云、孔德斌:《乡村软治理:一个新的学术命题》,《华中师范大学学报(人文社会科学版)》2013年第3期,第9—18页。

思想和情感等行为意识。在社区治理中,上门劝导、宣传告诫、情感沟通等"软手段"更易于得到种菜居民的心理认可和情感认同。博园社区居委会积极召开楼组长会议,通过楼组长入户劝说、发放倡议书以及微信群、电子屏等多种渠道广而告之,多管齐下地使居民意识到乱种植是私自占用公共区域、破坏社区环境的不文明行为。博园社区居委会积极引导居民在规定的期限内自行将蔬菜拔除,在居委会主任、物业公司经理和小区党员等"领头雁"的带领下,积极推动小区居委达成根治"毁绿种菜"的社区共识,博园社区的"领头雁"队伍积极认真地关注居民的实际需求,倾听居民的意见和建议,以贴心群众、温心群众、关心群众为宗旨,开展大走访活动,与居民面对面地沟通交流,及时了解居民"毁绿种菜"的内心需求,对小区内困难群体进行对口帮扶。在博园社区根治"毁绿种菜"的行动中,这群骨干的身影随处可见。社区居委会和业委会时常上门与居民交流谈心,将绿化补种带来的好处与小区业主们讲清楚、讲明白;同时物业也没有停下脚步,在做好绿化补种工作的同时,在业主家周围补种一些绿植微景观,让居民看到小区因绿化改造工作带来的变化。

而党员作为社区治理的"领头雁",更是应带头履行党员义务,发挥党员的先锋模范作用,把握社区发展的方向和目标,带领社区居民共同朝社区和谐建设的目标努力。博园社区799弄36号楼的地理位置偏僻,楼栋前的一片空地被底楼居民们长期私自占有。随着绿化改造工作全面展开,这片"百乱之地"成了改造的重点区域。居委片区网格员在日常巡逻时隔三差五去36号底楼的党员老张家发布"军情",向老张同志叨叨小区绿化改造的进度,聊聊小区后续的规划建设。经过几次的思想交流,老张终于表明了态度:"我作为一名党员,肯定是积极响应,配合社区工作。"第二天,老张带头把家门前私自搭建的遮阳伞、一些乱堆物、乱种植进行了清理,以身作则地给周围的邻居做了榜样。

在博园社区36号底楼的党员老张以身作则的行为,真正地发挥了党员的精神,为小区居民树立了榜样,并激发了社区进行"毁绿种菜"问题整治的信心。老张用实际行动诠释了党员的责任与担当,成为社区治理中的一道亮丽风景线。在根治"毁绿种菜"行动中,骨干成员在提升服务群众质量中发挥着不可替代的作用,这有利于加强社区内部的沟通和协调,促进社区的和谐稳定。

(三)小微网格　攻坚拔点

经过前期的宣传铺垫,多数居民表示理解和支持,主动对自家的"菜地"进行清理。后续,居委会及时地督促物业对这些空地进行绿化补种,进一步巩固整治成果。为给居民营造一个舒适、温馨的居住环境,农场社区对小区绿化带进行统一规范管理。工作小组认真考虑和斟酌居民提出的建议和意见,安装睦邻椅、晾衣架、更新健身器材、修缮凉亭,这些小改变既化解了矛盾又切实提升了居民的幸福感。

街道及社区工作人员的前期动员宣传工作足足铺垫了近半年,并于6月初进行了集中攻坚。随着绿化补种工作全面铺开,居委会工作人员和居民志愿者轮番上阵,对剩下的"钉子户"进行劝导。居委会、业委会和物业成立攻坚拔点小组,根据摸排情况,按照小微网格进行管理,走进这些居民的家中,倾听他们的心声,解决他们的困难。

博园社区润渡佳苑二期33号楼102住着一位顽固又可爱的"小老头"——老陆阿公,他家门外种满了各种蔬菜瓜果。每次居委上门,老陆阿公都信誓旦旦地保证:"不种了,吃完就再也不种了,一定配合你们的工作!"但等到下次上门,居委会发现老陆阿公又偷偷种上其他品种的蔬菜。老陆阿公的作为让居委会十分头疼。在一次次的走访过程中,社区居委了解到老陆阿公"毁绿种菜"的"症结",作为社区的纯老家庭,老陆阿公亲自照料行动不便的老伴的起居,加上子女平日工作很忙也不能常来看望,久而久之,阿公内心产生了很强的寂寞感,他只能通过打理这些"菜地",来排解自己内心的寂寞。

为了更好的社区环境,博园社区居委会主任和物业公司工作人员每次巡逻小区时,都会主动去找老陆阿公,跟他唠唠嗑聊聊家常、"直到有一次,老陆阿公悄无声息的,主动跟我们一同拔掉了都快能吃的莴笋","那一刻,我们都松了一口气,内心满是感动与欣慰"。居委会李峰主任对于"毁绿种菜"行动中的老陆阿公事件感悟很深,"现在的老阿公看到我们就像见到子女一样,会跟我们谈起很多他年轻时候的故事"。

通过居委会不断走访,社区越来越多的"钉子户"都变成了社区治理的"骨干"。党员老张以身作则将放在外面的盆栽搬回家,"铁将军"老杨在我们的关心下同意清理私搭乱建,楼内养狗的阿姨,私自铺路的老人,取缔的大门口绿化带里无证熟食摊位摊主……这些人有的成了骨干居民,为社区治理建言献策,有的成了护绿团队的一员,在"口袋公园"自治项目中发挥余热。

"骨干"成员的增多使得更多的居民开始关注和参与社区事务,增强了居委社区参与度和凝聚力,进一步提高了居民对社区治理的满意度,博园社区向美好社区又迈进了一大步。

(四)常态长效 严防"回潮"

以前的博园小区存在物业不作为、缺乏维修管养经费的问题。一方面,社区工作人员除"两委"干部外,多数人没有固定的薪资。"两委"成员除支部书记、居委会主任外,社区"两委"成员的工资待遇相对偏低。抛去1 000元左右的工资之外,他们没有加班费,没有绩效工资、年终考核奖等其他任何补贴。社区网格员要么是身兼数职,要么是临时人员,他们分身乏术,很难参与小区的全面管理。小区管理方的缺位导致改造绿化成果难以长期保持。另一方面,农民的种菜态度反复,前一秒答应了社区人员不再"种菜",后续又加大了自己的种菜范围。还有很多群众持观望态度,"野草烧不尽,春风吹又生"在博园社区逐渐演变成"蔬菜除不尽,绿化带又生"的趋势。"毁绿种菜"事件层出不穷,居委会、业委会和物业管理公司常常疲于应付,社区治理存在难题。

在多方共同努力下,博园社区有序推进绿化补植工作,进一步优化社区的绿化格局,补种修复小区绿化达一千多平方米,提升了博园社区的颜值和景观水平。为了稳固绿化补种成果,工作小组制定每日巡查机制,由居委会、业委会、物业组成的检查小组带头上阵,党员志愿者组成的日防队、特保队员等多支巡逻队伍直插社区盲区。多支队伍相互交叉巡视,凝聚一心,多部门开展重点区域联合巡查、整治小区各个区域的乱种植现象,形成了长效管理机制。为了防止"毁绿种菜"不文明行为回潮,社区工作人员加大常态化巡查监督,定期对社区"小菜地"进行摸底排查,用张贴通知、劝导等方式通知住户,请他们自行处理私自搭建的小菜园。对于无人认领的菜地,物业人员果断进行铲除。社区志愿者们身穿志愿马甲,个个精神抖擞,哪怕是藏在树枝深处的一张纸屑、一块果皮也被清理干净。特保队员们坚持白天夜晚巡查小区的各个角落,哪怕是风吹落在地面停车区的菜种子都能被他们的鹰眼发现。博园社区及时对整治后的土地进行绿化养护维护工作,进一步遏制了乱种植回潮现象。

后期,社区将宣传教育融入常态化工作,让群众将绿化意识内化于心。通过草坪提示语、团队活动、暑期活动等途径将爱护环境的理念传播到社区的每一个家庭。

"今天在步行回家的路上,小区里有好多宣传牌哦!"小区阿姨们感慨道。一幅幅主题多样的创建文明城市宣传标识牌传播着文明理念。这些标识牌不仅成为博园社区里一道靓丽的风景线,也成为社区一张张灵动的文明标签。文明标语宣传自然渗入,比起发宣传单,花园里立宣传标语或许更贴近居民,也更能深入人心。博园小区也关注下一代对绿色生活的体验,多次举办相关活动帮助小朋友理解何为绿色生活。小朋友们按照志愿者讲的方法,先将营养土倒进小花盆里,然后放上不同种类的多肉小苗,进行种植、摆盆,认真地体验多肉植物的种植乐趣,大家各自发挥想象,布局创作自己的盆中花园。

小区的绿地再次焕发生机。社区环境治理是一项"家门口工程",良好的社区环境可以提高社区居民的生活质量和幸福指数。博园社区的大变样离不开居委会的资金支持、业委会的宣传,物业日日夜夜的辛劳,还有给予本次行动支持的社区群众。博园社区三驾马车同心发力、同频共振、同轴共转,构造党建引领下的社区治理新格局,上下齐心逐步完善管理水平,着力打造宜居社区,实现社区环境和居民素质的"双提升"。

(丁文曲　张芹　华东理工大学)

人民公证制度创立中的上海经验

蔡 煜

1949年2月,中共中央发出《中共中央关于废除国民党的六法全书与确定解放区的司法原则的指示》①,从根本上否定了旧公证制度的合法性。在破旧立新方面,上海贡献了不少经验,为人民公证制度的创立做出重要贡献。2024年是中华人民共和国成立75周年,回顾在人民公证制度创立中的上海经验,对于完善具有中国特色的社会主义公证制度,开创上海公证事业更加美好的明天,有着十分重要的意义。

一、新生人民政权重视,精心谋划,充分发挥党员及进步的旧司法人员作用

上海的旧公证制度,始建立于1936年,依据司法院于1935年7月30日公布的《公证暂行规则》,在上海地方法院及上海第一特区地方法院、上海第二特区地方法院设立②,至1949年5月27日上海解放,仅在上海地方法院设有公证处,只有一名专任公证人。1949年5月27日,上海市军事管制委员会宣布成立,下设"政务接管委员会法院接收处",负责接管原国民政府司法系统在上海的各机构。

根据上级指示,上海市人民法院及公证处于1949年8月11日正式成立,地址设在旧上海高等法院、上海地方法院二院旧址(现浙江北

---

① 《中共中央关于废除国民党的六法全书与确定解放区的司法原则的指示》,中共中央政策研究室编:《一九四八年以来政策汇编》,中共中央华北局1949年,第149—152页。

② 中央统计处编:《中国国民党指导下之政治成绩统计》,第111页。

路191号)。同日,上海市人民法院发布秘布字第二号《布告》规定:"公证费用按权利标的千分之五征收,法律行为标的不能核定者,每件征收五百元。"①

原上海地方法院公证人翟鼎文②离职参加学习班,由29岁的中共预备党员冯尔泰③担任上海市人民法院首任公证人,根据工作需要,当月即由64岁的主办过故宫盗宝案的原国民政府最高法院检察署检察官莫宗友④接替冯尔泰。原上海地方法院公证处佐理员谢寅生⑤被留用,改任公证处书记员。同年9月,在上海市人民法院制定的《上海市人民法院组织规程(草案)》第九条规定,公证处由审判委员会主任副主任指定审判员一人为公证员,并配置书记员一人及办事员若干人。受秘书长、主任、副主任之监督办理公证事务。⑥ 人民公证制度自此在上海建立。新生人民政权重视,精心谋划,充分发挥党员及要求进步的旧司法人员的作用,是上海得以迅速建立人民公证制度的重要经验。

---

① 原布告内容无标点符号,为阅读方便,加现行标点符号。上海市人民法院:《上海市人民法院办理民刑诉讼费用征收办法布告》(上海市人民法院布告秘字第二号),西南服务团办公室:《上海市军管会人民政府政策法令汇编》,1949年9月,第3、127—128页。

② 翟鼎文,1925年生,江苏泰县人,1948年7月12日任上海地方法院专任公证人。参见上海市档案馆Q185-1-179号档案;2023年3月20日本人与翟鼎文先生访谈(未刊)。

③ 冯尔泰,1921年生,江苏金坛人,后于1956年9月28日至1958年及1964年2月19日至1966年7月任上海市高级人民法院审判委员会委员。《上海审判志》编纂委员会编:《上海审判志》,上海社会科学院出版社2003年版,第512页。冯尔泰的年龄系根据上海市档案馆B1-2-304-3档案(上海市军事管制委员会政务接管委员会法院接收处关于送上海市人民法院编制表及职员名单的报告档案)确定。

④ 莫宗友于1937年6月8日被国民政府任命为最高法院检察署检察官,国民政府《令》,《国民政府公报》第贰叁柒伍号。莫宗友被上海市军事管制委员会政务接管委员会法院接收处认为"能力较强,稍有政治顾□,生活俭朴"。参见上海市档案馆B1-2-304-3档案(上海市军事管制委员会政务接管委员会法院接收处关于送上海市人民法院编制表及职员名单的报告档案)。

⑤ 谢寅生系同文书院商科毕业,1946年2月1日来上海地方法院工作,曾任通译、公证处佐理员。上海市档案馆Q185-3-24713,Q185-1-185号档案。

⑥ 方晓升主编:《接管上海》(上卷·文献资料),中国广播电视出版社1993年,第193—195页。

在全国各解放区里,上海成立人民公证制度的时间是比较早的,依据现有资料,其成立时间仅晚于哈尔滨、沈阳等东北解放区。因在全国中的特殊重要地位,上海对其他地方建立人民公证制度起到了引领示范效应。因此,1950年8月3日,司法部部长史良在第一届全国司法会议的报告中指出:

"关于公证制度,这是一个可以减少讼争,有益于人民的制度。……哈尔滨、沈阳、上海等市已作了一些工作,这一经验希望能好好总结,以便逐步推行。"①

二、保护婚姻自由,配合婚姻法贯彻实施

上海解放后,百废待兴,因有关政策法令一度未明确规定婚姻登记机关,上海市人民法院公证处事实上成为本市的婚姻登记机关。一直到1952年12月22日,根据华东军政委员会批准的《上海市婚姻登记暂行办法》,上海市人民政府决定即日起,在全市试行办理婚姻登记后,上海市人民法院才停止办理公证结婚业务。②

1949年8月20日,上海市人民法院公证处出具解放后首起公证业务,为当事人离婚契约办理认证书,编号定为暂1号。同年9月5日,上海市人民法院公证处办理了解放后首起公证结婚,通过媒体报道,引起很大的社会反响。③ 1949年10月4日,上海市人民法院公证处为当事人彭本鄂、葛漱玉出具公证结婚公证书,公证书编号为一九四九年公字拾玖号,这是目前已知的中华人民共和国人民公证机关出具的首份公证书。④ 1950年9月30日,《上海新民报晚刊》对影剧工作者白杨、蒋君超到上海市人民法院公证处申办公证结婚进行了报

---

① 史良:《关于目前司法行政工作报告——中央人民政府司法部部长史良一九五〇年八月三日在第一届全国司法会议上的报告》,人民出版社编:《政府工作报告汇编(1950)》,人民出版社1951年,第97、109页。
② 上海市新闻处十二日讯:《本市即将试行办理婚姻登记 市人民法院办理的公证结婚本月廿二日停止》,《文汇报》1952年12月14日。
③ 本报讯《公证结婚 人民法院破题儿第一遭》,《文汇报》1949年9月6日。
④ 上海市档案馆F8-1-0034号档案,卷宗封面证号为一九四九年证字第叁柒号。

道。公证结婚成为当时上海结婚的重要形式。①

从 1949 年 8 月至 12 月,上海市人民法院公证处共办理结婚公证 114 件,《中华人民共和国婚姻法》颁布后,1951 年结婚公证 7 406 件,1952 年上升到 16 895 件,其中普通再婚 2 243 件,寡妇再婚 1 769 件,包办婚姻解除后再婚 321 件。②

1949 年 8 月到 1952 年 10 月,上海市人民法院公证处共办理离婚公证 1 535 件。③

这些数据充分反映了上海公证机关在保障婚姻自由与秩序方面所做出的重要贡献。上海市人民法院在 1950 年的工作总结中强调:"结婚、离婚,在公证中显得极其突出。依婚姻法规定,结婚、离婚均须向区人民政府登记,但以婚姻法虽经施行,青年男女婚姻不得自由仍所在多有(如父母干涉与需索财物等),本市区人民政府婚姻登记尚未举办,故我们在公证工作中仍继续了这一业务。一年来结婚公证共达二三七八件,作为过渡时期的办法,于满足群众的需要及保证婚姻法的实行,均尚属必需。"④

三、积极办理公私合同公证,充分发挥契约强制执行条款效能,保障国家经济建设、保障军需供应

上海市人民法院公证处于 1950 年 3 月改组,与辩护室统一领导。同年 4 月下旬,通过加强宣传、简化手续、降低费用,契约公证数量急剧增加。仅 1950 年 4 月至 12 月,上海市人民法院公证处共办理契约 593 件,其中为华东后勤部、中南军区军需部、上海市贸易信托公司等七机关企业公证加工订货契约 204 件。解放初期,政府机关公营企业与私商订约常遭到诈骗的事,在公证制度的保护下,该现象已不多见,

---

① 本报讯:《白杨蒋君超 今晨公证结婚》,《上海新民报晚刊》1950 年 9 月 30 日。
② 《上海司法行政志》编纂委员会编:《上海司法行政志》,上海社会科学院出版社 2003 年,第 152 页。
③ 《上海司法行政志》编纂委员会编:《上海司法行政志》,上海社会科学院出版社 2003 年,第 152 页。
④ 上海市人民法院《上海市人民法院一九五〇年工作总结》。

因此，公证制度在保证军需供应与保护国家经济建设上起了良好的作用。① 同时，上海市人民法院在认证契约时载明强制执行条款，保证了契约的严肃性，有力维护了守约方权益。这一经验在1951年4月10日最高人民法院、司法部发出的《最高人民法院、司法部关于保护国家银行债权问题的通报》中得到充分肯定，在《最高人民法院、司法部关于保护国家银行债权问题的通报》中指出：

"又为了简化手续，减少纠纷，正确地保护国家和人民的权益，各地人民法院应迅速建立公证制度，在认证契约时载明强制执行条款（上海市人民法院公证处已依此办理），嗣后如有一造当事人违约，对造当事人即可请求法院依照契约执行。"②

1953年5月8日，政务院批准第二届司法会议决议，上海市人民法院根据"从司法方面保障国家经济建设工作"的精神，9月将公证处划归司法行政处领导，配合工商部门对资本主义工商业进行改造，当年经公证的交易额达1 296亿元。中国医药公司上海采购供应站自1953年12月展开公证工作以后，私商违约现象显著减少，违约事件1953年12月尚有325次，到1954年2月仅有123次，15家私商自动退出虚报成本、多报原料及超利润规定等17亿7 880余万元，对保障国家经济建设、预防违约欺诈等起了一定的作用。③

1954年11月下旬起，上海市人民法院普遍开展公私合同、契约的公证工作，当年全市办理经济合同公证9 228件，接受公证的私营工厂1 930家，有力制止不法资本家在国家订货过程中虚报成本、偷工减料等违法行为，合同违约率从10%—15%降到1%—5%。④《人民日报》于1954年11月23日第三版对上海市人民法院开展公私合同和契约

---

① 上海市人民法院：《上海市人民法院一九五〇年工作总结》，第1、2页。
② 最高人民法院、司法部：《最高人民法院、司法部关于保护国家银行债权问题的通报》（司三通字第16号），中华人民共和国司法部编：《中华人民共和国司法行政历史文件汇编(1950—1985)》，法律出版社1987年，第750—754页。
③ 上海市人民法院：《上海市人民法院一九五三年公证工作总结》。
④ 《上海司法行政志》编纂委员会编：《上海司法行政志》，上海社会科学院出版社2003年，第153页。

的公证工作作了专题报道。①

四、有力维护境内外自然人的合法权益

解放初期,上海各国(包括无国籍)居民不少。为维护外国(包括无国籍)居民合法权益,人民公证机关采取谨慎原则,防止漏洞。1950年到1958年,涉外公证经审查属实,给予公证206件,其中无人继承案件34件,继承21件,收养17件,亲属关系、继承、转让契约、执行许可等48件。为居住在上海的苏联及俄裔人士办理了不少经历等公证。②

此外,人民公证机关还先后开办了收养、房地产买卖租赁、继承、遗嘱、分析等公证,为维护自然人合法权益做了大量具体工作。以收养公证为例,1950年底开始受理,当年受理3件,到1954年,年受理数已达4 094件,保证了正常收养秩序和未成年人的合法权益。③

1957年上海市公证处在办理公证证明继承权工作时,发现有关单位在股权继承过户领域存在漏洞,影响合法继承人的合法权益,主动向上级有关部门汇报,提出对于公私合营企业(包括公私合营房地产公司)在处理股权继承问题时,对于股票实在在五百元以上的,可以向申请人要求提出公证机关的继承权证明书的建议,得到上海市人民委员会与司法部的肯定,有关经验做法被司法部于同年6月12日通报全国。④ 当年上海市公证处共办理继承公证111件,遗嘱公证34件,

---

① 《上海市人民法院开展公私合同和契约的公证工作》,《人民日报》1954年11月23日。
② 《上海司法行政志》编纂委员会编:《上海司法行政志》,上海社会科学院出版社2003年,第158页。
③ 《上海司法行政志》编纂委员会编:《上海司法行政志》,上海社会科学院出版社2003年,第153页。
④ 司法部:《关于上海市司法局对于公证证明公私合营企业股权继承的意见的通报》[(57)司公字第968号],江西省司法厅编印:《司法工作手册》,1958年7月,第130—131页;上海市人民委员会(57)沪会政字第15542号文件。

保护了合法继承人的权益。①

五、注意总结经验,为全国公证程序规范贡献智慧

上海公证行业的一个重要特点,就是善于总结经验。人民公证制度在上海建立不久,在《上海市人民法院一九五〇年工作总结》中即载有《公证处工作报告》,具体列明"经验教训"与"目前工作中尚存在着的缺点"。② 人民公证制度在初创时,由于各地差异较大,公证程序也不统一,在一定程度上影响了公证质量,对公证申请人来说也不便利。

上海市公证处③曾经在1957年1月写过一篇《公证程序十个问题的初步总结》(以下简称《总结》),司法部公证律师司于1957年2月28日以司公字第378号函复同意报请上海市司法局批准后试行。《总结》分十个部分,分别为(一)申请公证;(二)审查;(三)公证证明的文件;(四)办理公证行为的期限;(五)撤回公证;(六)驳回;(七)对不服公证机关驳回的抗议;(八)经过公证证明的法律行为,如果一方不履行义务时处理的办法;(九)通告;(十)办理公证行为的地点。

《总结》有三个显著特点。第一,注重程序。上海市公证处认为:"公证机关办理一切公证行为,无论是法律行为或者是有法律意义的文件和事实,经过公证证明后,在法律上就具有最可靠的证据效力,因此必须要求它真实无讹,合乎国家的政策、法律、法令。严格地按照程序办事,是消灭差错达到上述要求的重要保证。"第二,注重调查取证,不轻易拒绝公证。对于当事人不能提出证据的时候,应该如何办?上海市公证处认为:"在我国公证制度在人民群众中印象不深,公证的手续也不尽了解;他们在不同程度上缺乏法律知识,很难周密地提出一

---

① 《上海司法行政志》编纂委员会编:《上海司法行政志》,上海社会科学院出版社2003年,第153—154页。
② 《上海市人民法院一九五〇年工作总结》,第81—83页。
③ 该上海市公证处是1956年12月24日成立的,将上海市原有的第一、第二、第三公证处撤销,合并而成,地址设在江西中路187号。1959年7月,该上海市公证处被撤销,少量涉外公证业务由上海市高级人民法院办理。《上海司法行政志》编纂委员会编:《上海司法行政志》,上海社会科学院出版社2003年,第131页。

切必要的证据,或者只能提供某些情况和线索,在这种情况下,显然就不应采取拒绝公证的方法,而应该主动地进行调查了解。……总之调查工作可以适用于任何一件公证行为,这是公证机关依靠群众、便利当事人、确认公证行为内容的真实性的重要工作方法。公证机关的承办人在调查时,必须要做好调查笔录,由有关证人和调查的人在笔录上签名或盖章,笔录附卷查考作为依据。"第三,注重公证效率。上海市公证处要求凡事实清楚、证件齐备的应在当日内办理完毕,三天内发出公证文件。内容比较复杂,需要调查研究,收集材料的,同样应该在上述工作进行完毕的当日内办理完毕,三天内发出公证文件;需要向外地调查了解或是需要通告的公证行为,应在外地材料到齐后或通告期限届满后三日内办理完毕。①

《总结》得到了司法部的充分认可,1957年6月被收录于司法部公证律师司编印的《公证工作参考资料(第一辑)》,对推动各地公证程序规范化起到了积极作用。

六、结　　语

1957年9月13日,上海市人民委员会在同意上海市司法局"关于推行公证制度的请示报告"的文件中指出:"几年来本市公证工作对保护公共财产和公民个人财产,保护国家机关、企业、合作社、团体和公民的权利和合法权益,起了一定的作用。随着国家社会主义建设的迅速发展,民事流转关系日趋频繁,本市公证工作今后应根据群众自愿和各部门的需要逐步地开展。除司法部门应加强宣传不断积累和总结经验外,希望各有关部门予以积极配合和支持。"②这是对人民公证制度创立中的上海经验的充分肯定。

(蔡煜　上海市杨浦公证处)

---

①　上海市公证处:《公证程序十个问题的初步总结》,司法部公证律师司编印:《公证工作参考资料(第一辑)》,1957年6月,第6—16页。
②　上海市人民委员会(57)沪会政字第15542号文件。

中国科普工作发展的"上海贡献"

乔志远

科学普及,也就是我们熟知的"科普",是指利用各种媒介与渠道,将生涩难懂的科学知识以浅显的、让公众易于理解、接受和参与的方式传播到社会大众中去,在推广、应用科学技术之余,倡导科学方法、传播科学思想、弘扬科学精神,以提升全民科学素养。可以说,从科学的诞生之日起,科普也应运而生,科学的发展为科普创作提供了滔滔不竭的主题与素材,科普的发展为科学进步培育了源源不断的人才与受众,两者是相辅相成、不可分离的。习近平总书记曾强调,"科技创新、科学普及是实现创新发展的两翼,要把科学普及放在与科技创新同等重要的位置[1]",就是两者关系的真实写照。

上海作为中国科普事业发源地与重镇之一,百年来尤其是中华人民共和国成立以来,在科普领域深耕细作,已形成全面、完整、多元的架构体系、品牌活动与培育机制,为全国科普工作的开展与进步贡献了"上海力量"。

一、上海科普发展的简单溯源

作为中国科普事业的重镇,上海的科普发展源远流长,影响深远。19世纪中期,伴随着《南京条约》的签订,上海开埠,西方的物质文明如汹涌的潮水般涌入,成为上海近代大发展的先端。在这一过程中,来自西方世界的科学技术,以及从科学技术衍生而来的产品也在短时间

---

[1] 中国政府网:《新华时评:让创新和科普两翼齐飞》,2007-09-07,https://www.gov.cn/xinwen/2016-06/01/content_5078735.htm。

内席卷上海,无论是便捷高效的交通工具还是不断推陈出新的日用百货,生活的急剧变化让上海人对未曾接触过的先进事物萌发出深厚兴趣,自发地学习、吸纳来自西方世界的科学成果,这便是上海科普的起源。早期上海科普工作主要以社团形式开展科学交流工作,政治与宗教色彩较浓,如以康有为为代表的维新志士在上海组织的"上海强学会",以及西方传教士创办的"中国博医会""广学会"等,共计17家,成为上海科普工作的先端[1]。

五四运动后,伴随着科学技术的传播与留学生归国,大量科技类社团成立,其中最具代表性的是由中国留学生于1914年在美国创办的"中国科学社",该社团于1915年迁至上海,仿效美国科学促进会及其旗下科学杂志的创办、发行模式,制作、出版了《科学》《科学画报》等多种综合性现代科学类、科普类杂志,填补了我国科普领域的空白;并于1922年在南京成立我国第一个科学研究所——中国科学社生物研究所,联合各专门学会定期召开联合年会,成为我国科普组织的雏形。

在中国科学社的推动下,大量以中国技术协会为代表的综合性科技社团和以中华医学会、中华数学会、中华化学化工学会等为代表的全国性学会均将总部设在上海,上海科普工作取得迅猛发展。截至解放前夕,上海的科技社团数量、社员人数、社团活动频率均位于全国前列[2],并出现中国市政学会、管理学会等与社会科学交叉的科技类学会。他们在学术交流之余,还定期开展职业教育、专业培训、成果展示等活动,推动科学技术在民间的传播,不仅为20世纪上海的经济发展做出重大贡献,也为国家科普事业的飞跃发展做出"上海贡献"。

二、新中国成立后上海科普事业发展的历史

新中国成立后,中共中央制定"团结科技界,建设新中国"的工作

---

[1] 上海科学技术志编纂委员会:《上海科学技术志》,上海社会科学院出版社1996年。

[2] 上海科学技术志编纂委员会:《上海科学技术志》,上海社会科学院出版社1996年。

指导方针,上海科技界各学会积极响应号召,共同成立上海市科学技术学会联合会,并提出建立全国性科技普及系统的提案。1952年1月,上海科学技术普及协会正式成立,在全市各区县建立科普协会并发展会员,开展各项科普活动。1954年4月,由上海各自然科学学会组成的全国自然科学专门学会联合会上海分会成立并开展活动。至此,上海已基本形成学科门类齐全、组织架构完备的科技社团体系,科普活动内容与举办频次也愈发多元、稳定。

1956年,在上海市第一届人民代表大会上,上海市政府采纳专家建议,将南昌路一座法国式花园建筑开辟为科技工作者活动场所,并由陈毅市长题词,命名为"科学会堂"。1958年11月,上海科学技术普及协会与全国自然科学专门学会联合会上海分会合并为上海市科学技术协会(简称"上海科协"),会址为科学会堂,负责全市科学技术普及推广与科技人才培育工作[1]。截至"文化大革命"前夕,上海科协广泛开展企业技术革新活动、科技人才培训活动以及群众性实验活动,实现企业增效与协作,培育大批经济发展所需人才,推动科学技术在全市,尤其是农村地区的普及。

"文化大革命"结束后,1977年9月,上海市委恢复上海科协,各学会相继重建并恢复活动,科普工作进入新发展阶段。1980年5月,上海科协召开第二次代表大会,并自此每4年举办一次代表大会,确定工作方向与重点。

截至2022年,上海科协先后参与制定"九五"至"十三五"科普工作发展规划,实施"四个一百""2211""科普示范专项""科普能力建设"等项目,组织开展"科普之夏""科技节""科技周""上海科普大讲坛"等活动,建设上海科技馆、科普教育基地、科学商店等科普场所,扶持大量优秀科普作品,指引全市科普工作不断前进。

---

[1] 任鸿隽:《上海科协成立的重大意义》,《科学》1959年第1期,第5—7页。

三、新中国成立后上海科普事业的开展理念与重心

1958年,上海科协成立之初,全市科普工作主要围绕"百花齐放,百家争鸣"展开,鼓励社会大众参与科学探究与讨论。如开展关于学术界重大问题的自由讨论与讲学;参与建设上海自然博物馆动物学分馆、上海动物园、上海植物园;组织"上门会诊""技术夜市"等面向企业的技术交流活动;在人民公园西侧建造"科普长廊",为全国首创;在农村创设群众科学实验小组;创办《农村科技小报》;举办系列讲座并推出函授课程等,鼓励社会大众自发开展、参与群众性科学活动,为科普体系建立打下良好基础,建立了遍及各街道、乡镇的科普基础网络①。

"文化大革命"结束后,上海科协明确了"科协是党领导下的科技工作者的群众团体,是党团结和联系科技工作者的纽带,是党领导科学技术工作的助手"②,进入空前繁荣的发展阶段。参与单位与成员的不断发展壮大使得上海科协在科普活动的呈现形式与内容、科普人才的评价选拔机制等方面做出诸多尝试与探索,均取得良好效果。如为"农村汇映月"而录制的专业科教片;与各学会共同开展科普短训班③;自1987年起连续4年举办的"科普之夏"全市大型主题科普活动④;举行科技摄影展览⑤;以青少年为主体开展的"青少年科学家会议""青少年生物百项科技竞赛"以及各类夏令营与奥林匹克选拔赛;组织以"科技精英"评选、"讲理想、比贡献"竞赛为代表的面向优秀科技、科普工作者的奖励与选拔制度等,在不断提升科普影响力与受众面的同时,完成了科普人才梯队培养的制度建设。同时,区级科技馆、少科站等

---

① 上海科学技术志编纂委员会:《上海科学技术志》,上海社会科学院出版社1996年。
② 胡嘉福:《上海科协在改革中发展》,《学会》1988年第2期,第6—9页。
③ 林学钦:《中国科协、上海市科协、中国水产学会联合举办科普幻灯片制作短训班》,《福建水产科技》1980年第2期,第61页。
④ 周圆:《浦江两岸科普风——上海市首届科普之夏巡礼》,《瞭望周刊》1987年第34期,第43—44页。
⑤ 雪明:《白光全息照片首次在沪展出》,《应用激光》1982年第2期,第39页。

科技活动场所也在这一时期陆续建成,成为科普工作下沉至基层的良好抓手。

1995年起,上海建立科普工作联席会议制度,负责统筹协调全市科普资源、组织科普工作会议和组织大型科普活动,并自1996年起编制上海科普工作发展规划与制定科普相关政策性文件,顺应时代潮流与人民需求,逐步优化、完善上海科普体系。"九五"规划中的"四个一百"工程组织全市科研院所、学校、企业、街道共同参与,形成科普工作齐抓共管的新局面[1];"十五"规划中的"2211"工程在推动社区科普活动、学校素质教育与企业科技创新方面发挥重要作用[2];"十一五"规划起推出"科普示范专项"与"科普能力建设",通过测评与调研,对各区县科普工作开展情况实施绩效评估,促进各区县加大对科普工作的重视与投入[3];"十二五"规划中提出"关注目标人群、创新科普活动、推进资源共享、促进人才集聚、繁荣科普市场"五大重点任务,以进一步加强科普能力建设[4];"十三五"规划中提出"大科普"概念,着力提升上海科普工作的社会化、市场化、国际化、品牌化水平[5]。

四、新中国成立后上海科普事业的开展成效

在上海科协的不断努力下,上海科普事业取得长足发展。

(1) 全面的科普基础设施与人才梯队。上海建成以上海科技馆为龙头、专题性科普场馆为主干、基础性科普教育基地为支撑的科技场馆体系,其中多家被中国科协评为"全国科普教育基地",处于全国领

---

[1] 上海科学技术志编纂委员会:《上海科学技术志》,上海社会科学院出版社1996年。

[2] 上海科学技术志编纂委员会:《上海科学技术志》,上海社会科学院出版社1996年。

[3] 上海市科学技术委员会:《上海市科普事业"十一五"规划》,2007-09-07,https://app.stcsm.sh.gov.cn/gk/ggjg/20688.htm。

[4] 上海市科学技术委员会:《上海市科普事业"十二五"规划》,2012-02-24,https://app.stcsm.sh.gov.cn/gk/ggjg/20690.htm。

[5] 上海市科学技术委员会:《上海市科普事业"十三五"规划》,2017-01-22,https://app.stcsm.sh.gov.cn/gk/ggjg/20700.htm。

先水平;全市平均每40余万人便拥有一座专题性科普场馆,达到国际先进水平。此外,以社区创新屋、大学生科学商店、青少年科技实践工作站、科普服务流动驿站、社区科普大学等为中心的科普辅助设施体系也渐成规模。以科技场馆体系与科普辅助设施体系为基础,上海初步构建起科普资源开发与共享公共服务网络,建成上海科普人才信息资源数据库、科普专业机构信息资源网络数据库以及万人科普志愿者数据库,为上海科普事业注入源源不断的新鲜血液。

(2)多元的科普传播渠道。上海坚持传统媒体与新媒体并重,构建起以专业媒体为主导、各类社会传播载体为辅助的科普传播渠道。在传统媒体方面,2017年,上海共出版科普图书972种,发行量达1314万册;出版各类科普期刊133种,发行量为1923万册;发行科普类报纸1775万份;出版科普音像制品95种;播放科普电视节目6591小时;播出科普电台节目2032小时;创设、运维科普网站263个[①]。在新媒体方面,以微博、微信、科普App等为主体的科普融媒体矩阵也面向公众发布,使上海成为全国首个建成新媒体科普传播平台的省市。此外,社区科普充电站、商圈电子屏、车站显示屏屏幕、移动电视等也被纳入科普传播渠道之中,打通科普进入社区、楼宇、公交、地铁通道的"最后一公里"。

(3)丰富的科普品牌活动。上海科普活动根据受众人群需求不断细化,形成类别各异、主题鲜明、形式新颖的专题性科普活动体系,如面向青少年的国际青少年科技博览会、青少年科技创新峰会、"明日科技之星"评选及其拓展活动、上海青少年科技创新大赛;面向老年群体的终身科普教育;面向市民的公共安全科普宣传、上海科普大讲坛、上海科协大讲坛、上海国际科学与艺术展、上海国际科普产品博览会、科普嘉年华;面向企业的上海职工科技节、创新屋创意制作大赛、上海市优秀发明选拔赛;面向困难群众的科普暖行等。此外,上海科技节、科技周、全国科普日等综合性科普活动也连续举办,逐渐形成品牌效应,

---

① 《上海科普年鉴》编辑部:《上海科普年鉴2018》,上海科学普及出版社2019年。

获得广大市民的普遍好评。截至2017年,上海市平均每年举办的各类科普活动达9万次(场),参加人数超过3400万人(次)①。

(4) 活跃的科普内容创作。在多元的科普传播渠道的基础上,上海鼓励传统媒体与新媒体利用自身优势开展科普创作,上海科普网、上海职工科技创新网、上海科普大讲坛、科普多媒体演播中心、上海科教电影制片厂等一批科普媒体单位相继创办运行,通过书籍、动漫、影片等形式面向大众,开展科普工作。此外,上海加大对科普作品创作、出版的扶持力度,持续举办上海多媒体作品、科普PPS创作和"凌云杯"科普剧本创作大赛,吸纳各类人才投入科普创作产业,加快推进科普内容开发进程。在此背景下,上海科普内容创作迎来持续爆发期,形成了一批具有社会影响力的科普作品,如《幻想——探索未知世界的奇妙旅程》《十万个为什么》等10多部科普作品获国家科技部"全国优秀科普作品"称号;4D动画电影《重返二叠纪》《中国大鲵》获上海科技进步一等奖,实现了科普项目在该领域的"零"突破。

(5) 完善的科普发展环境。上海持续加大对科普工作的投入与支持,基本形成以公共财政投入为引导,社会资金共同参与,市、区(县)两级政府共同推进的发展格局,并建立起科普工作监测评估机制,相继颁布《上海市促进科普事业发展的实施意见》《上海市科普场馆管理办法(试行)》《上海科普教育基地管理办法》等一系列文件,使科普政策体系更加健全。"十二五"规划后,以"上海科普教育创新奖"为代表的科普项目和人才奖励机制渐成规模,实现企事业单位、研究所、高校、社会组织的科普资源整合与跨界合作,构成上海科普资源公共服务平台,打造"一库两平台"科普资源公共服务体系,并与长三角一体化深度联结,打造具有全球影响力的长三角科普共同体②。

---

① 《上海科普年鉴》编辑部:《上海科普年鉴2018》,上海科学普及出版社2019年。
② 王春华、俞百元、陈明明:《长三角社科普及共同体建设思路及对策》,《黑河学院学报》2023年第14卷第3期,第83—86页。

五、上海科普事业亮点特色
与对全国科普事业发展的影响与启示

在上海科普发展的带动下,全国各省市也积极开展相关工作,推动全国科普事业更上一层楼。

(1) 持续提升基层科普网络建设水平。基层科普网络建设主要分为三部分,分别是科技社团与学会,市级、区级科技活动场所以及基层科普网点。上海科协成立之初便不断吸纳各学科、专业的科学组织,1966年上海科协旗下已有44家市级学会,并在各区县与部分工厂、公社成立科协组织,总会员人数超10万人;"文化大革命"结束后,上海科协的首要工作便是重建、重组各学会,到1980年,上海科协共恢复、新建85家市级学会,到1990年,这一数字增至156家,会员人数增长至19.8万人。在这一时期,上海科协还开设12家区科协、9家县科协、5家局科协、21家工厂科协、1家青年科协、15家科技馆与19所少科站,参与上海自然博物馆、上海动物园、上海植物园、上海航宇科普中心等市级科普场馆的建造,以及科学会堂、科技报、科普出版社、业余科技学院、科普事业中心等多家专业科普单位的创办工作,基层科普网络渐具雏形①。

随着上海科普工作发展规划的制定与实施,基层科普网络建设愈发精细化、广泛化,如"九五"规划中提出的"四个一百"中便包括"创建100个科普文明村、100个科技特色学校、100个科普教育基地",截至2001年,上海累计创建115个科普村、114家科普教育基地、125所科技特色学校,构建起以社区、高校、企事业单位为主体的基层科普网络;"十五"规划中的"2211"工程在"四个一百"的基础上进一步深化,将工商业企业纳入评选体系,截至2006年,上海共培育34个科普示范性街道、29所科技教育特色师范学校、17家科普工业企业与9家科

---

① 上海科学技术志编纂委员会:《上海科学技术志》,上海社会科学院出版社1996年。

普商业企业。"十一五"及其以后的规划也极为重视基层科普网络建设,并着手组建科普志愿服务梯队,不断给予专业指导与政策扶持,使得不少单位得以发挥自身优势,组建各具特色的科普活动场所与科普宣讲团队①。截至2018年,上海共有273家基础性科普场馆、79家社区创新屋、25家青少年科技创新实践站、116个青少年科技创新实践点等以及数以万计的科普志愿者②,初步搭建起功能完备、人才充足、渠道多元的科普宣传运维机制,使得科普工作得以具体开展与落实。

(2)始终重视青少年科普工作开展。上海科协的科普工作极其重视对青少年群体的科学素质培养,通过大量生动有趣的活动激发青少年的科学探索欲与好奇心。在上海科协成立之前,上海市少科站就曾推出设计14门学科的41家培训班,邀请专业老师带领学生学习科学知识;"文化大革命"结束后,上海科协为恢复的市级、区级少科站配备微型计算机、录像机、复印机、打印机、业余无线电台、天文望远镜等先进设备,确保青少年可以亲身体验科学成果。1986年起,上海市少科站陆续成立创造发明学校、BY4AY青少年业余电台、业余计算机学校、业余理科学校等面向适龄儿童的科普活动,组织、培育青少年参加科学竞赛并收获多项荣誉③。

自"九五"起,青少年科学素养培育始终是上海科普工作发展规划中的重点内容之一。在其引导下,明日科技之星、上海市青少年科技创新大赛、上海未来工程师大赛、上海市青少年科技节、上海市青少年创新峰会、全能脑力王、青少年科技创意设计大赛、上海青少年高校科学营、上海市青少年科技发明成果展、上海头脑奥林匹克创新大赛、科学种子科普行等各具特色、各有侧重的青少年科普活动持续推出,呈现出全年化、品牌化的趋势;其中青少年科普竞赛中的佼佼者还被上

---

① 上海市地方志编纂委员会:《上海市志 科学分志 科学技术卷(1978—2010)》,上海古籍出版社2020年。
② 《上海科普年鉴》编辑部:《上海科普年鉴2018》,上海科学普及出版社2019年。
③ 上海科学技术志编纂委员会:《上海科学技术志》,上海社会科学院出版社1996年。

海科协推荐参加全国以及国际级别的科技赛事与颁奖典礼,构建起良性的青少年科创成果选拔机制①。此外,由高校教授牵头参与的中学生科技创新后备人才培养计划也于2013年启动,为有志于科学探究的学生提供专业学术资源②。

值得一提的是,在开展青少年科普活动的同时,上海科协也极为重视对科普教师的培养,市级、区级少科站会定期举办科普教师培训活动,市内各项竞赛的优秀指导老师也可获得相关荣誉并纳入绩效考核范围,极大地调动了教师的参与积极性与热情,成为开展基层青少年科普活动的重要力量。

(3) 普及内容、形式与手段的不断革新。上海开埠后,大量西方科学知识通过报纸、期刊与书籍传播到民众之中,成为早期科普宣传的主要载体;民国时期,伴随着大量西方人士入沪,讲演、展览、科教片播映成为科普宣传的新兴渠道,主要内容为西方科技成果与公共卫生知识。新中国成立后,上海科普工作的形式与手段愈发丰富,除以上提及的内容外,培训班、学习班、幻灯片、电视、录像、报告会、交流会、调研等均有所开展,内容主要为社会生活生产服务。但此时的科普活动大多是独立开展,各种形式与手段缺乏联动。

1987年起,上海科协连续4年举办"科普之夏"活动,首次将不同形式与手段的科普活动整合后推出,以"社会化、群众化"为目标,打造全面、综合的地方科普活动品牌。据统计,4届"科普之夏"活动共举办2 400余次讲座、200余场展览、1 000余场知识竞赛、8 900多场科教片展映,以及科普集市、科普夏令营、科普夜市、科技精英评选等活动,内容涉及环境保护、生物科技、非典、世博会、科技创新、小康社会等,取得广泛的社会影响③。在此基础上,1991年起,上海每两年举办一次

---

① 郭勇:《上海颁发首届青少年科技创新市长奖》,《大众科技报》,2003-08-26。
② 上海市青少年科技创新活动服务平台:《上海市英才计划优秀学员培养案例选编》,2017-08-23,http://shanghai.xiaoxiaotong.org/NewsReport/Detail?lnArticleID=218095。
③ 上海市地方志编纂委员会:《上海市志 科学分志 科学技术卷(1978—2010)》,上海古籍出版社2020年。

"上海科技节"活动,主题紧扣时代发展,规模宏大,内容精彩,逐渐发展为国际性科普盛会①。2001年起,为响应全国科技活动周活动,上海科技节与全国科技活动周进行整合,形成"单年同时举办,双年举办活动周"的格局②,并不断探索活动的新呈现形式,如2003年开设网上科技节与电子科普画廊;2007年发行科普基地参观卡;2010年举行流动科技馆、2022年举行科学红毯秀③等,成为日后科普护照、科普文化快车巡演、科普音乐会、科普产品博览会等科普活动与产品的原型④。

而伴随着网络时代的到来,科普活动也不再拘泥于线下,通过线上平台面向公众开展的科普活动也广受欢迎。如2017年由市科协主办的"十万个为什么"科普微课堂与"带着微博玩科学"活动,摆脱传统讲课模式,将线下实地体验与线上互动分享相结合,将科学知识以近距离、具象化的姿态呈现在公众面前,增加市民对科学的亲近感与学习欲;进入自媒体时代后,大量科普类短视频、图文成为主流,聚焦社会热点,为社会大众提供高效、便捷的科学知识获取渠道。此外,如VR、4D电影等新兴设备也被运用于科普事业,探索科普开展形式的新可能。

(4)制定科普成效量化标准。2007年12月,国家科普能力培训班在上海召开,科技部在会上宣布由上海率先启动国家科普能力建设试点工作。2008年起,上海根据科普能力建设试点的整体规划,启动全市科普工作监测评估、科普资源状况调查以及科普场馆运行机制研究工作,陆续完成《上海科普图书创作出版专项资金实施办法》《中国公民科学素质的基准制定与试测》等文件。其中《中国公民科学素质

---

① 冯兴有:《以实际行动迎接"91上海科技节"》,《住宅科技》1991年第9期,第48页。

② 沈祖芸:《上海科技活动周即将拉开帷幕主题:科技创造未来》,《上海教育》2002年第10期,第51页。

③ 上海市科学技术委员会:《2022年上海科技节成功举办"科学红毯秀"引关注》,《国际人才交流》2022年第10期,第65—66页。

④ 雪鸿:《携手建设创新型国家——从"2007上海科技节"看"科普(技)周"的演进》,《苏南科技开发》2007年第5期,第14—15页。

的基准制定与试测》已形成专业测评指标公式与题库,由各区科协组织开展以能力为导向的公民科学素质测评工作,每年制成区县科普工作测评报告,对科普投入、科普能力建设、科普绩效等进行综合评估,实时优化科普资源配置,实现全市科普资源的统筹管理与分配。

2017年起,上海每年推出《全国科学传播发展指数报告》,以中国科学技术信息研究所的全国科普统计数据为基础,采用数学建模的方法进行量化计算分析,从科普场地、科普人员、科普活动、科普经费和科普传媒等多维度综合评估全国31个省、自治区、直辖市的地区科学传播发展水平,是国内首个衡量区域科普事业发展状况的指数工具[1]。

在上海的示范与影响下,全国科普事业发展步入快车道。在场馆建设方面,截至2022年,全国科技馆和科学技术类博物馆总数达1 683家,城市、农村社区科普专用活动室共计21.56万个,青少年科技馆站达569个,已基本构成含纳市、县、村、乡镇街道的四级科普宣传体系;在线上宣传矩阵构建方面,2022年全年,电视台、广播电台播出科普节目总时长达35.27万小时,科普期刊、图书、报纸发行量近2.9亿册,科普类网站、微博、微信公众号共建设11 760个,实现多时段、多地域、多人群的广泛覆盖;在品牌系列活动推进方面,2022年全年,全国各部门共组织科普讲座、展览、竞赛、夏(冬)令营、专题活动等40.34万次,总受众人次达34.2亿;已形成巨大社会影响力与品牌效益;科普相关专职、兼职人员总数达199.67万人,科普志愿服务者达686.71万人,已形成可持续的人员梯队培育与选拔机制[2]。未来,上海也将继续探索科普事业开展的新方法、新路径、新模式,为上海乃至全国科普事业发展开辟一条独具特色的未来之路。

(乔志远　上海通志馆)

---

[1] 《全国科学传播发展指数报告出炉　浙江取得新进展》,《今日科技》2019年第6期,第25页。

[2] 中国科普网:《科技部发布2022年度全国科普统计数据》,2024-01-12,http://www.kepu.gov.cn/policy/2024-01/12/content_1748943.html。

上海国际科创中心建设十周年回顾

黄 婷

2014年5月24日,中共中央总书记习近平在上海调研时指出,希望上海继续发挥自身优势,努力在推进科技创新、实施创新驱动发展方面走在全国前头、走到世界前列,加快向建设具有全球影响力的科技创新中心进军。上海的发展定位从"四个中心"拓展为"五个中心";2018年11月,面对张江科学城的科技工作者,习近平总书记语重心长地说:"把科技创新摆到更加重要位置,踢好'临门一脚'";2019年11月,习近平总书记在上海考察时强调"要强化科技创新策源功能"。2023年12月,习近平总书记在上海考察时指出,推进中国式现代化离不开科技、教育、人才的战略支撑,上海在这方面要当好龙头,加快向具有全球影响力的科技创新中心迈进。2024年是上海国际科创中心建设十周年。十年来,上海背靠长江水,建设重大科技基础设施群,培育世界级高端产业集群,推进长三角科技创新共同体;面向太平洋,主动发起高水平大科学计划,打造全球科技创新人才高地。

十年来,上海市加强顶层设计,先后出台《中共上海市委、上海市人民政府关于加快建设具有全球影响力的科技创新中心的意见》《上海市推进科技创新中心建设条例》《上海市建设具有全球影响力的科技创新中心"十四五"规划》,加快向具有全球影响力的科技创新中心进军。

十年里,高端通用图形芯片实现量产,高温超导电缆示范运行,C919大型客机商业化运营,国产首艘大型邮轮正式命名交付。全球规模最大、种类最全、功能最强的光子大科学设施集群在张江加快建设;"蛟龙""天宫""北斗""墨子"等重要科技进展,上海无一缺席;近年来,企业突破一系列"卡脖子"技术,推出了一批中国和世界首创性产品。上海首个原创抗癌新药成功"出海",赴美获批上市。国际上首个胚胎干细胞嵌合体猴在上海诞生……

一、上海科创中心建设历程

上海科创中心建设经历了谋划、落实、深化等阶段,形成科技创新中心基本框架体系。形成科创"22 条"、科改"25 条"、《上海市促进科技成果转化条例》、《上海市推进科技创新中心建设条例》为主的政策法规体系,建立起若干高水平新型研究机构,14 项重大科研设施落户上海,启动建设或培育研发与转化功能型平台 20 家,形成科创中心主要承载区各具特色、错位发展的格局。

谋划阶段(2014 年)。2014 年,围绕建立有利于创新驱动发展的税制、法制、体制机制,提出针对性制度设计和改革举措,并以争取国家全面改革创新试验为契机,由市发展改革委、市科委等部门制定形成《上海加快实施创新驱动发展战略、系统推进全面创新改革试验工作方案》。主要包括建立健全人才发展、创新投入、科技成果转移转化、收益分配、政府管理、开放合作这六方面制度,争取先行先试一批突破性政策。

2014 年,上海加快从研发管理向创新管理拓展。探索科技计划管理改革:从管理流程再造、研发创新图谱、科研诚信体系建设三方面推进管理创新,完善科技管理。市科委制定《科技计划项目管理工作手册》,推动管理标准化和流程再造。构建《上海科技创新知识图谱》,管理决策由依赖个人经验的决策向依赖大数据分析的科学化和精准化决策转变。优化科技创新组织机制:支持大型集团企业利用国内外优质资源,集中资源重点投入,与高校、科研院所进行重大技术联合攻关,加快建立以企业为主导的创新机制。采取"建设和运行并重"的方式,促进各类企业、大学、科研机构及相关科技中介服务机构在产业技术创新战略联盟建设上的有效结合。

落实阶段(2015—2016 年)。2015 年,上海确定将"实施创新驱动发展战略、建设具有全球影响力的科技创新中心"作为市委唯一的重点调研课题,由市委研究室、市发展改革委、市科委总牵头,相关部门和单位参与,重点就体制机制改革、科技布局、人才发展、环境营造等开展前期研究,形成调研报告。市发展改革委会同相关单位起草《上海系统推进全面创新改革试验加快建设具有全球影响力的科技创新中心方案》和《上海张江综合性国家科学中心建设方案》,6月13日,市政府发函向国家发展改革委和科技部报送上述两个方案。

2016年2月1日,上海市委成立推进科创中心建设领导小组,全力抓推进、抓督查、抓重大问题协调,由上海市市委书记韩正担任组长。下设两个推进小组,张江综合性国家科学中心建设推进小组,由上海市委副书记、上海市市长杨雄担任组长;人才发展推进小组,由上海市委副书记应勇担任组长。围绕科创中心建设重大工程、项目和政策的落实推进,形成若干个专项工作组,由相关上海市委常委、副市长牵头负责。2016年4月12日,国务院批复印发《上海系统推进全面创新改革试验加快建设具有全球影响力的科技创新中心方案》,提出到2020年,形成具有全球影响力的科技创新中心的基本框架体系;到2030年,着力形成具有全球影响力的科技创新中心的核心功能。部署建设上海张江综合性国家科学中心、建设关键共性技术研发和转化平台、实施引领产业发展的重大战略项目和基础工程、推进张江国家自主创新示范区建设四个方面重点任务。

深化阶段(2017—2019年)。2017年10月10日,市政府出台《关于进一步支持外资研发中心参与上海具有全球影响力的科技创新中心建设的若干意见》。该意见明确规定:支持外国投资者在沪设立具有独立法人资格的研发中心,支持外资研发中心升级为全球研发中心,支持外商投资设立各种形式的开放式创新平台,构建开放式创新生态系统,加强对外资研发中心建设国家级、市级企业技术中心政策辅导等。10月20日,市政府办公厅印发《关于本市推动新一代人工智能发展的实施意见》。该实施意见共有5个部分21条措施。

2018年,上海围绕微纳电子、量子信息、脑科学与类脑、海洋、药物等领域布局,硬X射线、硅光子、人类表型组、脑与类脑研究等8个市级重大专项先后启动实施。"全脑介观神经连接图谱"等国际大科学计划加快推进,超强超短激光、软X射线自由电子激光、活细胞结构与成像、上海光源二期、硬X射线自由电子激光、转化医学设施等大科学设施建设进展顺利。上海脑科学与类脑研究中心、张江药物实验室等平台相继成立。

2019年,推进《上海市推进科技创新中心建设条例(草案)》的起草工作,颁布《关于进一步深化科技体制机制改革 增强科技创新中心策源能力的意见》。2019年7月22日,科创板在上海证券交易所正式开市。科创板的"科"代表高科技。"创"是指科创板企业要具有比较强的科技创新研发能力和研发优势,或者具有创新的商业模式。科创板推出的重要意义之一是科创板要成为中国行业领先技术的一个展示地,对中国企业有示范作用。

形成基本框架体系的"交卷之年"(2020—2023)。2020年是"十三五"规划的收官之年,是建设具有全球影响力的科技创新中心,形成基本框架体系的"交卷之年",也是中长期及"十四五"科技规划的谋篇布局之年。上海坚持科技创新与体制机制创新"双轮驱动",全力强化科技创新策源功能,聚力突破三大重点领域,有力支撑新冠肺炎疫情防控,形成战略科技力量、产业高质量发展的科技支撑、充满活力的创新生态、高水平的创新网络、法规政策及制度改革的主体架构。《上海市推进科技创新中心建设条例》正式施行。2023年,上海市工业战略性新兴产业总产值占规模以上工业总产值比重达到43.9%,集成电路、生物医药、人工智能三大先导产业规模达到1.6万亿元。全社会研发经费支出相当于全市生产总值的比例达到4.4%左右,每万人口高价值发明专利拥有量提高到50.2件。①

上海科创中心基本框架体系主要体现在四个方面。一是战略科

---

① 《上海2023年GDP增长5% 集成电路等三大先导产业规模达1.6万亿元》,《证券时报》,2024-01-23,https://baijiahao.baidu.com/s?id=17888757500506062968&wfr=spider&for=pc。

技力量体系基本形成。目前,国际高水平机构集聚高地初具规模,以上海光源为代表的全球一流大科学设施群基本形成,高水平科学家快速集聚,国际科技论文量质齐升,在基础研究和关键核心技术领域取得了一批标志性重大成果。

二是科技创新引领产业高质量发展。上海已启动建设或培育研发与转化功能型平台20家,一批功能型平台正逐步带动形成新兴产业集群。企业是技术创新的主体,在集成电路、人工智能、生物医药等领域突破了一批关键核心技术。

三是高水平的创新网络基本构建。各具特色的科创中心承载区错位发展格局基本形成,临港新片区、青浦华为研发基地、普陀中以(上海)创新园、虹口硅巷、金山科创湾区、奉贤东方美谷等区域的特色功能不断增强;杨浦环同济、闵行零号湾、宝山环上大等大学科技园、创新创业集聚区持续推进高质量发展。国际创新合作网络加快构建。长三角已成为全球重要的创新创业密集区。

四是科技体制机制改革深入推进。系统推进全面创新改革试验,从科创"22条"到科改"25条",从成果转化条例到科创中心建设条例,以及系列配套政策的实施和持续完善,上海科创中心制度改革的主体架构已基本确立。

二、科创中心建设取得的成就

1. 科创中心主要承载区

2014年,以创新集群建设为抓手,深化市区两级联动,发挥区县政府主体作用,引导和鼓励发挥市场化、社会化机制优势,从区域整体"聚焦产业、集群创新、平台构建、环境营造",激发区域科技创新活力,在区域内培育一个创新活力企业群、形成一个区域特色支柱产业、构建一个科技创新服务体系、打造一个区域创新品牌,建设具有区位特色的创新型城区,支撑具有全球影响力的科技创新中心建设。浦东新区发挥张江国家自主创新示范区先行先试作用。落实《张江国家自主创新示范区发展规划纲要(2013—2020)》,各类项目、基地、人才和政策向张江集聚;张江示范区拓展为"一区二十二园",覆盖全市17个区县,总面积增至531平方公里,"一核三带"空间布局初步实现。

2015年,围绕科技创新中心建设的大战略,各区县系统谋划对接参与上海科技创新中心建设。2016年,精心打造一批各具特色的科技创新集聚区。聚焦张江、临港、紫竹、杨浦、嘉定、徐汇6个重点区域,集中布局重大创新项目,实行更聚焦的政策、更开放的体制机制,培育一批引领发展的创新型企业和高科技产业。2017年,张江、临港、杨浦、嘉定、徐汇、紫竹、松江等重点区域,发挥创新资源集中、创新特色鲜明、创新功能突出的综合优势,全力打造上海科技创新中心建设的重要承载区。2018年,张江核心区和闵行、杨浦、徐汇、嘉定、临港、松江等区域的科技创新中心承载区建设工作深入推进,成为上海创新发展的新增长极。2019年,重点推进张江科学城、临港智能制造示范区、杨浦国家创新型城区和"双创"基地、闵行国家科技成果转移转化示范区、漕河泾创新服务示范区、嘉定新兴产业示范区、松江G60区域创新承载区等建设。2020年,聚焦张江、临港、闵行、杨浦、徐汇、嘉定、松江G60科创走廊等科创中心重要承载区,在科创策源、成果转化、创新创业、产业化布局等多方面取得成效。同时,调动其他区域积极性,以中以(上海)创新园、广慈—思南国家转化医学创新产业园区等重点园区(项目)为突破点,支撑上海建设具有全球影响力的科技创新中心。

2. 研发转化功能型平台

2014年,产学研协同创新平台渐成规模,同时大力推动平台运营服务模式的转型与升级。2015年,加快建设张江综合性国家科学中心和若干重大创新功能型平台。在信息技术、生物医药、高端装备等领域,重点建设若干共性技术研发支撑平台,建设一批科技成果转化服务平台。2016年,加快建设一批研发与转化功能型平台。2017年,编制研发与转化功能型平台,首批规划的18家研发与转化功能型平台聚焦生物医药、新材料、新一代信息技术、先进制造、创新创业服务五大产业领域。2018年,通过1年的运行发展,首批"1+5"功能型平台具备一定的创新服务支撑条件和能力,正在成为全市推进科技成果转化和产业化的重要载体,带动产学研合作和企业落地。研发转化功能型平台包括关键技术类研发平台、重大产品类研发平台、产业链类研发平台、科技成果转化服务平台。

关键技术类研发平台:2014年,上海微技术工业研究院建设启动,致力于打造世界级研发机构。2015年4月23日,上海材料基因组工程研究院在上海大学揭牌成立。2016年6月2日,上海石墨烯产业技术功能型平台启动。2018年3月26日,由上海市政府主导建设的上海工业控制系统安全创新功能型平台在普陀区启动。2019年2月26日,上海市类脑芯片与片上智能系统创新平台启动,这是上海首个由民营企业牵头发起的研发与转化功能型平台,平台致力于构建人工智能与半导体产业及落地应用场景的协同合作和多维度的产业联盟与生态链。

重大产品类研发平台:2016年9月27日,北斗导航产业领域创新功能型平台——上海北斗导航创新研究院成立。研究院采用"E3+X"模式,即集聚科技、投资、管理三方面专家,在为企业提供公共支撑环境的基础上,开拓市场化业务,助力北斗导航产业能级提升。2019年12月,上海智能型新能源汽车研发与转化功能型平台获市政府批准,启动建设。

产业链类研发平台:2015年12月28日,上海临港智能制造研究院成立。2017年生物医药产业技术创新功能型平台启动,引进国际顶尖生物技术专家团队开展3D细胞及培养基研发等技术服务;推动开展10余个本地品种的生物等效性试验等研究。2017年,启动建设集成电路产业创新服务功能型平台。2020年6月10日,上海人工晶体研发与转化功能型平台推进会召开。平台预期通过三个阶段的培育、建设,实现人工晶体领域的人才汇聚和产业集群效应,助推上海及长三角地区的相关产业发展。

科技成果转化服务平台:上海产业技术研究院。2015年,以"开放创新、服务产业"为理念,进一步汇聚国内外资源、培育产业技术人才队伍,加速上海产业技术研究院"平台、智囊、桥梁、纽带"功能的实现。2015年4月23日,国际技术转移东部中心正式揭牌。同年,云南、甘肃分中心正式成立,上海市科技创新券(技术转移服务类)立项,东部中心在中国(上海)国际技术进出交易会首次集中展示。2017年,加拿大分中心正式成立、新加坡分中心成立。2019年,荷兰分中心(欧洲总部)成立。

3. 重大产业项目

2014年,上海加强科技前瞻布局和示范应用。聚焦国家战略和重大产业,部署实施重大科技创新项目与工程。其中,北斗卫星导航、文化科技融合、新能源汽车、高温超导和崇明生态岛的应用示范和产业化取得明显进步。2015年,世界第三个、国内首个基于二代高温超导带材的CD绝缘超导电缆示范工程在宝钢股份炼钢厂运行顺利;先进传感器芯片技术和北斗导航技术加快产业化和应用示范;新能源汽车研发与推广同步,上汽集团成为国内唯一具有氢燃料汽车生产资质的企业。2016年,上海布局和推进重大战略项目和基础工程,包括航空发动机与燃气轮机、高端医疗影像设备、高端芯片、新型显示等,解决战略性新兴产业发展瓶颈问题。2017年,实施重大项目,航空发动机、深海空间站、量子通信与量子计算、脑科学与类脑研究、国家网络空间安全、大数据、智能制造等领域取得进展。国产大飞机C919实现首飞、万吨级驱逐舰首舰下水,华力微电子二期12英寸高工艺等级生产等电子信息领域重大项目加快建设,重型燃气轮机、海上核动力平台、青浦华为研发中心等战略性新兴产业重大项目落地启动。2018年,围绕集成电路、生物医药、人工智能等重点领域建设国家级产业创新中心和高端制造中心,推进中芯国际、华力二期、和辉光电等重大产业项目建设。2019年,集成电路领域完成制造装备、材料及零部件、核心芯片器件以及相关新工艺新方法的系统布局,14纳米制程工艺、28纳米浸没双台光刻机、36毫米硅片的研发和市场化取得新突破。2019年12月6日,市经济信息委在WAIC开发者·上海临港人工智能开发者大会发布首批"上海市人工智能创新中心"名单。有7家人工智能企业入选,分别是上海商汤智能科技有限公司、深兰科技(上海)有限公司、上海依图网络科技有限公司、上海寒武纪信息科技有限公司、优刻得科技股份有限公司、上海汽车集团股份有限公司、腾讯科技（上海）有限公司。2020年，坚持科技自立自强，聚焦重点领域开展关键核心技术攻关，深入实施集成电路、人工智能、生物医药三大领域"上海方案"。2023年7月，上海发布《上海市高质量孵化器培育实施方案》，提出全力打造一批具有"硬科技"孵化服务能力、资源集聚能力、可持续发展能力，以及具有区域创新辐射带动能力的高质量孵化器。2023年10月12日，"探索者计划—大飞机基础科学研究专项"启动。该专项由上海市科委与上海飞机设计研究院共同设立，支持上海高校、科研机构和企业的科研团队，围绕飞机研制实践和未来发展所需的基础科学问题开展研究。2023年10月，上海药企君实生物宣布，公司研发的特瑞普利单抗在美国获批上市，标志着我国自研自产的创新生物药获得国际认可，首次成功"出海"美国。

三、上海科创中心建设成绩与展望

10年来，上海在推动国际科技创新中心建设取得明显成效。一是科技综合实力迈上新台阶，在英国《自然》杂志发布的《2022自然指数——科研城市》中，上海从2020年的第5位升至第3位，超过波士顿都市圈和旧金山湾区。二是战略科技力量建设取得新进展，在沪国家实验室体系加快构建，李政道研究所等一批高水平科技创新平台和新型研发机构加快集聚发展。量子信息、脑科学与类脑研究、新一代人工智能等一批基础研究的重大项目任务加快布局，在沪国家实验室体系建设"3＋4"总体格局初现。张江实验室、临港实验室和浦江实验室3家国家实验室高质量运行，4家国家实验室的上海基地中，合肥实验室上海基地、广州实验室上海基地揭牌成立。三是支撑产业创新取得新成效。上海科创产业聚集在集成电路、生物医药、人工智能三大先导产业，电子信息、生命健康、汽车、高端装备、先进材料等六大重点产业，和下一代通信、类脑智能、新型生物制造、氢能高效利用、深海空天开发等未来产业。四是高层次科技创新人才加快集聚。聚焦三大先导产业和重点领域,出台专项支持政策,加快培养、引进和用好战略科学家、科技领军人才、高水平创新团队和高技能人才。2023年,上海新增两院院士18位、占全国新增院士总数的13.59%,每万名就业人员中研发人员数量达253人。研发投入强度达4.4%,高新技术企业2.4万家。① 2023年,上海对青年科技人才培养力度不断加大,海外高层次人才引进稳步推进,外国人才数量和高端人才总量均居全国第一。

上海科技创新建设取得了一些成效,还需要在以下方面加强建设,早日让上海成为真正的科技创新中心。

一是体制机制创新是上海建设全球科技创新中心的关键,也是目前的突出障碍和瓶颈所在。关键要打破现有产学研分割、资源分散、管理僵化的体制机制,建立产学研用一体化、符合科技创新规律的体制机制,最大限度激发创新活力。持续壮大在沪国家实验室体系、高水平科研机构、高水平研究型大学、科技领军企业这四支力量。加快国家实验室体系建设,建强做优高能级创新平台,布局建设新一批重大科技基础设施,培育和做强一批引领前沿科技方向的世界一流新型研发机构。支持高水平研究型大学发展,鼓励开展重大科学问题带动的跨学科基础研究和应用基础研究。大力培育科技领军企业,鼓励科技领军企业强化整合创新链和产业链的能力,促进产学研用深度融合。加快构建企业主导的协同创新体系,从政府主导、高校和科研机构为主、企业参与的模式,转变为企业主导、院校协作、成果分享的模式,让企业真正成为研究开发的主体,形成政产学研用紧密合作的创新链条,政府要从选拔式、分配式扶持向普惠式、引领式转变。

二是坚持以强化创新策源功能为主线。通过完善战略科技力量建设运行机制、健全基础研究投入和支持机制、构建关键核心技术攻关新型举国体制、加强多学科协同创新等,使上海努力成为全球科学

---

① 上海市科学技术委员会:《2023上海科技进步报告》,2024年4月9日,https://stcsm.sh.gov.cn/newspecial/2023jb/list.html。

新发现、技术新发明、产业新方向、发展新理念的重要策源地。以推动人类表型组研究为例。人类表型组是一个典型的跨领域、多学科交叉的大科学,涉及理工农医文、产学研用金等多方面。通过精密测量从基因到表型的多组学数据、精细分析这些数据之间的强关联,精确阐明从健康到病变的机理机制,再到精准调控亚健康、衰老和疾病,做实生命医药领域的原始创新策源地,对未来科技变革具有前瞻性、先导性和探索性意义。人类表型组研究围绕"始终保持上海的国际引领地位"的目标,按照"确保引领、抢先收获"的总体思路,以"创新策源"与"示范推广"的两条主线,加快建设具有国际影响力的表型组相关工作,打造表型组科技创新示范生态,提出上海经验、上海方案。

三是聚焦重点产业发展。瞄准世界科技前沿,持续加强基础研究、应用基础研究和核心技术攻关,加快国家实验室建设。科技创新既要做时间的朋友,也要加大科技攻关力度,聚焦集成电路、生物医药、人工智能等战略性新兴产业和优势领域,助推这些领域迈向全球创新链、产业链、价值链高端。攻克一批材料类、装备类和先进工艺类关键核心技术,搭建一批研发试验和产业化基地平台,开发一系列技术领先、面向产业化的先进制造和高端装备新产品,支撑引领重点产业快速发展。加快突破一批关键核心技术,提供高水平科技创新供给,支撑引领产业高质量发展,努力成为"技术发明的第一创造者"和"创新产业的第一开拓者"。

四是完善多元化的创新投入。构建以财政投入为引导,企业、金融机构、社会资本共同投入的科技金融支持机制。促进长期资本与硬科技产业高度匹配、高效对接,引导天使投资人、创业投资机构、专业化技术转移机构等,投向底层技术和硬科技研发的本土初创企业,着力营造科学家敢干、资本敢投、企业敢闯、政府敢支持的氛围。

五是坚持把人才作为发展第一资源。以国际化的人才导向、更开放的人才政策、高品质的人才生态,不断造就战略性人才力量。培养集聚全球科技领军人才,聚焦"高精尖缺"实施海内外顶尖人才引育工程、科技领军人才队伍提升工程,优化人才分类评价机制和使用机制。

加快形成战略人才力量。完善青年科技人才培养体系,加强对青年科技人才的全周期、全链条培育,提高重大科技任务青年人才参与比例,加强基础研究后备人才队伍建设。提升外国人才服务水平,加大外国人才政策举措改革突破力度,集聚更多在沪外国科技人才。

六是深化"五个中心"和长三角合作建设。在经济中心的国际地位、金融中心的国际化水平、贸易中心的枢纽功能、航运中心的资源配置能力、科创中心的策源功能方面加强合作、深化突破。在长三角创新共同体建设、参与和发起国际大科学计划、引入高水平国际创新资源等方面的积极探索,构建完善双循环格局下的国内外合作机制。

(黄婷　当代上海研究所)

长三角 G60 科创走廊策源地松江
——推动高质量发展的鲜活样本和生动实践

长三角 G60 科创走廊创新研究中心

长三角是我国经济发展最活跃、开放程度最高、创新能力最强的区域之一,习近平总书记在深入推进长三角一体化发展座谈会上强调:"长三角区域要加强科技创新和产业创新跨区域协同。"早在2007年8月23日,习近平总书记在上海工作期间在松江进行调研时就指出,要"大力发展先进制造业,大力发展生产性服务业,推动与长三角周边城市的分工合作,不断提升产业能级和水平"。

上海市松江区完整、准确、全面贯彻新发展理念,推动科技创新与产业创新跨区域协同和深度融合,携手长三角城市共建长三角 G60 科创走廊,已从传统的农业县、房地产占"半壁江山"的近郊区跃升为有力服务支撑国家区域重大战略的创新策源地。松江的生动实践为践行习近平经济思想、实施创新驱动发展战略、推动高质量发展提供了鲜活样本和深刻启示。

一、秉持新发展理念不动摇,松江发展实现新跨越

松江区位于上海市西南部、黄浦江上游,被誉为"上海之根、沪上之巅、浦江之首、花园之城、大学之府"。2023年,全区总面积604.64平方公里,常住人口197.35万人,现有市场主体24.98万户,建有包括13所高校的全国最大大学城,是上海高端制造业主阵地和国际科创中心建设的重要承载区。近年来,松江深入贯彻新发展理念,谋划并扎实推进长三角 G60 科创走廊建设,实现了脱胎换骨的转型跃升。

（一）从传统农业区转型为长三角科创策源地

松江曾是上海的农业大区，粮食亩产、粮食亩产量、生猪存出栏量多年来位居上海各区第一，家庭农场制改革走在全国前列。改革开放后，松江快速发展，从农业大县转型为工业大区，1994年，上海第一张市级工业区牌照颁给松江，松江工业区的工业产值一度占到上海的1/7，进出口额占到上海的1/5。20世纪90年代，G60高速公路开通，松江进入快速城镇化和工业化时期，但随着原材料、劳动力、土地、环境等成本上升，劳动密集型企业处于产业价值链中低端的弊病凸显，到2016年，松江建设用地空间资源已经基本布满，产业升级面临巨大压力。面对瓶颈制约，松江秉持新发展理念，从土地要素驱动发展转为科创要素驱动发展，把以先进制造业为支撑的实体经济发展放在首位。G60高速公路松江段沿线既有全国知名的大学城，又是面向长三角以产业链和创新链为纽带的制造业重镇，背靠上海全球卓越城市"五大中心"建设，具有产业配套基础和资源要素禀赋。在九亭"五违四必"等攻坚战的实践过程中，松江上下逐渐形成建设G60科创走廊的共识。

2016年5月24日，正值上海国际科创中心建设2周年之际，松江启动建设G60上海松江科创走廊，沿G60高速公路40公里松江段两侧，依托制造业基础和大学城资源，对产业结构进行了科学布局和深度调整。启动G60上海松江科创走廊建设当年，地方财政收入增长33.2%，被国务院认定为全国供给侧结构性改革典型案例，被增列为上海科技创新中心的重要承载区。如今，在严格保护基本农田基础上，松江已成为先进制造业强区、上海高端制造业主阵地。"十三五"地方财政收入年均增长12.4%，地区生产总值年均增长10.5%，（地区生产总值）总量跃升到全市前列，制造业税收替代房地产占主导地位。2023年，全区规上工业企业数、产值规模、进出口额、工业固定资产投资、专精特新企业数、高新技术企业数均位居全市前列。杭州、金华、嘉兴、湖州、宣城、上饶、池州等18个城市在松江建设科创飞地，策源地"引力场"效应不断显现。

（二）从秉持新发展理念的地方探索上升为服务国家战略的重要平台

自2016年启动建设G60上海松江科创走廊以来，松江按照习近平总书记"推进与长三角周边城市的分工合作"的指示要求，以更高站位、更广阔视野，服从、服务于长三角一体化国家战略。2017年7月12日，松江、杭州、嘉兴三地在沪签订《沪嘉杭G60科创走廊建设战略合作协议》，2.0版"沪嘉杭G60科创走廊"正式开启。随着长三角一体化进程的加速与深化，2018年6月1日，在长三角地区主要领导座谈会期间，上海、嘉兴、杭州、金华、苏州、湖州、宣城、芜湖、合肥九城市携手共建3.0版长三角G60科创走廊。2019年5月13日，中共中央政治局会议审议通过《长江三角洲区域一体化发展规划纲要》，提出"持续有序推进G60科创走廊建设"。2020年，科技部、国家发展改革委等六部委联合制定印发《长三角G60科创走廊建设方案》，明确"中国制造迈向中国创造的先进走廊、科技和制度创新双轮驱动的先试走廊、产城融合发展的先行走廊"的战略定位。2021年3月，"加快建设长三角G60科创走廊"被写入国家"十四五"规划和2035远景目标纲要。2022年，《习近平经济思想研究》创刊号刊发《科技创新与产业发展深度融合的鲜活样本——长三角G60科创走廊策源地的实践与启示》，作为高质量发展地方经验进行推介。2023年12月，长三角G60科创走廊再次写入中共中央文件《关于支持上海加快"五个中心"建设的意见》，赋予新的重大使命。2024年5月，新修订的《上海市科学技术进步条例》明确要求："推进长三角G60科创走廊等重要承载区建设，联合开展重大科学问题研究和关键核心技术攻关。"G60科创走廊从1.0版的高速公路时代迈向3.0版的高铁时代，从松江城市战略迈向长三角一体化发展国家战略。

九城共建以来，GDP总量占全国比重上升到1/15，市场主体数量从1/18上升到1/15，高新技术企业数从1/12上升到1/7，科创板上市企业数超过全国1/5，研发投入强度均值达3.77%，战略性新兴产业增加值占GDP比重从11.5%上升到15%，拥有全球高被引科学家占全国11.6%,成为推进长三角一体化高质量发展的重要实践区,走廊沿线形成了长三角区域发展活力最大、开放程度最高、创新能力最强的城市群,成为科创驱动"中国制造"迈向"中国创造"的示范样板。

(三)从引进模仿的跟跑者转变为自主创新的领跑者

过去,松江外向型经济占主导地位,企业自身研发、销售"两头在外",利润被挤占的根源是自主创新能力不足。在长三角G60科创走廊引领下,松江全社会研究与试验发展(R&D)投入强度由"十二五"末的3.58%上升到"十三五"末的4.59%,再到2022年度的6.79%,创历史新高,其中超过91.4%的研发投入来自市场主体。到2023年底,全区集聚国家级专精特新"小巨人"企业83家、市级专精特新企业1219家,总量保持上海各区第二;新认定高新技术企业910家,总量2650家,位列全市第三。工业战略性新兴产业总产值占规上工业总产值比重、高技术产品出口额比重均为全市最高。2023年,松江市级高新技术成果转化项目立项99项,排名全市第二。全区有效专利总量9.26万件,较"十二五"末同比增长355%;每万人口有效发明专利拥有量64.55件,较"十二五"末同比增长192.7%;院士(专家)工作站97家,位居全市前列。聚焦"卡脖子"技术突破攻坚,发挥头部企业引领,"0到1"重大自主创新"核爆点"持续迸发。在集成电路领域,450毫米集成电路用晶体生长系统、全球最先进的ALD光伏工作母机、ARF/KRF高端光刻胶核心技术、CMOS图像芯片、物联网和无线通信模组等在"缺芯"寒潮下扛起国产替代重任。在生物医药领域,同联制药1类抗生素新药可利霉素正进行降低新冠病毒复制率等临床试验,瑞钼特高端影像CT设备球管用钨铼合金靶材、复宏汉霖小细胞肺癌单抗药、华道生物CAR-T肿瘤细胞免疫全自动生产设备等填补了国内空白。在脑科学和人工智能领域,生物节律紊乱体细胞克隆猴、高比例胚胎干细胞嵌合体猴和强迫症样猕猴技术领跑全球,腾讯G60智算中心算力+模型大幅提升GPU利用率和大模型通信性能。在新能源领域,正泰集团形成光伏发电、液冷储能、智能控制系统等核心产业优势,多家清洁能源民营企业技术和工作母机全球领先并主动服务"一带一路"建设。在重大装备和新材料领域,新型航空辅助发动机列装军民航空重大装备,大型船舶发动机曲拐实现对国外竞争对手反超。在卫星互联网领域,成功发射"松江号"和"G60号"等实验卫星并组网,长三角首个卫星制造灯塔工厂格思航天于2023年12月投产下线,加快实施"G60星座",打造低轨道、高通量多媒体卫星网络产业集群。

二、聚焦国家重大战略任务,为培育发展新质生产力提供新动能

松江能够在不长的时期内,实现重大转型跃升,根本在于学习践行习近平经济思想,并将其贯彻落实到经济社会发展的全过程和各领域。

(一)完整准确全面贯彻新发展理念,坚定不移深化供给侧结构性改革

松江始终秉持新发展理念,实施供给侧结构性改革,大刀阔斧推进转型发展,坚定地主动放弃"赚快钱"的房地产业,优先满足先进制造业项目用地,当年度就将1 000余亩房地产用地调整为工业用地。在产业用地逼近"天花板"的形势下,对低效空间做减法,以"三去一降一补"淘汰4 167家落后产能企业,通过违法用地整治等举措腾出近7平方公里土地。同时,敢破善立地打造产城深度融合示范区、城市有机更新实践区,着力建设长三角G60科创走廊的创新策源地,一大批先进制造业百亿级项目纷至沓来,初步实现经济脱虚向实、转型升级,开启了长三角G60科创走廊供给侧结构性改革新篇章。松江被国务院评为2016年供给侧结构性改革典型案例,获评全国质量强市示范城市。2021年11月,由松江牵头制定的长三角G60科创走廊高质量发展指标体系正式发布,围绕五大发展理念设定了85项评估指标,客观评估长三角G60科创走廊的发展成就和发展水平。

(二)强化科技创新策源功能,加快关键核心技术颠覆性突破成链

松江坚持创新第一动力,牢牢把握技术逻辑、市场逻辑、治理逻辑的有机统一,把科创驱动作为长三角G60科创走廊高质量发展的根本命脉,瞄准集成电路、脑科学、人工智能等前沿领域,选取39个"卡脖

子"工程和颠覆性技术作为重点突破方向,加大企业研发投入补助,形成"从 0 到 1"的创新突破。此外,松江加强资源聚集和先期培育,大力招引科研机构来松共建重大创新平台、新型研发机构等,争取国家重大改革、重大平台、重大项目在松江先行先试、落地落实,现已集聚G60 脑智科创基地、航空测控技术研究所、免疫 T 细胞实验室、腾讯优图实验室和科恩实验室、正泰石墨烯新材料创新中心等高水平重大科技创新平台。2023 年以来,G60 脑智科创基地成功构建全球首例高比例胚胎细胞嵌合体猴,松江获市级以上科技奖励 33 项,克隆猴、嵌合体猴、大硅片、光刻胶、新型航空发动机、G60 星座等 12 项科技成果参加上海科技创新成果展。聚焦"从 0 到 1"全过程创新,制定实施《长三角 G60 科创走廊联合攻关行动方案》,开展任务型、体系化关键技术联合攻关,松江保隆霍富(上海)电子有限公司等一批攻关项目获 2023年度长三角科技创新共同体联合攻关立项。做实 G60 创新研究中心,成立并实体化运作 G60 知识产权保护协作中心,推动高新技术企业互认,科技成果拍卖常态化,让科创要素自由流动。

(三)着力推动科创与产业深度跨区域协同和深度融合,加快培育和发展以科技创新为引领的新质生产力

围绕发展新质生产力布局产业链,推进战略性新兴产业集群发展,是松江创新驱动发展的重要路径。超前布局 AI 大模型、工业互联网、卫星互联网、算力、新型储能等新领域、新赛道,积极探索建立研发、中试、量产等环节高效衔接的科创产业融合发展体系。根据产业发展基础,松江形成"一廊九区"产业地图,聚焦人工智能、生物医药、集成电路等"6+X"战略性新兴产业,制定"精准招商"路线图,高效推进海尔、腾讯、正泰智电港、格思航天等一大批制造业重大项目和头部企业落地。人工智能领域聚集腾讯智算中心、科大智能、伟本智能等企业 900 余家,集成电路领域聚集上海超硅、艾深斯、豪威、移远、众辰电子、合晶硅等重点企业 100 余家,生物医药领域集聚复宏汉霖、同联制药、昊海生科、梅斯医学等相关企业 3 000 余家,新能源领域集聚了正泰电气、襄泰储能、保隆汽车等一大批优秀企业。

松江坚持"以数字化转型赋能产业发展和城市治理"的发展理念，先行先试打造G60科创走廊数字经济创新型产业集群。以卫星互联网产业为例，推进总投资超300亿元的"G60星座"，发挥国家级新型工业化产业示范基地的优势，长三角首个卫星制造"灯塔工厂"建成启用，打造"G60星链产业园"，以卫星产业制造业引领带动区域传统制造业升级迭代。加快建设国家级工业互联网示范基地、国家首批先进制造业和现代服务业融合发展试点区、全国首个"AK工程"产业基地。

建立并不断深化"央地联动、省市指导、区域协同"的工作机制，强化产业链、创新链、供应链跨区域延伸，是松江服务科技和产业创新跨区域协同的重要方式。成立国家层面推进G60科创走廊建设专责小组，实体化运作长三角G60科创走廊联席会议办公室，形成国家战略牵引、中央部委和省级政府指导、地方政府积极合作的跨省域科创廊道建设模式。构建九城市"联盟＋基地＋园区＋基金＋平台"跨域合作体系，形成"1＋7＋N"产业联盟体系，在工信部、科技部指导下深入实施《长三角G60科创走廊"十四五"先进制造业协同发展规划》，聚焦战略性新兴产业和"专精特新"中小企业成立16个产业（园区）联盟、13个产业合作示范园区。认定、培育九城市一批龙头骨干企业，发挥垣信科技、格思航天等企业"头雁效应"，提高产业链协同水平。

（四）聚焦精准制度创新和有效制度供给，涵养市场化、法治化、国际化一流科创生态

松江着力破除深层次体制机制障碍，不断降低制度性交易成本，联动九城和专业机构发布实施G60科创生态宣言，携手构建新发展理念指引下的科创生态，市场化、法治化、国际化的科创生态，开放共享、共建、共生的科创生态，具有持续科创动力的科创生态以及具有更优营商环境的科创生态。

一是坚持以市场化为鲜明主线。发挥市场对要素资源配置的决定性作用，服务构建全国统一大市场。积极争取并贯彻落实央行"28条"等系列金融支持政策，以创新主体云、基金云、互联网云"三朵云"激发市场的巨大潜力和市场主体的创新能力。在科技部指导下设立

长三角首支跨区域科技成果转化基金——长三角G60科创走廊科技成果转化基金,以金融赋能科技创新成果产业化项目化。构建亲清政商关系,持续开展"清风护航G60"专项行动。准确把握有为政府与有效市场的关系,率先建立跨省通办机制,发出全国首张跨省异地办理的工商登记执照,被国务院列为长三角政务服务"一网通办"首批试点,率先实现九城市89个综合服务通办专窗全覆盖和远程虚拟窗口上线,跨省通办事项超过190项,累计办件突破100万件。

二是坚持以法治化为基础保障。着眼协同立法,取得三省一市人大支持,《促进长三角G60科创走廊一体化高质量发展条例》被列入本届人大立法规划。实体化运作G60知识产权行政保护协作中心,发布重点商标保护名录,加速创新要素跨区域流动。九城市法院共同签署司法协作框架协议,启用G60知识产权检察保护中心、G60公共法律服务中心。2023年10月,《上海市促进长三角G60科创走廊发展条例》被列入市人大常委会未来五年立法规划,G60首次以人大立法在地方性法规里体现。

三是坚持以国际化为重要标准。松江多次代表上海接受世行营商环境测评,为中国排名大幅提升做出重要贡献。着眼国内国际"两个扇面",推动教育科技人才融合发展,出台并深化落实人才"1+10"政策,筹措推出1.7万余套人才公寓,留学生落户松江人数同比增长442%,外国高端人才和专业人才占外籍工作者之比为99.72%。加快建设高铁客运和国际物流多式联运的松江枢纽,深化落实G60九城市扩大开放30条,发挥中阿G60合作发展促进中心、上合示范区G60协同创新中心等国际化载体作用,3条中欧班列、1条中老班列共同服务"一带一路"建设。

三、把牢高质量发展新时代硬道理,为创新驱动发展战略提供新路径

2024年是中华人民共和国成立75周年,是实施"十四五"规划的关键一年,是习近平总书记对上海提出建设具有全球影响力科创中心

重大历史使命十周年,也是九城市共建共享长三角G60科创走廊并上升为国家战略重要平台六周年。松江创造性提出并持续推进建设面向长三角的G60科创走廊,开创了一条协同发展的新路径,取得的成绩不是个案,更不是"盆景",而是可以提炼出具有共性的、具有可复制推广价值的方法论。松江实践对我们有如下启示。

(一)坚决贯彻落实党中央决策部署,一以贯之推动新发展理念成为行动见之实效

松江始终把贯彻习近平总书记的一系列重要讲话精神作为根本来遵循,结合松江实际,探索习近平经济思想在基层系统集成、落地生根。松江的转型发展是在土地等资源紧约束下推进的,必须坚持供给侧结构性改革,以土地资源利用方式转变,向规划要品质、向存量要空间、向科创要动力,向质量要效益,提高全要素生产率。依托长三角高素质的劳动者、高性能的劳动资料和高品质的劳动对象,通过制度创新打破行政区划制约,以生产关系的优化组合形成G60新质生产力。长三角G60科创走廊取得高质量跨越式发展,其根本在于习近平经济思想的指引,在于新发展理念的真理力量。

(二)坚定大刀阔斧走出一条新路,必须以狠抓落实体现忠诚担当

在转型发展攻坚克难的关键时刻,必须振奋不畏艰险、敢闯敢试的拼搏精神,勇做新时代的不懈奋斗者。松江以伟大建党精神为源头,全区上下形成了"秉持新发展理念,改革辟路、创新求实,唯实唯干、拼搏奋进"的良好作风,披荆斩棘闯出了一条新路,以自身发展的确定性对冲外部环境的不确定性。充分发挥全面从严治党引领保障作用,坚持"狠抓落实就是忠诚担当",出台松江区干部工作"22条",注重在服务国家战略等一线考察识别干部。坚决整治形式主义、官僚主义问题,在全区干部中形成共识,必须增强越是艰险越向前的斗争意识,勇当科技和产业创新开路先锋。

(三)坚持鼓励、支持、包容创新,让创新之火在新一轮科技革命和产业变革中呈燎原之势

习近平总书记亲自提炼概括了"开放、创新、包容"的上海城市品

格,上海市委高度重视厚植城市精神品格,全力提升城市软实力,长三角G60科创走廊正是上海城市品格的生动体现。松江始终坚持营造鼓励大胆创新、勇于创新、包容创新的营商环境,让城市处处涌动创新创业的激情。依法依规鼓励、支持、包容创新,为企业创新主体提供更好的服务;强化改革创新,着眼产学研联接、产融联接、城市群联接,提高资源、资金、人才等要素流转效率;强化金融赋能,引导金融机构加大对实体经济,特别是小微企业、科技创新、绿色发展的支持,支持更多科技企业在科创板上市,推动科技成果加速向现实生产力转化;强化人才支撑,大力营造"识才爱才敬才用才"的良好氛围,让更多"千里马"竞相奔腾于长三角G60科创走廊。

新中国上海要素市场的
创立发展及演变

潘建龙

新中国上海要素市场已走过 30 余个春秋。回顾其创立发展,一路探索创新、砥砺前行,是怀念,更是为了更好地向前!保持浦东开发开放勇立潮头、大胆试大胆闯的劲头,保持要素市场活力常在、健康发展,更好地为上海建设"五个中心"服务,高质量完成党中央、国务院赋予上海的重要使命。

一、在香港,朱镕基发出上海建设要素市场先声

1990 年 4 月 18 日,党中央、国务院宣布同意上海开发开放浦东,一个多月后的 6 月 9 日,时任上海市市长朱镕基率领上海经济代表团莅临中国香港,进行为期一周的访问。6 月 13 日下午,朱镕基市长在香港富丽华酒店举行记者招待会。当有记者问跟厦门、深圳特区相比,浦东有没有更优惠的条件能够吸引外商投资时,朱市长回答:关于上海实行开放开发浦东,其特殊的政策与厦门、深圳相比,基本上差不多,但他认为特点有四个:一是要在浦东建立自由贸易工业区,以自由港为目标,实行商品、人员、物资、豁免关税和进出自由,同时允许外国商人在自由贸易工业区内进行转口贸易,他认为这个政策在目前中国已经存在的特区里还未有过;二是要引进外资银行,开放证券交易所,把金融搞活;三是对吸引外国企业家直接投资方面,也有一些改进的办法,那就是在老企业里面可以出让一部分的股份,同时也可以吸收以股票的形式来进行投资;四是在土地的有偿转让和开放房地产市场方面,也有一些灵活的政策。对于一些具体的政策,正在加紧制定,原

则上中央已经批准,具体的细则正在制定,准备在8月份公布。朱市长在香港的讲话引起极大反响。特别是开放证券交易所,搞活金融的设想,让部分先知先觉者,意识到上海将要冲破计划经济束缚,向社会主义市场经济迈进。仅仅过了5个月,朱镕基的香港讲话余音犹在,关闭了整整40年的上海证券交易市场,在浦东开发开放的大潮中重新开启。11月26日,新中国内地第一家证券交易所——上海证券交易所(以下简称"上交所")批准成立。

由于受当时浦东城市基础设施限制,上交所只能选择与浦东一江之隔、位于外滩外白渡桥北塊的浦江饭店(黄浦路15号原礼查饭店)底层开张经营。1990年12月19日上午11时,新中国证券交易所的第一锣声终于在黄浦江畔敲响。在500名海内外来宾的见证下,上海市副市长黄菊、香港贸发局主席邓莲如、国家体改委副主任刘鸿儒共同为"上海证券交易所"揭牌。来自上海、山东、江西、安徽、浙江、海南、辽宁等地的25家证券经营机构成为交易所首批会员。

朱镕基市长在证券交易开业典礼上,用汉、英两语做了简短的演讲:"它的成立表明我国正在坚定不移地继续奉行改革开放的政策;表明我们正在采取各种有效措施,把中央关于开发浦东、开放浦东的战略决策付诸实施;表明我们在振兴上海、开发浦东的过程中,十分重视发展金融事业,采取国际上通用的形式,利用证券筹措资金,为社会主义建设服务。"

是日,"电真空"成为上交所的第一笔交易。当日上市交易的豫园商场开盘价为470.7元,位于浦东川沙镇的申华电工联合公司开盘价为327.9元、延中实业开盘价为176.5元,飞乐音响开盘价为305元,电真空开盘价为365.7元。除以上5股外,另有爱使股份、飞乐股份、浙江凤凰在上交所上市交易。

浦东开发开放的浪潮终于推开了新中国要素市场的大门!若干年后,上交所开业之日上市的八只股票载入中国金融史册,并被称为新中国资本证券市场的"老八股"。

1992年2月20日的上交所再次被人铭记。这天上午9点30分,新中国成立后首次向境外发行的上海真空电子器件股份有限公司人民币特种股票(简称"电真空B股")在上交所挂牌上市。电真空B股发行价每股70.871 7美元,开盘价每股为71美元。是日,收盘价88.50美元。B股的上市标志着中国资本市场开始向着国际化演进。

二、两年里,诞生7家商品期货交易所

上交所的成功开业使要求进一步开放生产要素市场的呼声越来越高。政府和企业联合行动,积极寻找突破口,重新将上海打造成中国乃至远东地区的经济金融中心。

1992年5月28日,上海市政府联合国家物资部共同组建的中国第一个国家级期货市场——上海金属交易所(以下简称"金属交易所")在中山北路2550号的物资贸易中心大厦敲响开市锣声。一分钟后,第一笔生意成交。上海市金属公司以每吨16 500元的价格,买进中国有色金属总公司卖出的500吨电解铜。

出席当天开业仪式的除了国家物资部部长柳随年、上海市副市长顾传训和国务院部、委、办有关领导外,还有美国芝加哥期货交易所第一副董事长兼美林期货公司副总裁劳伦斯、伦敦金属交易所董事潘伯顿,以及美、英、德、日等20多家全球著名期货市场、财团和大企业高管。

在金属交易所开业庆典上,柳随年强调:"成立上海金属交易所是贯彻党中央、国务院战略决策,开发浦东、振兴上海的一项有力措施。上海交易所的成立,标志着我国在建立规范化的生产资料市场方面又迈出了新的重要的一步。这对推动物资流通体制改革具有十分重要的意义。"

金属交易所注册地址为浦东张杨路550弄6号。开业初期交易时间为每周一、三、五开市,分设上午市和下午市,每周二、四、六结算。首批获准上市交易的品种有铜、铝、铅、锌、锡、镍和生铁。1992年至1993年的中国上海期货市场可谓热浪滚滚,争先恐后。事隔20多年后,我们在断断续续的回忆中,还能感受到当年那波创办期货市场的

热度,那种一往无前,只争朝夕,敢为人先的精神!那是真正的"先行者""排头兵"!

继金属交易所开业不满7个月,同年12月6日下午,上海煤炭交易所在大柏树开张。煤炭交易所由中国统配煤矿总公司、国家物资部和上海市政府联合组建。首批72家会员单位集中了全国重点煤炭生产企业、煤炭流通企业和大型煤炭用户。交易所采用公开喊价和计算机自动撮合的交易方式。上市煤品有烟煤、无烟煤和洗精煤。在初创阶段,以现货合约和隔月合约交易为主,允许中、远期合约有规则地转让。交易所永久性场所计划设在还在建设中的位于浦东的中国煤炭大厦,开业时暂借大柏树沪办大厦2号楼7楼经营。当天,经过90多个回合,首批成交43笔,成交总量26.35万吨,成交总额1.078亿元。首笔交易由长城矿业开发集团公司卖出大同煤9 000吨,上海燃料公司以每吨163元买进。进入1993年,2月的春风裹着冷气,然而还是没有阻挡住上海人创办要素市场的脚步。2月26日上午9时30分,位于上海苏州河北岸恒丰路桥堍(恒丰路1号)的上海农业生产资料交易所开张营业,注册地址也为浦东。国家商业部副部长马李胜敲响交易第一锣。4秒钟后,第一笔交易达成。上海市农资公司以每吨1 040元价格购进江阴市农资公司抛出的尿素200吨。上海农业生产资料交易所由上海市政府与商业部联合组建,主要业务为组织经营者和经纪人进行符合国际规范的农资商品的期货交易,当天开业时共设50个会员席位,会员单位34家。会员单位不仅有自营权,而且拥有现、期货交易业务代理权。上海农业生产资料交易所开业才满一个月,经国家化学工业部和上海市政府同意,由中国化工供销总公司、上海市化工局、中达化工联合总公司和中国化工供销华东公司联合筹建的上海化工交易市场(当年8月17日,更名为上海化工商品交易所),于3月27日上午9时50分鸣锣开市。7秒钟后,计算机交易系统显示第一笔生意成交:中国农村发展信托投资公司以每吨8 888元抛出的50吨5号天然橡胶找到了买主。稍后,上海恒通实业股份有限公司以每吨7 714元的价格买入了100吨3号泰国进口橡胶。

上海化工交易市场面向全国,采用集中交易、分开竞价、统一结算形式,上市品种当时暂定为天然橡胶、合成胶、纯碱等8种,另有苯酚、甲醛等30种定为自由交易品种。开业当天成交各类化工产品金额达1 380.78万元。开业之日,已有国内具有相当规模和影响力的43家化工生产企业、流通单位、外贸公司和金融机构成为化工交易市场的第一批会员单位。紧接着在5月27日,由中国石油天然气总公司、中国石油化工总公司和上海市政府共同发起组建的上海石油交易所在上海漕宝路38号华夏宾馆内挂牌开业。交易所设有61个席位,计算机系统可以提供迅速、准确、方便的交易和结算,通信系统由200门专用小交换机和104条直拨线路组成,可以及时提供世界各地的行情和石油信息。上市交易品种为原油、汽油、柴油及其他石油产品,其中原油和柴油为期货上市品种。

上海石油交易所首批吸收在全国实力雄厚、影响力强的会员单位49家,包含大庆、胜利、辽河等13家原油生产企业,茂名、齐鲁、上海高化等14家大炼油厂,以及22家石油销售及风险投资企业。一个月后的6月30日,在经过一年半的筹备后,由国家商业部与上海市政府联合组建的上海粮油商品交易所(以下简称"粮油交易所")在南苏州河路1455号的良友饭店内开业。粮油交易所注册在浦东沈家弄路(后改名商城路)199号良友大厦。早在1991年12月,国家商业部就与上海市政府签订了筹建粮油交易所的合作意向书。

刚开业的粮油交易所借鉴国际规则,结合中国实际,实行会员制,公开竞价进行期货交易,设立涨跌停板制度、保证金制和统一结算制等制度,并采用当时先进的电脑集中竞价、无纸化交易方式。开业时粮油交易所有会员单位43家,分别来自全国14个省、市(直辖市)。首批上市的期货标准合约有白小麦、红小麦、大豆、玉米、籼米、粳米、豆油、菜油八大品种。

隔天的《新民晚报》第二版登载了粮油交易所开业的情况:"设在上海良友饭店的交易大厅,58个席位上分别安置着一台电脑终端及一红一白两个电话机。昨天上午9:30时,上海市副市长孟建柱敲响铜锣,拉开了开市交易的帷幕。瞬间,大型电子显示屏上和各交易席位上的电脑终端,同时显示出 8 个大类 39 个粮油期货上市品种及开盘指导价。红马甲们眼睛注视着荧屏,手按键盘,熟练快捷地输入交易指令。开盘一分钟许,四川嘉粮企业(集团)股份有限公司与中国农村发展信托投资公司以每吨 777 元价格对 1993 年 12 月份期货玉米达成开市第一笔交易。下午 3:30 时,收盘铃响。交易结算统计表明:开市第一天,总成交 5 164 手,成交总金额 4 189.90 万元。"

  11 月 18 日,由上海市政府和国家建筑材料工业局联合、上海市建委和上海市建材局负责筹建的上海建筑材料交易所开业。翻开 1993 年 11 月 19 日的《解放日报》,我们还能读到上海建筑材料交易所开业的新闻。"开市以后,买卖双方纷'抢跑道',第一秒钟成交 3 笔,第一分钟成交 8 笔,第一个交易日交易额达到 7 440 万元。其中第一笔生意由中国东方航空期货经纪公司(筹)和中国光大信托投资公司上海分公司卖出与买进。"开业初期,上海建筑材料交易所主要有水泥、线材、胶合板等期货品种和玻璃等中远期现货合同转让交易业务,有来自东北、西南、中南、华东和上海市的会员单位 59 家。

  至 1993 年末,浦东开发开放政策东风劲吹,加之只争朝夕唯恐落后的精神,上海先后创办了金属、煤炭、农资、粮油、石油、化工、建材 7 家期货交易所,其中 1993 年一年内就成立 5 家。正如某些经济学家当年所说的那样,如果说 1991 年的上海是"股票年",那么走上社会主义市场经济"快车道"的上海的 1993 年无疑是"期货年"。1993 年末,7 家交易所交易金额超过 3 700 亿元,改变了以往单纯依靠计划来配置生产要素的传统模式,为上海确立社会主义市场经济体制奠定了基础。

  上海毕竟是上海,并未仅仅满足于资本金融领域的证券、商品期货市场的建立。在即将进入 1994 年的最后两天,也就是 1993 年 12 月 30 日,由上海市政府与国家科委联合创办的国家级上海技术交易所,在上海中山西路 1525 号的科技大楼内成立运营。开业当天成功签约 8 个技术合同,合同总金额为 2 295 万元,其中华东理工大学技术物理化学研究所与山西阳泉市磁粉工程筹建处签订的年产1 500吨超细录音、录像磁粉制备技术的合同金额达到1 200万元。技术交易所实行会员制,开业时已拥有会员单位81家,储存可供检索的各类信息3 000余条,初步具备了技术汇集、发散,面向全国的双向信息交流和导向功能。1994年,创办要素市场的热度依然没有褪去。1月7日,上海市政府批准成立上海城乡产权交易所,并作为1994年的1号批复文件下达。4月20日,上海城乡产权交易所(1996年3月26日,该所重组建立上海产权交易所)正式对外开业交易。是日,交易所推出转让交易企业220家,包括本市产权转让企业120家和全国10多个省市推出的100家外省市产权出让企业。220家企业转让资产总值近20亿元。

城乡产权交易所实行会员制。在产权交易中,设立产权经纪中介机构,即交易所吸收一批经纪会员、组建产权经纪公司,专门从事产权交易的中介委托代理业务。经批准首批进场的经纪会员和公司会员有38家。在交易手段上,采用具有20世纪90年代国际先进水平的多媒体计算机网络管理系统,并发挥信息中枢功能,与各会员单位、全国大中城市产权市场联网。1994年10月20日,由上海市政府和国家人事部共同组建的中国上海人才市场在中山西路620号成立开业。人事部部长宋德福莅临上海与上海市市长徐匡迪共同出席开业仪式。上海人才市场主要服务对象为经营管理人员、专业技术人员、回国留学人员和大中专毕业生。

三、整顿中,浦东成为中国要素市场重镇

商品期货市场的建立使上海出现一批新兴的投资者。除国有企业、三资企业、私营企业以及金融机构外,一批个人投资者也坐进了期货交易室,成为沪上先行的专业期货"炒手",捞到了人生的"第一桶金"。期货交易以"挡不住的诱惑",开始闯入上海人的日常生活。然而,由于期货市场迅猛发展,开始出现一些问题。进入1994年,期货市场开始清理整顿。当年10月,中国证监会发出通知,批准全国11

家交易所为我国试点期货交易所,其中包括上海金属交易所、上海粮油商品交易所,上海煤炭交易所因无业务量,已经先期停止期货交易业务;农资、石油、化工、建材4家交易所合并成立上海商品交易所。

1995年1月16日,上海商品交易所举行首届会员大会,启动筹建工作。在近半年的筹建过程中,在不间断交易、不影响会员利益的前提下,把原4个交易所各自独立的交易结算系统平稳过渡到新的商品交易所交易结算系统中。同年4月,中国证监会发文,批准上海商品交易所为我国试点期货交易所。同年6月5日,商品交易所在漕宝路38号(华夏宾馆)挂牌开业,首批推出胶合板、天然橡胶、聚氯乙烯3个上市品种。其时,商品交易所有会员单位271家,交易席位255个,规模在国内同类商品期货交易中居领先地位。至1995年末,粮油交易所累计交易额7 320.95亿元,金属交易所累计交易额15 756.4亿元。鉴于浦东基础设施逐步完善和建设金融中心的需要,1996年5月初,在上海市浦东开发领导小组第二次会议上,中共上海市委、市政府做出决定,要求位于浦西的粮油、金属、证券、产权、人才等生产要素市场,于1998年底前先后迁入浦东。1996年11月18日,上海产权交易所率先从浦西迁至浦东新上海商业城乐凯大厦。12月18日,粮油交易所从南苏州路1455号迁入新上海商业城良友大厦,并于12月30日下午2时40分开业。上海市市长徐匡迪在粮油交易所东迁仪式上敲锣开市。

1997年2月28日,上海市房地产交易中心在浦东陆家嘴房地大厦(南泉北路201号)正式挂牌开业。同年12月19日,在上交所成立7周年之日,从浦西迁入浦东南路528号上海证券大厦后,9时30分,上交所正式开业。当日,邯郸钢铁股份有限公司成为上交所在浦东开业后上市的第一只新股。上交所交易大厅面积3 682平方米,拥有交易席位1 608个,电脑交易每秒钟速度可高达5 000笔。

1998年8月18日,上海商品交易所从漕宝路迁入浦东福山路455号新建的商品大楼(后改名全华信息大厦)。迁入浦东的商品交易所由1.9万平方米的交易办公楼和1.6万平方米的会员商务楼两部分组成。交易大厅拥有500多个席位,配备先进的计算机交易和信息通信系统。该系统包括楼宇自动化系统(BA)、通信自动化系统(CA)和办公室自动化系统(OA)。是年成交合约451.5万手,成交金额348.47亿元。其中天然橡胶391万手,成交金额308.93亿元;胶合板60.5万手,成交金额39.54亿元。年底,上海商品交易所有会员168家。

在要素市场大举迁址浦东之时,上海期货市场面临再次整顿规范。根据中国证监会要求,上海金属交易所、上海商品交易所、上海粮油商品交易所合并筹建上海期货交易所(以下简称"上期所")。1999年5月4日,新建的上期所开始试运营。1999年12月26日,上期所召开第一次会员大会。次日,上期所首届理事会第一次会议召开,标志着上期所合并组建工作完成。上期所位于浦东浦电路500号新建的上海期货大厦内。当年上市交易品种为铜、铝、天然橡胶3个期货品种。经过两次整顿与重组,上海的商品交易所由7家整顿为3家,再由3家合为1家。时至今日,还有多少人记得南苏州路上的良友饭店、中山北路的物资贸易大厦曾经的荣耀,恒丰路1号与漕宝路华夏宾馆内紧张热烈的交易气氛?

然而,上海要素市场注定不会就此落寞。在即将跨入新世纪门槛之时,1999年12月28日上午,上海技术产权交易所成立开业,当天有16家全国高新技术企业挂牌上市,进行股权投资和产权交易,挂牌交易总额5.22亿元,当场签订交易协议和财务顾问协议共3项。全国27家投资公司、证券公司和企业集团成为技术产权交易所的首批席位成员,其中包括创投资金已达10亿元的上海创业投资有限公司。2000年10月,经国务院批准,浦东新区政府与陆家嘴集团力推的中国第一家钻石交易所——上海钻石交易所(简称"钻交所")在世纪大道88号金茂大厦创立。钻交所按照国际钻石交易通行规则运行,为国内外钻石商提供公平、公正、安全、封闭管理的钻石交易服务。机构设置为一个联合管理办公室、一个钻石交易所、若干个为交易所提供配套服务的机构和一批资质良好的钻石加工企业。同年12月,为钻交所配套的陆家嘴钻石加工区和龙华钻石加工区成立,从而形成"一所两区,东西联动"的经营发展模式。

2002年10月30日上午,经国务院批准设立的上海黄金交易所(以下简称"上金所")经试营业后正式开市,从而标志着我国主要金融产品交易市场全面建成。上金所实行会员制,开业时有会员单位108家,分别来自黄金生产、冶炼、首饰加工、进出口企业及商业银行,其中金融类14家、综合类77家、单项类17家。会员可以通过上金所交易系统,对标准黄金采取集中竞价方式,按照"价格优先、时间优先"的原则,采取自主报价、撮合成交、集中清算的方式进行交易。2003年,要素市场进一步改革开放。证券交易引进合格的境外投资者(QFII),开始为人民币国际化做准备。7月9日,瑞银集团瑞士银行通过申银万国证券公司买入宝钢股份、上港集箱、外运发展、中兴通讯四只股票,并一举成交,成为外资买入A股第一单。同年12月1日,中共上海市委、市政府联合批复,同意合并上海产权交易所和上海技术产权交易所,组建上海联合产权交易所。当年12月18日,上海联合产权交易所(2017年1月由事业转制为企业后,更名为上海联合产权交易所有限公司)正式揭牌运行。

2006年9月8日,经国务院同意,中国证券监督委员会批准的又一家要素市场——中国金融期货交易所(以下简称"中金所"),在上海浦东成立(今址杨高南路288号)。中金所由上海期货交易所、郑州商品交易所、大连商品交易所、上交所和深交所共同发起设立,注册资本5亿元。被选定为首个股指期货合约标的的沪深300指数是由上海和深圳证券市场中选取300只A股作为样本编制而成的成分股指数。

在历时三年多艰难曲折的筹备后,2010年4月16日,首批4个沪深300股票指数期货合约上市。首批上市合约为2010年5月、6月、9月和12月合约,挂盘基准价均为3399点。开业时,中金所累计开户9 137个,其中自然人8 944个,一般法人193个。2010年末,在中金所开户数6.04万个,按单边计算,总成交4 587.33万手,总成交金额41.07万亿元。2022年,中金所成交总额133.04万亿元。

随着时间的推移,上期所交易品种逐年增加。2004年8月25日,燃料油期货挂牌上市。2007年3月26日,锌期货挂牌上市。2008年1月9日,黄金期货挂牌上市。2009年3月27日,线材和螺纹钢期货挂牌上市。至此,在上期所上市的品种增加到8个,初步形成金属、能源、化工三大类及有色金属、黑色金属和贵金属等多序列交易品种。

2009年,上期所合约成交量在全球商品期货和期权市场中排名第二,其中铜期货合约成交量首次超过伦敦金属交易所,排名全球铜期货市场第一;锌、天然橡胶、燃料油、螺纹钢和线材等期货,同样成为全球期货市场第一;铝期货、黄金期货则分别在同品种期货市场排名中位居第二、第九。

2010年6月,集期货及金融衍生品开发、数据处理及灾备、科技创新及信息系统托管、相关会务及投资者教育等多功能于一体的现代化综合基地——上期所"衍生品开发与数据处理中心"(简称"张江中心"),在张江金融信息产业园区(乐昌路399号)竣工启用。同年10月21日,海关总署批复同意,在洋山对进口保税储存的铜和铝2个品种,通过上期所开展保税交割业务试点。12月24日,举行期货保税交割业务启动仪式,并为洋山港2家期货保税交割指定仓库揭牌。期货保税交割业务促进了上海商品期货市场资源的全球配置,强化了"中国品种"价格的国际影响力和话语权,推动了上海国际金融和航运中心的建设。

四、新时代,要素市场开启新征程

20世纪90年代,上海凭借浦东开发开放政策和那股由浦东开发所迸发出来的热情建设起以证券、商品期货为主的要素市场,并以此为基础形成外汇市场、银行同业拆借市场、票据贴现市场。2000年初,成立钻石交易所、石油交易所、金融期货交易所,最终在上海浦东形成了体系较为完备的金融与资本要素市场架构,走在了全国的前面。

进入新时代,上海依然没有停下前行的脚步,开启新征程,要素市场向着国际化又进一步。2016年4月,上金所发布全球首个以人民币计价的黄金基准价格——"上海金",提升了我国黄金市场的定价影响力;2018年9月正式挂牌中国熊猫金币,打通了我国黄金市场与金币市场的产品通道;2019年10月正式挂牌"上海银"集中定价合约,为市场提供白银基准价格。2022年全年,上金所成交总额8.52万亿元。

2018年3月26日上午,上期所以人民币计价的中国原油期货挂牌上市。中共上海市市委书记李强、中国证监会主席共同为原油期货交易敲锣开市,由此上期所交易品种由14个增加至15个。当日15时收盘时,主力合约SC1809成交4.07万手、成交金额176.40亿元;原油品种成交4.23万手、成交金额183.47亿元。中国原油期货的创新特点,在于"国际平台、净价交易、保税交割、人民币计价",从而标志着中国期货市场向国际化跨出了重要一步。2022年,上期所全年成交总额181.30万亿元。此后,上期所交易种品逐年增加。至2023年,(含上期能源)已上市铜、铝、锌、铅、锡、镍、国际铜、氧化铝、黄金、白银、螺纹钢、线材、热轧卷板、不锈钢、原油、燃料油、低硫燃料油、石油沥青、天然橡胶、20号胶、合成橡胶、纸浆、集运指数(欧线)等23个期货品种;铜、天然橡胶、黄金、铝、锌、原油、螺纹钢、白银、合成橡胶等9个期权品种,涵盖金属、能源、化工、服务等领域。其中,原油、低硫燃料油、20号胶、国际铜、集运指数(欧线)等5个期货品种和原油期权直接对境外投资者开放。

在上海期货市场不断扩容走向国际的同时,上交所也不甘人后,2018年11月5日,在首届中国国际进口博览会开幕式上,中国国家主席习近平发表主旨演讲,宣布在上交所设立科创板并试点注册制。翌年6月13日上午,在第十一届陆家嘴论坛上,刘鹤、李强、易会满、应勇共同为科创板开板。39天后的7月22日上午9时30分,首批华兴源创(688001)、睿创微纳(688002)、天准科技(688003)、新光光电(688011)、中微公司(688012)、心脉医疗(688016)、乐鑫科技(688018)、安集科技(688019)、南微医学(688029)、航天宏图(688066)、虹软科技(688088)、西部超导(688122)等25只科技创业股登陆上交所科创板挂牌交易。25家企业主要分布在生物医药、半导体、新能源等多个新兴产业领域。9家属于计算机、通信和其他电子设备制造业;8家属于专用设备制造业;3家属于铁路、船舶、航空航天和其他运输设备制造业;2家属于软件和信息服务业;1家属于有色金属冶炼和压延加工业;1家属于仪表仪器制造业;1家为通用设备制造业。科创板在上交所的正式开市交易,有力地支持了新一代信息技术、高端装备、新材料、新能源、节能环保以及生物医药等高新技术产业和战略性新兴产业的发展,推动了互联网、大数据、云计算、人工智能和制造业深度融合。2020年,上交所股票市场总市值首次超过日本,成为全球第三大证券交易所之一,排在纽约证券交易所和纳斯达克交易所后。2022年末,在上交所有上市公司2 174家,上市股票2 213只,股票市价总值46.38万亿元,全年股票成交总额96.26万亿元。

(潘建龙　浦东新区地方志办公室)

解放初期上海私营银行与人民银行关系研究
——以金城银行为例

彭晓亮

随着解放战争的进行,全国各大城市陆续解放,1948年12月1日,中国人民银行在石家庄成立。1949年10月1日,中华人民共和国成立,中国人民银行正式成为国家银行。国民党官僚资本银行由新政权接收,面对这一变局,私营银钱业尤其是颇具实力的私营大银行如何应对,就成了一个值得关注的命题。学界已有不少研究成果,其中以张徐乐的专著《上海私营金融业研究(1949—1952)》的梳理最为系统翔实。本文拟以1917年创立的私营金城银行为个案,主要依据上海市档案馆藏金城银行档案,并参考其他相关史料,着重从1949—1950年金城银行决策层与中国人民银行的往来函入手,解析双方如何处理新与旧、公与私的问题,试图考察私营银行与国家银行在上海解放后及中华人民共和国成立初期的互动关系。

一

1948年,因迫于蒋经国"督导经济"的压力,金城银行总经理周作民于11月12日晨匆匆离沪赴香港。自此,金城银行开始了周作民远在港岛遥控指挥行务的阶段。

1949年5月27日,上海解放。翌日,中国人民银行华东区行和上海分行同时发布通告:"本行奉中国人民银行总行令,于五月三十日成立。"5月30日,金城银行沪行开始增加办理代理人民银行收兑金圆券业务。31日,遵照上海市军管会金融处命令,金城银行报送了股东、董事、监事、高级职员名单以及存放款、汇款、保管箱户等账表。8月21日,中国人民解放军华东区司令部公布《华东区管理私营银钱业暂行办法》。金城银行按照该办法规定,将华东区内总分支行资本调整为人民币3.12亿元,于9月19日致函人民银行华东区行转呈华东区财政经济委员会汇报,并提交相关报表。

上海解放之初的1949年6月10日,人民银行华东区行发出通告,指定中国银行办理收兑银元事宜。11月1日,人民银行上海分行又委托交通银行、新华银行、四明银行、中国实业银行、中国通商银行五家代理汇兑业务,"从十一月一日起,凡人民银行通汇的地方,上述五个银行都接受汇款"。除中国银行之外,以上五家银行同时被人民银行授权代理汇兑业务,无形之中对金城银行等私营银行产生了极大压力。

根据形势变化和该行实际情形,金城银行适时进行了董事会和组织结构的系列改组。1949年7月18日,金城银行董事会在香港议决,通过常务董事会章程,钱新之为董事长,周作民为副董事长,王毅灵、卢作孚、杨济成、戴自牧、王轶陶为常务董事,徐国懋接任总经理,殷纪常任副总经理,并制定进行分支机构精简及调整的改制组织纲要,嘱徐国懋返沪后逐步实施。直至11月10日,徐国懋、殷纪常才正式就职。11月24日,董事会议决改总管理处制为总行制。12月13日,董事会又决议废止分区管辖制度。

时至1950年春,金城银行的经营情况已面临着极大危机。3月底存款骤跌,40亿放款呆账,以致陷于"每日轧缺,深感拮据"的局面。这时,鉴于如此窘困境地,人民银行及时施以援手,"所幸人行已洞悉艰难,对我行等皆特予协助"。5月3日,人民银行华东区行发布规定照顾同业困难六项办法的通函,对包括金城银行在内已困难重重的上海银钱业来说,无疑是雪中送炭。此时,金城银行香港分行出现资金周转问题,人民银行行长南汉宸当即嘱中国银行香港分行紧急援助港币500万元,作为一年定期存款。这一举动更令周作民及金城银行管理层深受感动。

为适应时不我待的情势变化,经过对现况和前景的综合研判,金城银行开始主动加强与人民银行的沟通联络。1950年7月初,金城银行常务董事卢作孚、杨济成与总经理徐国懋、副总经理甘助予四人,专程面见人民银行行长南汉宸,就金城银行的现状与出路问题提出初步方案,获南汉宸口头认可。同月5日,金城银行拟具了一份《金城银行拟请国家银行给予协助之具体意见》,提出"拟请准予接受国家银行之委托,并予以头寸上之融通,以及调拨之便利",旨在争取人民银行在内外汇兑业务方面的授权;并力陈过去工业投资较多,请人民政府在业务、资金和派驻董事等方面予以多方支持:在业务方面"务希国家银行对于工业贷款予以转抵押或贴现之支助,以求资金融通上之方便……"在资金方面"拟请政府收购一部分该公司之股份……希望国家银行予以临时之协助",在董事会方面"拟请政府推派董事一二人,担任一部分实际工作,一面既可沟通公私银行之关系,一面尚可深入指导,俾可收公私配合之效"。

二

1950年8月1日至10日,全国金融业联席会议在北京举行。人民银行行长南汉宸在会议报告中特意指出:"行庄要求政府接管属于依法应予没收之敌伪股份并指派公股董事者,有上海、浙兴、金城、大陆、中南、国华、聚兴诚、和成银行等八家,国家银行已予同意。"

而周作民回归内地之议,早在1950年3月初即已约定,却因故推迟了5个月。经过周作民本人意愿及各方努力,至当年7月,终于正式提上议程。7月15日,卢作孚致电香港,表示打算于8月5日至10日在北京召开金城银行董事会;21日,金城银行总行亦去电,请各董事赴京开会。7月25日,在香港召开的最后一次董事会上,周作民"深以此举对于本行前途重大,不再顾及病体,力疾北归,决于期前赶赴会议"。会议正式议决,允准钱新之辞去董事长,由周作民兼代董事长。经政务院总理周恩来关照指示,由时任中共香港工委书记、政务院接收在港资产代表团副团长张铁生具体安排周作民返回内地的行程。

1950年8月初,周作民踏上了由香港回北京的航程。其间,轮船于7日经过青岛,于9日抵达塘沽,换乘火车赴天津,最终于11日抵达北京。沿途都由政务院嘱托当地政府派人迎送,一路顺畅,令周作民备感礼遇。他抵京后,特地面谒周恩来道谢,并于22日致函张铁生表达谢意。周作民致张铁生的这封函,透露了具体的历史细节,特抄录如下。

铁生先生大鉴:

  香江聚晤,畅抱謦颏。握别兼旬,不尽依弛。频行承电政院沿途照拂,并饫郇厨,曷胜感刻。弟离港后,途中稍有风浪,贱恙频发,幸尚轻微。七日过青,登岸小憩,当晚返轮,翌晨续航。九日抵塘沽,因河水高涨,限制海轮驶入,遂改乘火车赴津,略作小歇。十一日晋京,一路舟车辗转,托庇安顺。复蒙政院分嘱沿途当局派员迓送,赐便实多,备荷优渥,惭感兼加。除面谒周总理道谢外,谨用函达,藉表谢忱。祗颂

时绥

周○○谨启

一九五〇年八月廿二日

甫抵北京,约在8月12日或13日,周作民即正式致函人民银行,说明金城银行的历史概况与困难现状,恳请予以关心扶持,给予一定任务量,"俾作交通银行之外围",希望国家银行授予内外汇经营代理权,并愿意人民政府持有金城银行股份,希望人民银行派驻常务董事与董事各一人。从该函的语气和内容看,周作民言辞恳切,同时表达了清晰的意图,原函如下:

  谨启者。敝行成立于公元一九一七年,其组设主旨,在培养人民蓄储,俾得汇集资金,以辅助农工商矿暨交通事业之发展。谬承社会见信,营业总量与年俱增,至一九三七年,各种存款已达贰万万元,约占全国银行存款总额十分之一。其营运之途,除予各业以融通外,大部供工矿交通之改进与兴建,并酌量直接投资于生产企业,及购买伦敦发行之我国铁路债券,以响应当前之需

要。抗战而后,存款数字表面迭增,实际大减。最近统计,不过折合战前四十分之一而已,加以铁路债券已无行市,投资股份又难流通,房地产业更欠灵活,资金顿见短绌,利润自无可言。

但敝行仍本三十余年来之初旨,秉其坚强之信心,不以资金萎缩而因循,如争取侨汇,扶持工业,无不悉力以赴,即购买折实公债,亦未尝后人,此皆仰体照顾之至意,期能配合国策,勉图报称,所虞者,克服困难,既非一蹴可几,而人事及营业费用,纵极节约,仍属庞大,思维利润之不可恃,开支之需要负担,平衡之望尚遥,积累之增靡已,杞忧在抱,至用彷徨。

月前敝行常务董事卢作孚、杨济成,总经理徐国懋,副总经理甘助予四君,曾于谒见南行长时,详为商讨,备蒙关注,即经缮具敝行业务概况及恳请给予协助之具体意见,在业务方面:(一)本行以往所营之业,颇类交通银行,希望就关系国计民生之民营事业,给予敝行一定之任务,俾作交通银行之外围,予以转抵押重贴现之大力支持;(二)希望加强内外汇业务,准予接受国家银行之代理,予以头寸调拨之便利。在行务方面,就政府执有敝行之股份,希望指派常务董事及董事各一人常川指导。

以上各节,亦荷鉴察,认为可行,用再函渎,务祈垂念敝行过去服务微绩,拥有巨数之资产,遭受暂时之困难情形下,迅赐核理,曷胜企幸。谨致
中国人民银行

谨启
一九五〇年

三

同年8月14日,人民银行行长南汉宸、副行长胡景沄致函金城银行董事长周作民,对周的请求做了简洁答复,表态非常明确。

作民先生:

来件阅悉。兹将所提问题复如下:

（一）金城银行股权中属于敌伪依法应予没收者，即由国家接收，并派陈穆、曾凌为临时董事。

（二）金城银行应尽量开展存、放、汇兑业务，人民银行在资金调拨上予以便利与帮助，各地人民银行应与当地金城银行建立业务上的密切联系。

此致

敬礼

南汉宸、胡景沄

八月十四日

陈穆(1910—1996)，江苏南京人，毕业于中央大学，曾任华中银行行长、北海银行行长，时任人民银行华东区行行长兼上海分行行长。曾凌时任人民银行总行设计计划处处长、中国金融学会秘书长。指派京沪两大金融干将担任金城银行董事，可见人民银行是经过一番深思熟虑的。14日，周作民在接到南汉宸和胡景沄复函后，不啻吃了一粒定心丸，当即召集金城银行董事会议，做出陈穆、曾凌任常务董事的决议，他本人则正式当选董事长，并迅即于翌日以董事会名义致函金城银行总行告知结果。原本打算请人民银行派常务董事和董事各一人，在接到答复后，却将陈、曾二人皆任为常务董事，颇能看出周作民与金城银行决策层争取早日公私合营的良苦用心。

董京字第元号

迳启者。兹承人民银行总行指派陈穆、曾凌两先生为本行董事，并经本会于八月十四日议决，何淬廉先生因早出国，曾函请辞，又曹董事当然退职，又钱董事长曾函请辞常董职，王董事轶陶亦请辞常董职，公推陈董事穆、曾董事凌为常务董事。相应节略案由备函奉达，即希查洽并转所属行处为荷。

此致

总行

金城银行董事会启

一九五〇、八、十五

早在回归内地之前的1949年冬、1950年春,周作民就表达出对新中国金融事业和金城银行前景所抱的热切期盼,正如他在1950年8月28日董事会发言时回顾的:"以全国解放,人民政府对于经济金融有主义、有政策,同人向从事金融企业,值此新时代,宜如何集合力量,配合政府政策,为人民服务",并与张嘉璈、卢作孚起草了详细的实施办法,"旨在遵守法令,配合政策,于人民银行领导之下,集合人力、资力,协助生产,繁荣经济",还表示"将来政府认为适当阶段,事业悉应贡献国家"。1951年2月10日,周作民在题为《为改造本行争取基本好转而奋斗——春节告全行同仁书》一文中表达得更为明确:"只有改造自己,强化自己,使自己够得上编入新民主主义作为一个成员,才是唯一的道路。……赶快向人民银行看齐,应是要紧的步骤。必须在精神上实践上向人民银行看齐,确立为人民服务的基本观点。"这等高度自觉的境界与胸襟,足见他的爱国情怀。

综上所述,周作民与金城银行决策管理层在1949年上海解放及中华人民共和国成立初期,审时度势,顺应潮流,积极向中国人民银行靠拢,主动接受新政府和人民银行领导,争取人民银行的帮助,踊跃参加公私合营。究其初衷,一是为渡过现实的难关,致力于该行的经营好转;二是表现出银行家对新社会制度的向往和爱国襟怀,从而体现他们的价值观、责任感与社会抱负。正如周作民所指出的,在人民银行指派公股董事加入之后,"金城银行是公私合营性质的企业,纵使公营的成分还比较低微,但资本的运用应是彻底社会性的,其运用的利益自属人民全体"。而从作为国家银行的人民银行角度而言,新中国建立伊始,百废待兴,需要立足大局,为建立稳定有序的新金融制度,从而对私营银钱业进行严格管理和有效疏导,发挥其有利于国计民生的积极作用,为社会生产服务,团结一切可以团结的力量,增强国力,服务人民,是其终极目标。人民银行对金城银行的管理、监督、扶助和引导,即是必然的选择。正如南汉宸在中国人民银行成立两周年纪念会上强调的:"应团结私营金融业全体从业人员,共同为配合完成巩固国防,稳定市场,重点建设的任务而努力。"因此,两者之间的关系,在一定程度上是相辅相成的,也是特定阶段国家银行与私营银行关系的一个缩影。

(彭晓亮　上海市档案馆)

上海工业跨世纪的发展与调整(1991—2005)

汪时维

1990年4月,中央做出开发开放浦东的重大决策。1992年,邓小平同志对上海提出"一年变个样,三年大变样"的要求。1992年12月,市第六次党代会明确提出,调整产业结构必须按照"三、二、一"发展顺序,优先发展第三产业,积极调整二产业,稳定提高第一产业。第三产业开始出现持续领先发展的势头,使上海产业结构向有利于发挥上海城市综合功能的方向调整。1999年2月,市人代会政府工作报告中明确提出"要形成以高科技产业为主导、支柱产业为基础、都市型工业为特色"的现代工业体系。进入21世纪,上海工业积极转变经济增长方式,加快工业结构调整升级,大力发展先进制造业,推进高新技术产业化。上海工业的发展速度、运行质量、经济效益、技术进步水平、对外开放程度显著提高,综合竞争实力迈上新的台阶,在全国的地位和作用日益提高。本文主要是记述与研究1991—2005年上海工业的发展与调整,并纪念上海解放和新中国成立75周年。

一、20世纪90年代到新世纪,上海工业发展轨迹

1. 工业发展战略

"八五"期间(1991—1995)上海工业从适应性调整逐步转向战略性调整阶段。1991年,上海市委、市政府提出打一场工业战线翻身仗,进行战略性调整,包括工业内部产业结构、产品结构、技术结构和组织结构的调整。大规模压缩纺织、轻工、仪电等传统产业,通过嫁接合资的方式,引进国外技术、资金、管理,培育和发展具有市场广、规模大、

关联度强、技术含量高和发展速度快的汽车、通信设备、电站成套设备、石油化工及精细化工、钢铁、家用电子电器等六大支柱产业,实现在调整中发展。到1995年,六大支柱产业主要经济指标占全市工业比重均在50%以上,成为工业发展的主导力量,支撑起上海工业的发展速度和运行质量。

"九五"期间,上海工业围绕经济水平和质量"上档次",继续进行产业结构战略性调整,以信息、现代生物和医药、新材料为重点,加快高科技产业化,扩大高新技术产业在支柱产业中的应用;加快六大支柱产业升级换代,提高产品附加值;加快形成以高科技产业为主导、支柱工业为支撑、都市型工业为特色的现代工业体系。1996年,市委、市政府明确今后5年全市GDP增长速度要达到10%—12%。上海工业大力实施"拓展、扶强、增效"三大工程,从调整中发展转向在发展中调整,把工作的着力点放在发展上。通过推进工业新一轮发展,继续优化完善结构,提升产业水平,提高经济效益,形成整体优势,增强整体竞争能力。

"十五"期间,进入21世纪,上海工业面对全球经济一体化以及世界知识经济和科学技术迅猛发展的新形势,抓住国际产业转移的重大机遇,进一步加快产业结构优化升级和生产力布局调整完善,集中力量推进大产业、大项目、大基地建设,使六大支柱产业规模壮大,高新技术产业迅速崛起。在此期间,在"东、西、南、北、中"分别形成电子信息、石油化工、汽车、精品钢材等具有国内竞争优势的产业基地。同时坚持以信息化带动工业化,以工业化促进信息化,走出一条科技含量高、经济效益好、资源消耗低、环境污染少、人力资源优势得到充分发挥的新型工业化路子。

2. 工业投资与经济规模、效益

"八五"期间,上海工业投资总额达1 482.91亿元,其中,全民所有制工业企业固定资产投资达1 133.73亿元;固定资产投入量呈逐年上升趋势,年均递增29.40%,略高于全市工业总产值年均增长26.63%的速度。并注重调整投资结构,向重工业倾斜,轻重工业的投资比为

12.2∶87.8。六大支柱工业投资450亿元左右,集中力量实施一批重大骨干项目,加强与国外著名大公司合作,积极引进和消化吸收国外先进技术,加速推进支柱产业发展,有力支撑上海工业及全市经济快速发展和高质量运行。至1995年,全市有工业企业15 396户,比1990年增加5 287户,增幅达到50%。拥有固定资产净值1 746.72亿元,完成工业总产值5 349.53亿元,占全国工业总产值的5.8%。实现利税总额464.19亿元,占全国工业利税总额的9.2%。工业企业从业人数331.90万人。但是,工业投资经济效益系数因发展的内外环境发生重大变化有所降低。

"九五"期间,上海工业固定资产投资累计达3 095.78亿元。投资总额比"八五"期间翻了一番多。投资重点向高科技产业、支柱产业倾斜,特别是电子及通信设备制造业在1995—1998年四年间累计投入120.1亿元,年平均增长41%,形成一批能参与国际竞争的高科技产业大集团,一批跟踪世界先进水平的投资大项目起到了主导作用。到2000年,上海完成工业总产值7 022.98亿元,重工业在上海工业中的比重已达到58.66%。全市有工业企业19 516户,比1995年增加4 120户,增幅达到27%。拥有固定资产净值3 582.63亿元,实现利税总额757.96亿元,占全国工业利税总额的7.7%。工业企业从业人数248.90万人。90年代,上海工业连续10年保持两位数增长,用占全国十六分之一的固定资产,生产了十二分之一的产值,创造了九分之一的利润。工业经济效益综合指数达124.25%,比全国高出24.95个百分点,在全国处于领先地位。

"十五"期间,上海工业抓住我国加入WTO带来的历史性机遇,围绕建设工业新高地战略目标扩大投资规模,工业固定资产投资累计达4 215.91亿元,占全市固定资产投资总额的三分之一左右,投入产出比为1∶3.67。其中外资投资占全市工业投资的36.6%左右,民间投资占工业投资的比重提高到15%。上海工业投资实现"三个升级",即从单个大项目向大项目集聚升级,从国内领先项目向世界级项目建设升级,项目从上百亿元大规模向上千亿元超大规模升级。总投资在

100亿元以上的项目有7个,投资额2 050.8亿元。到2005年,上海完成工业总产值16 876.78亿元,比2000年增长2.4倍,重工业在上海工业中的比重已达到74.53%。2005年,全市有工业企业14 769户,拥有固定资产净值5 459.16亿元,实现利税总额1 545.15亿元,占全国工业利税总额的5.9%。工业企业从业人数为265.39万人。

纵观20世纪90年代到21世纪初,上海工业发展战略、工业投资和工业经济规模、效益的轨迹清晰地表明,发展是快速的,主要是投资拉动,特别是工业投资"九五"期间比"八五"期间翻了一番多,"十五"期间也在高位运行,达到4 200多亿元。但由于发展的内外环境发生重大变化,工业投资经济效益系数呈现出明显的边际收益递减规律。

二、传统工业在发展中调整,在调整中转型

上海的传统工业主要是轻工、纺织、二轻,还有传统的机械加工、电子仪表、有色金属、建筑材料等行业。1991—2005年,传统工业在发展中调整,在调整中转型,逐步适应城市发展。以纺织工业为例详述发展、调整和转型轨迹。

1. 发展

进入20世纪90年代,上海纺织工业局提出"高档次、新技术、多文化、外向型"的12字定位方针和"第二次创业"的口号,出台上海纺织工业第二次创业规划纲要。

1992年上海联合纺织实业、嘉丰、二纺机、申达、中纺机、十七棉和联华合纤等7家企业实施股份制改革,发行股票募资,并先后上市。募集资金主要投入发展出口创汇、纺机和化纤。1993—1994年是引进外资的高峰,两年中市纺织局组建135家外商投资企业,逐步成为上海纺织新的经济增长点,至1997年外商投资企业销售收入51.32亿元,利税2.42亿元,出口3.05亿美元。1993年市纺织局向市场推荐名牌,实施上海纺织工业的"品牌战略"。通过三轮品牌评选,上海纺织著名品牌增加到30个,其中销售收入超过1亿的有10个品牌。1995年上海纺织控股公司成立,按照建立现代企业制度的要求,实施

"三名"(即名厂、名人、名牌)战略,优化存量,盘活企业,"三枪""海螺"等20个品牌企业先后兼并71家类同产品的生产企业,创造扩大再生产的有效途径,年销售收入从原有的18.3亿元迅速增加到64.7亿元,利税从1.6亿元增加到5亿元。"九五"期间,纺织控股公司投资超过40亿元,主要得益于当时国家有关国企解困各项政策的逐一落实,传统产业获得压锭补贴、银行贴息和半贴息贷款、上市公司重组后募集资金等资助。先后开建一批重点项目,如联吉合纤扩建的年产15万吨聚酯切片项目、三枪工业城等。以"九五"末与"八五"末的完成情况比较,纺织控股公司人均销售收入增长82%,人均利润增长156%,人均产值增长74%,人均创汇增长157%,人均GDP增长107%。

2. 调整

20世纪90年代,随着市场经济的发展,在外资和民营纺织的夹击下,上海国有纺织产业率先步入大调整。

上海纺织的产业结构调整,主要是退出棉纺、织布、毛纺等初级加工行业;调整成品(复制品)行业,以品牌、优势企业为龙头进行资产重组。"八五"期间,棉纺行业已经开始主动压缩,先后淘汰43.68万锭陈旧落后的棉纺纱锭。1995年的棉花涨价、原料与成品价格倒挂,棉纺全行业出现亏损。1998年,国务院部署以压缩纺织初级加工产能为主,推进国有企业改革的"突破口"战役,大大加快上海棉纺压锭调整步伐,两年中纺织控股公司共压缩落后棉纺锭86.3万锭。与压锭同步,上海国有织造行业的织布机逐年减少,产量逐渐下降。1995年,国有企业织布机总数仅相当于1990年布机总数的三分之一,至2000年织布机不及1990年机台数的15%;各类棉布、化纤布、混纺布及色织布总产量仅为1990年产量的13.65%。随着羊毛原料大战,加上各地和民营毛纺企业的兴起、产能过剩等问题,上海毛纺企业的高成本、高负担盖过高技术的优势,1995年逐渐转入调整时期,毛纺锭减至16.90万锭,织机下降为1 323台,企业开始关停并转,呢绒、绒线、羊毛衫等各类产品数量逐年减少。至2000年,毛纺锭仅剩9.23万枚,为1992年峰值的44.58%;毛织机尚有585台,为1992年的25.29%。

企业结构调整主要是关、停、并、转、破,市政府给予各方面的政策支持。据不完全统计,1991—2000年,棉纺、毛麻、针织、服装等7个行业有191组企业兼并重组;有87家企业属于三废拔点、迁建企业,主要涉及化纤、印染等行业。至2005年有44家企业破产。劳动力结构调整从1994年成立上海纺织劳动力置换分公司开始,1995年"空嫂效应"刮起"再就业"旋风。1996年7月,率先成立纺织再就业服务中心,进行大规模职工下岗、分流、再就业的工作。纺织在册人数从1988年的55.16万人,到2000年底减为11.27万人,净减员43.89万人。

3. 转型

进入21世纪,上海国有纺织步入转型发展阶段,开始以调结构、促转变、求发展为主要特征的战略转型。纺织控股公司走"科技与时尚"高端纺织发展之路,公司从纺织制造业为主,向国际贸易、品牌营销、时尚产业等现代服务业转型,迎来一个新的发展机遇期。

纺织控股公司形成了以汽车内饰纺织品为主体、新型膜结构材料为代表的业务群。抓住我国汽车产业快速发展的机遇,加快扩张步伐,积极布点全国,相继在各地建设了一批配套企业,使汽车内饰业务成功嵌入我国整车制造的大产业链中。汽车地毯一、二次配套产品全国市场占有率达40%,汽车内饰产品占国内针织内饰顶篷面料市场30%以上,汽车安全带年产1.3亿米,市场占有率达40%,成为国内最大、档次最高、品种最全的汽车纺织品配套供应商和服务商。2002年,投资1.5亿元成立的申达科宝新材料有限公司,成为国内最大的阔幅PVC复合材料的生产商。2004年起先后投资里奥纤维发展有限公司,成为世界上第二家成功纺出Lyocell绿色环保纤维的企业;投资特安纶纤维有限公司,填补了我国在耐高温纤维领域的空白。传统纺织制造业经过技术创新、基地外移、产业提升,保留了三枪、海螺和德福纶化纤等一批较有竞争力和发展空间的企业。还以上海市纺织科学研究院为载体,先后对6家研究院所和6个中心的科研资源进行了全面整合,搭建了信息情报、标准检测、研发项目、成果转化四个平台和5家国家级检测机构。在中国加入WTO后,国际国内贸易一体化的形势下,上海纺织企业注重外贸转型,搞活内部机制,坚持进出口并重,发展自主品牌,进行海外拓展,防范多重风险,使外贸业务出现质的变化。新联纺等外贸公司都通过ISO9001质量认证,有的还通过ISO1400环境管理体系认证。先后获得海关A(AA)类、商检一类、外管A类、纳税A类等资质,并在内部全面推行ERP信息管理。2006年,纺织控股公司出口创汇18.61亿美元,外向度达到70%左右,推动传统纺织业态的根本转变。

上海纺织培育时尚板块的载体是上海国际服装文化节、上海时装周和利用工业厂房创建创意园区。上海国际服装文化节于1995年首次举办,上海时装周于2003年创办,均由纺织控股公司具体承办。2004年,市政府将上海国际服装文化节提升为与上海艺术节、旅游节、国际电影电视节并列的上海市四大节庆活动之一。上海时装周是专业化、国际化的时装发布平台,获得业内外广泛关注,吸引美国、法国、英国、意大利、日本、澳大利亚等20多个国家的著名品牌和设计师加盟参与,纳入国际顶级时尚发布循环体系,成为上海国际大都市的标志性活动。2005年,纺织控股公司园区总量已达42家,比较著名的有M50、尚街LOFT、国际时尚中心等,涉及设计策划、服饰研发、流行发布等八大类,入驻企业1400多家,涉及18个国家和地区。在42家园区中,由市经信委授牌的创意园区有12家,占全市总数的14.8%。

三、上海重点发展六大支柱工业

1992年12月,市第六次党代会提出要"通过产业结构的调整,形成一批能体现上海特大城市功能、地位和作用的产业和行业",进一步明确"以汽车、电子信息、钢铁、石油化工和精细化工、电站成套设备、家用电器等6个产业作为上海工业重点发展的支柱工业"。1993年2月,在市十届人大一次会议上的《政府工作报告》中做出发展六大支柱工业的战略部署。

"八五"期间是六大支柱产业发展的起步阶段;"九五"期间是六大

支柱产业快速发展时期;"十五"期间(2001—2005)是六大支柱产业发展持续高速阶段。三个五年计划期间分别完成投资 450 亿元、1 398 亿元、2 600 亿元;分别占全市工业投资总额的 30%、54%、61%。1995 年,六大支柱产业实现工业总产值 1 946.02 亿元,占全市工业总产值的比重由 1990 年的 34.5% 上升到 45.1%。2005 年,六大支柱产业完成工业总产值 9 994 亿元,占全市工业总产值的 63.1%;实现利润总额 571.6 亿元,占全市工利润总额的 60.8%。

以电子信息制造业和汽车工业为例,简要记述六大支柱产业的跨越式发展。

上海电子信息产业始于 80 年代,发展于 90 年代中期,壮大于 21 世纪,逐步成为全国电子信息产业的主要基地之一。

"八五"期间,上海电子信息产业实施一批引进先进技术重要项目,经过消化吸收,大部分电子信息项目投产达产,消费类产品适度增长,基础元件升级换代,电子信息产品和技术水平跃上新台阶。1991 年,上海贝岭引进比利时贝尔公司的 9 个 CLSI 产品;上海飞利浦与加拿大北方电讯公司投资 2 亿美元合资成立上海先进半导体有限公司,建成年产 10 万片 0.8 微米、硅片直径 150 毫米的大规模集成电路生产线。1994 年,市委、市政府召开上海市计算机应用与产业发展动员大会,把计算机列为本市重点发展的支柱产业。上海电子计算机厂研制成功东海 P5/C60(奔腾 Pentium)微型计算机,建成一条年产 5 万台的微机生产线。1995 年,上海集成电路设计中心与加拿大北方电讯合资成立上海北电半导体有限公司,从事集成电路设计。同年,上海长江计算机集团和日本 NEC 公司联合组建上海第一家计算机合资企业,美国英特尔、荷兰飞利浦公司又先后在上海成立计算机芯片与硬盘驱动器独资企业。

"九五"期间,上海通过与世界电子信息行业的著名跨国公司合资合作,组建起一批规模大、技术起点高的电子信息企业,特别是投资 100 多亿元的超大规模集成电路芯片生产线项目(即"909"工程)落户浦东金桥。1996 年,市委、市政府制订电子信息化行动计划,启动上海国际信息港工程。1997年,建立起大型的地区宽带网络——上海宽带网,基本形成一个以光纤为主、卫星和数字微波为辅的立体交叉传输网络,率先成为全国主要的通讯枢纽和国际出入口。同年,中法合资的上海索立克智能卡有限公司、阿尔卡特光缆有限公司先后投产。1999年,上海已先后建成华虹NEC、上海贝尔等一批国家级和市级技术研究开发中心。2000年,在张江建立国家信息安全成果产业化基地,国家信息安全工程中心、国家"863"计划计算机病毒技术重点研究中心、国家"863"计划公共安全基础设施PKI重点研究中心、科技部和国务院学位办公室共建的信息安全人才培养中心等4个国家级信息安全研究机构落户基地。

"十五"期间,上海电子信息产业加速产业集聚,形成浦东、漕河泾、松江、青浦等微电子产业基地;产品门类齐全,品种繁多,经济效益和社会效益明显提升。2001年,上广电、仪电、华虹、贝尔、华龙、光通信等9大企业集团总产值已占全市信息产业总产值的65%。中芯国际和宏力半导体先后进入上海。2003年,以华虹NEC、中芯、宏力、先进、台积电、汉升科、旭庆等项目为标志,上海的8英寸集成电路生产线已达到11条,4—6英寸生产线有6条,涵盖集成电路设计、封装、测试等上下游相关产业。2005年,上海电子信息产品制造业总产值为3 989.48亿元,主营业务收入为4 106.57亿元,利润为100.56亿元,税金为34.22亿元。

上海汽车制造业于20世纪80年代崛起,1983年第一辆桑塔纳轿车组装成功,1985年上海大众汽车有限公司成立。90年代开始通过建设支柱产业,实现产业地位从一般产业向支柱产业的跨越。

"八五"期间,上海汽车工业确定战略发展目标。1991年,市长黄菊担任支援上海大众轿车工业领导小组组长。1992年,上海汽车厂并入上海大众,国务院批准建设上海大众年产15万辆桑塔纳轿车的二期工程,计划投资39.11亿元。1993年,上海大众年产量达10万辆,国产化率突破80%。1994年,上海大众二期工程基本建成,推出新桑塔纳2000车型。1995年,上汽(集团)总公司与美国通用汽车公司在美国签订协议,在上海建立一个汽车合资企业和合资技术开发中心以及其他相关项目。

"九五"期间,上海汽车工业固定资产投资规模达到270亿元,实现产业能级从国内先进水平向世界先进水平的跨越。1996年,上汽(集团)总公司投资6.5亿元的上海易初摩托车有限公司,达到年产100万辆摩托车的生产能力;兼并重组上海客车制造公司,具备年产1 500辆整车的生产能力。1997年,上海通用汽车有限公司和泛亚汽车技术中心有限公司成立,投资15.7亿美元,双方各占50%股份。同年经中国证监委批准,上汽(集团)总公司作为独家发起人组建上海汽车股份有限公司,募集资金20.82亿元,主要用于投资上海通用汽车有限公司。1998年,上海通用首辆别克新世纪轿车顺利下线。1999年,上汽集团仪征汽车有限公司成立,成为第一个跨省市的集约化、规模化的整车生产基地;上海通用别克新世纪车批量投产,国产化率达42%。2000年,上海大众三厂建成投产,是生产帕萨特轿车的基地;组建上海申沃客车有限公司,通过引进世界一流的客车技术,开发、制造中高档的城市客车;上海通用公司的紧凑型家用轿车赛欧下线,首次配置高档轿车的双安全气囊、ABS防抱死刹车系统。

"十五"期间,上海汽车工业应对"入世",通过出海跨洋,实现产业地域从本地至全国再到世界的跨越。2001年,上汽集团实施"东西南北"产业布局规划,受让柳州五菱公司的75.9%股权,改组为上汽集团五菱汽车股份有限公司。2002年,德国大众汽车公司与上汽(集团)总公司签署上海大众的合营期延长20年,注册资本增加17亿元的协议;首次参与全球汽车工业的重组行动,投资5 970万美元参与韩国通用大宇项目获得国家批准;还出资9亿元,收购山东烟台车身有限公司。2003年,由上汽集团、东风集团与美国伟世通公司组建的东风伟世通汽车饰件系统控股公司在武汉挂牌。2004年,国务院国资委批准将原属于中汽的18家企业、20多亿元资产(包括上海大众汽车公司10%的股权)和债务划转上汽集团。上海通用(沈阳)北盛汽车公司成立,成为上海通用第三个整车生产基地。上汽集团收购韩国双龙汽车公司48.92%的股份,并成为该公司第一大股东。12月,上汽集团整体改制,成立上海汽车集团股份有限公司,注册资本为257.6亿元。2005年,上海通用浦东金桥南厂整车生产基地的建成投产,总投资28.9亿元,设有国际水准的车身、油漆和总装三大车间和先进的柔性化生产线,年产16万辆整车。上汽通用五菱先后建立北方生产基地、西部工厂,净增生产能力20万辆。上汽股份与德国大众签署联合开发混合动力轿车协议,上海大众与捷克斯柯达汽车公司签署合作协议,实施双品牌战略,生产斯柯达品种。2005年上海汽车制造业总产值为1 026.48亿元,主营业务收入为1 169.29亿元,利润为98.09亿元,税金为73.79亿元。

四、上海高新技术产业的崛起

上海高新技术产业是在六大支柱工业不断发展的基础上逐步形成的。进入20世纪90年代,上海工业面临着全国其他城市工业化步伐加快,产业结构雷同,竞争加剧的挑战,坚持起点高一点,特色多一点,明确重点培育和发展电子信息、现代生物与医药和新材料三大高新科技产业,并用高新技术改造和提高传统产业。上海采取"政府支持、财税优惠、立法保障"三管齐下的发展措施。设立新兴技术和新兴工业创业基金,解决高新科技产业发展在资金上的制约,并制定相关政策措施对高新科技产业发展予以支持和鼓励,加快形成以高新科技和深加工为特征的工业格局。

"八五"计划中后期,上海工业选择14项技术水平高、市场前景好、经济效益高、能起支撑作用的重点骨干项目,引进国际上在20世纪80年代末、90年代初的先进技术和装备,加快微电子、计算机与软件技术、生物医药、新材料、激光技术、机器人及柔性加工等高新技术产业发展。在工业自动控制技术、核控制技术、条形码技术等方面也取得了明显进展。还通过高新技术改造一批传统工业,推进重大项目的实施。

"九五"期间,高新技术产业形成多种经济成分共同发展的局面。

漕河泾新兴技术开发区、张江高科技园区等成为高新技术产业化基地。在新材料发展方向方面，上海有计划地选择新型金属材料、新型有机材料和新型无机非金属材料三大类，加快科研开发和产业化进程。主要是配套汽车、核电、船舶、航空航天等产业发展的特种钢材料；有关新能源、电子、航空等产业发展急需突破的高性能高分子材料；为国家集成电路专项（02 专项）配套的硅片等原材料；还有新能源材料、稀土永磁材料等。与此同时，上海先后建立国家微电子工程研究中心、国家生物工程研究中心等一批国家级的重点实验室、研究中心和中试基地，培养高新技术专业人才，为高新技术产业化创造技术支撑条件。

"十五"期间，面对我国加入 WTO 和经济全球化的新形势，上海坚持以市场为导向，以提高经济效益为目标，大力推进高新技术各个领域的发展，上海船舶与海洋工程装备、航空航天等产业进入重点发展的高新技术产业行列。上海采用造船新技术和新工艺，先后开发并建造具有国际先进水平的散货船、集装箱船、液化气船、自卸船、成品油/化学品船、海上浮式生产储油船（FPSO）、火车渡船等 20 多型高技术、高附加值船舶产品，成为中国最大的造船基地。上海一直是国家航天器、卫星、导弹的研发制造基地，在神舟飞船载人航天、长征运载火箭、风云气象卫星等方面做出重要贡献。民用航空在"十五"末有所突破，国家重点工程 ARJ21 新支线飞机上海大场基地、ARJ21 飞机客户支援中心 2005 年先后开工建设。

以上海八大产业基地为例，展示高新技术产业的发展。

1. 精品钢制造基地

主要是以宝钢股份为核心的普碳钢板（管）精品制造基地宝钢股份实施精品战略，全部装备技术建立在当代钢铁冶炼、冷热加工、液压传感、电子控制、计算机和信息通讯等先进技术的基础上，具有大型化、连续化、自动化的特点。2000 年后经过一系列调整改造，高起点建设了一批精品钢材生产线，产品结构得到完善和优化，成为国内最具竞争力的精品钢材生产基地。还有以一钢公司为中心的不锈钢精品制造基地,主要是于 2003 年底基本建成不锈钢冶炼热轧项目。以五钢公司为中心的特殊钢制造基地,主要是 2001 年建成投产的合金模块材料加工生产线和 2004 年竣工的精锻改造项目。

2. 石油化工及精细化工产业基地

主要是吴泾化工、高桥石化、上海石化和化学工业区等四大块。2003 年,吴泾化工基地以构建管道网络方式进行甲醇、氮气、氧气、氢气、蒸汽等物料、能源输送。实现从单一的生产制造转向制造、创造和服务并重,改造成为具有循环经济特征的化工生产示范基地和面向产业化的化工技术开发孵化园区。2005 年,高桥石化原油加工量首次突破 1 000 万吨;上海石化股份新建年产 800 万吨常减压蒸馏装置建成投产,原油年加工增加到 1 400 万吨。特别是 1996 年市政府常务会议决定兴建上海化学工业区,重点发展石油化工、天然气化工、精细化工三大领域。2005 年,化学工业区产出总量 1 400 亿元,初步构建起世界级石化基地的基本框架。

3. 汽车产业基地

经过"东西联动",上海汽车产业基地布局取得重大进展。"东"即建设上海通用汽车金桥基地和临港汽车产业基地,2005 年建成投产的金桥南厂拥有国际水准的车身、油漆和总装三大车间和先进的柔性化生产线,年产 16 万辆整车;"西"是发展浦西上海大众汽车有限公司,上海大众二厂、三厂先后建成,并投资建设上海汽车城。

4. 装备产业基地

主要是闵行机电工业基地和临港装备产业基地。2000 年,上海闵行机电工业火电、核电、气电、水电、风电五路并进,大小工程成套,国内外市场并举,秦山核电 60 万千瓦核电蒸发器通过验收;60 万千瓦火电机组在上海吴泾八期安装投产;100 万千瓦核电反应堆内构件在广东第二座商用核电站安装成功。临港装备产业基地于 2004 年底正式启动建设,集装箱制造、磁悬浮、船用曲轴、船用柴油机、卡尔玛港口机械、卡特彼勒北亚配件中心、施洁医疗设备等项目先后开工建设。

5. 微电子产业基地

"一带两区"微电子产业基地:"一带"是浦东微电子产业带,两区是漕河泾新技术开发区和松江工业区。2003年,上海微电子产业加速向浦东、漕河泾和松江、青浦等地区集聚,聚集了600多户电子信息产品制造企业,从东到西横贯上海的微电子产业基地格局初步形成。2005年,上海成为全国规模最大、水平最高、配套最全和出口最多的集成电路设计、制造、封装中心。其中,集成电路产业(不含设备材料)的销售额同期增长率超过20%,占全国的三分之一,占长三角地区的近一半,是京津环渤海地区的一倍。

6. 生物医药产业基地

上海生物医药产业已形成以张江国家基地为核心,南汇周康、徐汇枫林、奉贤星火、青浦开发区为辐射点的产业集聚,上述5个区域药企占上海药企总数的55%。张江国家基地已形成研究开发、中试孵化、规模生产、营销物流的现代生物医药创新体系。到2005年基地聚集中科院药物所、国家人类基因组南方研发中心等30多家研发机构,还吸引罗氏、葛兰素史克、先锋药业等众多国内外一流药厂落户。在上海生物医药产业扩展区域中,徐汇枫林地区以生物制品和诊断试剂为特色,重点开展生物技术基础研究与临床应用研究;青浦工业园区利用生物技术进行天然药物的生产;南汇周康地区通过引进国内外医疗器械优秀企业,创建生物医学工程产业化基地;奉贤星火地区成为上海重要的原料药基地。

7. 船舶与海洋工程产业基地

"九五"期间,上海船舶以高新技术船舶开拓国际市场,江南造船(集团)为加拿大、德国建造的自卸船,为挪威建造的化学品船,为瑞士建造的高速集装箱船。沪东造船集团制造成功世界首台5S50MC－C型船用柴油机,并通过世界12个船级社认可,承接的9台同类型机,全部随船出口。"十五"期间,上海外高桥造船有限公司成功建造15万吨海上浮式生产储油装置(FPSO)"海洋石油111号",完成海洋工程装备制造领域的标志性项目——3 000米深水半潜式钻井平台;绿色环保型17.5万吨好望角型散货船等,均为国内首次建造。上海船舶还新开发建造海峡火车渡船,出口欧洲、北美的7.3万吨级巴拿马型货船,10.5万吨阿芙拉型原油船等。同时,船用配套设备制造业也有较快发展,上海船用曲轴有限公司制造的第一根大型船用柴油机曲轴,振华重工建造的1 200吨大型综合起重铺管船"海洋石油202"号等均有很高的科技含量。上海造船产量由2000年的74.1万总吨发展到2005年248万总吨,增长了2.3倍。2005年,造船海工制造业总产值达241.6亿元,主营业务收入为271.4亿元,利润总额为8.45亿元,出口交货值为117.4亿元。

8. 航空航天产业基地

1999年,市政府把航空航天列入上海重点发展的高新技术产业。20世纪90年代中前期,上海航空工业(集团)公司落实麦道MD82、90部件生产和总装任务,1999年开始生产波音737—700平尾。"十五"期间参与国产ARJ21新型涡扇支线飞机研制,2005年,ARJ21新型涡扇支线飞机大场生产基地和ARJ21飞机客户支援中心先后动工建设。上海航天局被认定为上海市高新技术企业的单位有17家,主要参与运载火箭、导弹、卫星、载人飞船的研发和制造。1999年,长征四号乙火箭两次成功发射,红旗六十一号乙导弹参加国庆50周年大庆的阅兵仪式。2001年,"神舟二号"在酒泉卫星发射中心发射升空;2003年,参与首次载人航天飞行,长征二号F运载火箭将载有航天员杨利伟的飞船送上太空;2004年,上海航天运载火箭3次发射成功,将4颗卫星准确送入预定轨道。2006年,上海航天科技产业基地在闵行莘庄工业区揭牌成立,基地占地1 120亩(约合74.67公顷),集运载火箭、应用卫星、载人飞船等航天器的研制于一体,将原先散处在上海各区的10多个航天科研单位汇集于一地。

分析研究1990—2005年上海工业的发展历程,可以肯定地说,浦东开发开放以后,上海跨世纪的10多年是上海工业发展最快的时期之一,从投资规模、发展速度以及经济效益来看,数据是最有说服力的,也为今后15年的发展打下了坚实的基础。

改革开放是上海发展的动力。多种所有制的发展,国有经济、外商投资、股份制、民营企业齐头并进,包括部分行业国退民进,是上海工业改革的结晶、开放的成果。

发展是硬道理。上海的发展是遵循经济规律的科学发展,有规划、分阶段,注重系统性、整体性和协同性的发展,质量较高、效益较好、结构较优,有利于优势充分的释放发展。同时发展也是遵循自然规律的可持续发展,发展不仅要讲速度、讲效益,更需要在增长与保护、局部与整体、当前和长远之间,找到最佳平衡点。

同样,这一时期上海工业调整是历史的必然、经济规律使然。20世纪90年代,发展市场经济,加上全球化、经济危机,上海工业遇种种困难和挑战,调整是必然的,难题要靠发展去解决。全盘肯定或全盘否定上海工业调整都是片面的,需要冷静对待。研究20世纪90年代上海工业的产业结构、企业结构、劳动力结构大调整,是产业梯度转移、产能过剩的经济规律,是新中国成立后第一次供给侧改革,创新驱动、转型发展是供给侧改革唯一的出路。

记录这一阶段上海工业结构的发展与调整,总结经验,分析不足,可供借鉴。

(汪时维 《上海市志·工业分志·纺织业卷(1978—2010)》编纂室)

上海电影产业的传承精华守正创新

毕志刚

上海作为中国电影的发祥地,在中国电影发展史上具有举足轻重的地位。随着科技的不断进步和观众审美需求的变化,电影产业也面临着新的挑战和机遇。在这样的背景下,探讨上海电影产业的未来发展方向,对加强社会主义文化建设,满足人民群众不断增长的精神文化需求,全面增强城市文化软实力和国际影响力,加快建设国际文化大都市,具有极其重要的意义。

一、上海电影产业的简单回顾和地位作用

上海自开埠以来至近代,资本的积累渐居全国之首。鸦片战争以后,上海成为中国对外通商口岸之一。在半封建半殖民地的条件下,西方的商品和资本开始大举涌入。19世纪末刚刚诞生的电影,也在这样的社会背景下很快随着外国诸多的舶来品传入上海,使上海成为中国电影的发祥地。

20世纪初,随着工业化、城市化的迅猛发展,娱乐市场也逐渐扩大,彼时的上海成了中国早期电影业发展的中心。1908年,上海拥有了第一家电影院——虹口活动影戏园。

20世纪20年代末30年代初,上海出现了一股电影院建造热,同一时期建成的高档电影院有国泰大戏院(现称国泰电影院)、大光明电影院、兰心大戏院等。1936年起,国泰开始由浙江实业银行控股的国光联合影业公司经营管理。日军侵占上海期间,国泰被汪伪的中华电影联合公司控制,1943年更曾被日军强占作为养马场。1946年1月,抗日战争胜利后国泰恢复营业。中华人民共和国成立后,国泰大戏院

正式更名为国泰电影院,期间一度更名为人民电影院,后又改回国泰电影院,沿用至今。

在中国电影产业中,上海电影产业一直居于重要地位,并发挥着不可替代的重要作用,主要体现在以下几个方面:一是历史积淀与文化底蕴,上海是中国电影的发源地之一,拥有丰富的电影历史和文化底蕴,上海电影产业在中国电影发展的历程中扮演了重要角色,为中国电影的发展做出了重要贡献;二是技术实力与产业基础,上海电影产业在技术设备、制作水平、人才资源等方面具有较强的实力。先进的技术设备和完善的产业基础为电影制作提供了有力保障;三是国际化视野与合作交流,上海作为国际化大都市,具有广阔的国际化视野和丰富的国际合作经验。上海电影产业与国际电影界的交流合作频繁,为中国电影的国际化发展提供了重要支持;四是产业地位,上海在电影院线和电影发行领域具有一定的市场地位和竞争优势,有中国电影行业的知名企业;五是业务模式,拥有完整的电影产业链,包括电影院线、影院经营、电影发行和大 IP 开发,能够充分受益于中国电影市场的增长;六是品牌影响力,上海电影拥有较强的品牌影响力,能够吸引大量观众,提高电影的票房收入;七是人才培养,上海电影在电影人才培养方面也发挥了重要作用,为中国电影行业输送了大量的专业人才;八是文化传承,上海电影承载着上海的历史文化和城市记忆,通过电影作品向观众展示了上海的独特魅力和文化底蕴,为上海的文化传承和发展做出了重要贡献。

二、上海电影产业的发展现状

(一)上海电影产业的规模与特点

近年来,上海电影业深化改革、锐意创新,产业链不断完善,市场化运作机制逐步确立,市场体系更加完备,取得了良好的社会效益和经济效益。据《上海电影产业发展报告(2018)》显示,上海电影产业在 2017 年热点频现,电影票房不断打破纪录,但电影产业整体发展水平依然有待提高,产业链各环节发展不均衡,全产业链技术型、商业型和管理型人才奇缺。截至2023年9月底,上海联和院线直营影院51家,银幕375块;加盟影院774家,银幕4967块;联合院线总票房稳居全国院线第三名。

据国家电影局统计,2023年春节档(1月21—27日)电影票房为67.58亿元,同比增长11.89%,掀起电影市场复苏第一波热潮。上海电影市场拿下票房、场次、人次三项全国城市第一,其中"上海出品"的两部影片《无名》和《交换人生》累计贡献票房近8亿元。2024年电影春节档更是破多项纪录,电影市场强势复苏。据灯塔专业版数据显示,截至2024年2月17日,中国电影龙年春节档累计票房80.2亿元,观影人次超1.6亿,均为档期史上最高。其中,有上海的电影公司参与出品的《热辣滚烫》与《飞驰人生2》步入单片20亿元俱乐部,假期结束时已分获27.13亿元和23.94亿元。而《第二十条》和《熊出没·逆转时空》两片均已近14亿元,并在继续增长。

为提升上海电影的核心竞争力和国际影响力,上海近年来出台了多项政策举措,以完善现代上海电影工业体系。在"政策洼地"效应的影响下,有效增强了本土电影企业的黏性,也吸引了一批优质电影制作、发行、服务主体来沪发展。上海电影公司数量呈现逐年增长的良好态势,上海出品的电影数量和类型均逐年增加。在基础设施方面,影院、银幕数量位居全国第一。截至2020年底,作为上海全球影视创制中心建设的核心重要承载地,位于上海松江区的上海科技影都已集聚车墩影视基地、胜强影视、盐仓影视基地、图工水下摄影棚等12个专业影视拍摄基地、79个专业影棚、23个市级影视拍摄取景地,已有摄影棚面积8.2万平方米,已构筑实景拍摄、内景拍摄、水下拍摄、特技拍摄等体系,并在全市形成了优势领先地位。上海科技影都坚持高标准建设全球影视创制中心重要承载地,为打响"上海文化"品牌贡献力量,坚持"科创芯、世界窗"异质双核发展理念,打造行业领先的科技影视产业集聚中心和面向全球的中外影视文化交流之窗。

"十四五"期间,上海电影产业围绕"3+1"发展方略,以"线上线下融合发展、文创科创驱动发展、投资融资加快发展及制度创新保障发展"的核心理念,以锐意进取的姿态,不断探索中国电影产业发展方向。

(二)上海电影产业面临的挑战与机遇

近年来,电影市场竞争激烈,上海电影产业不仅要与国内其他城市的电影产业竞争,还要面对国际电影的冲击。观众对电影内容的要求也是越来越高,上海电影产业面临内容创新的挑战,需要不断推陈出新,持续提供有吸引力的故事和视觉体验。虚拟现实、增强现实等新技术的出现,对电影制作和放映提出了新的技术要求。此外,当前的电影制作往往需要大量的资金投入,如何获取足够的资金支持无疑是一个很大的困难挑战。

上海电影产业在面临上述诸多挑战的同时,也获得了很多的发展机遇。如:1. 政策支持,政府出台有利于电影产业发展的政策,提供资金、税收等方面的支持;2. 文化需求,人们对文化消费的需求不断增长,为电影产业发展提供了广阔的市场;3. 人才培养,电影专业人才的培养不断加强,上海电影产业的创新能力和竞争力随之提高;4. 国际合作,通过与国际电影公司合作,可以获得先进的技术和经验,拓展国际市场;5. 新兴媒体,互联网和移动端的发展为电影的宣传和发行提供了新的渠道。

面对挑战,可以通过加强创意研发、提高制作水平、培养人才等方式来应对;而对于机遇,则要善于把握,积极拓展市场,加强国际合作。同时,电影产业也需要与其他相关产业,如旅游业、娱乐业等进行融合,形成协同发展的良好态势。

三、发展上海电影产业的策略与建议

(一)传承精华元素,保持上海文化特色

上海电影产业拥有独特的历史和文化底蕴。上海电影有着许多独特的精华元素,这些元素赋予了上海电影独特的魅力。比如:都市风情——上海作为国际化大都市,其独特的城市景观、建筑风格和生活方式常常成为电影的背景,展现出都市的魅力和活力;历史文化——上海有着丰富的历史和文化底蕴,电影中可以体现老上海的风情、传统文化以及历史变迁;人物形象——上海电影常常塑造出具有鲜明特色的人物形象,如时尚的都市白领、弄堂里的居民等,展现了上海人的独特气质;音乐元素——上海的音乐文化也融入电影中,如上海老歌、爵士乐等,为影片增添了独特的氛围;艺术风格——上海电影在艺术表现上有独特的风格,如细腻的情感表达、精致的画面构图等;社会现实——上海电影也会关注社会现实问题,反映城市中的生活百态和人们的情感困惑。这些精华元素相互交织,构成了上海电影的独特魅力。它们不仅体现了上海的地域特色,也反映了这座城市的文化和精神内涵。

传承这些精华元素对于保持文化特色具有重要意义。传承可以让观众对上海电影的文化特色产生认同感和归属感,从而增强其对本地文化的自豪感。上海电影的文化特色是其独特的魅力所在,通过传承可以保持这种独特性,在竞争激烈的电影市场中脱颖而出。传承能够将上海电影的历史和传统延续下去,让新一代的观众了解和感受过去的文化。文化特色可以为电影增添深度和情感共鸣,使观众更容易与影片中的故事和角色产生联系。传承有助于打造上海电影的地方品牌,提升其在国内外的知名度和影响力。传承可以为新一代电影人提供创作灵感和素材,培养出更多具有本地文化特色的电影人才。总之,通过传承,上海电影产业能够保持其独特的文化特色,并在不断发展的过程中与时俱进,这样不仅能够满足观众对于本地文化的需求,还能为电影产业带来更多的机遇和发展空间。

(二)守正创新,确保可持续发展

在上海电影产业发展中,守正创新对于提升产业竞争力具有重要的影响,主要表现为:守正创新能够提供更符合观众口味的作品,从而吸引更多观众,提高票房和市场份额。坚守正道并不断创新,可以提升电影的制作水平和艺术品质,使其在竞争中更具优势。创新性的电影作品往往能够引领潮流,吸引更多的关注和资源,为产业带来新的机遇。守正创新有助于树立电影产业的良好品牌形象,增加观众的认可度和忠诚度。创新驱动技术发展,提升电影制作的效率和效果,为观众带来更好的观影体验。这一理念有利于培养具有创新精神的电影人才,为产业的持续发展提供动力。在国际市场上,具有创新性的电影产业更容易获得认可和成功,提升国家或地区的文化影响力。守正创新可以激发电影产业的活力,推动产业链的完善和发展。总之,守正创新是电影产业提升竞争力的关键因素之一,能够使电影产业在不断变化的市场环境中保持优势,实现可持续发展。

(三)传承精华和守正创新相结合

在电影产业发展中,保持创新与传统的平衡非常关键。传统是创新的基础,了解和尊重传统可以为创新提供灵感和方向。传统的电影制作经验、技巧和故事题材是宝贵的财富,为创新提供了灵感和基础。在坚守电影艺术本质和价值的同时,通过创新可以让传统元素在现代社会中焕发出新的活力,吸引更多观众,开拓市场。引入新技术、新理念,可以提升电影的质量和观众体验,增强竞争力。保持创新与传统的平衡可以让电影产业不断发展壮大,既能传承历史文化,又能紧跟时代潮流。通过传承精华和守正创新相结合,上海电影产业在保持自身特色的同时与时俱进,不仅能够丰富上海城市的文化内涵,亦能提升其在国际上的重要影响。

因此,要充分考虑观众对于传统和创新的需求,既要满足他们对熟悉元素的喜爱,也要带给他们新鲜的体验。培养既了解传统又具备创新能力的电影人才,使他们能够在创作中灵活运用两者。政府可以通过政策引导,鼓励电影产业在创新和传统之间取得平衡。产业内应既有传统风格的作品,也有大胆创新的作品,满足不同观众的喜好。要密切关注市场反馈,根据观众的反应调整创新和传统的比例。要在保持上海文化特色的基础上,借鉴国际先进经验进行创新。

在上海电影产业中,有许多通过传承精华和守正创新相结合而取得成功的案例。比如:沪剧电影《雷雨》由著名沪剧表演艺术家茅善玉领衔主演,陈瑜、王明达、朱俭、洪豆豆、钱思剑、凌月刚、金世杰共同主演,是继沪剧电影《罗汉钱》《红灯记》之后,又一部具有"里程碑"意义的影像作品。该电影延续曹禺先生同名话剧改编的舞台剧的故事脉络,影片主要演员都是沪剧《雷雨》在舞台上广受观众认可的原班人马,在传承的同时,演绎上海文化独有的"声、色、味"。作为上海市委宣传部"戏曲电影工程"之一,沪剧电影《雷雨》意在传承经典剧目,普及戏曲文化,以百年经典助推"上海文化"品牌建设。此外,推进"戏曲进校园",发现和培养青少年沪剧表演人才,推动沪剧艺术传承发展,也是上海沪剧院近年来持续努力的方向。

实践证明,传承精华和守正创新相结合产生的作品不仅有艺术风格的传承,更有现代科技手法的融入,也更容易让不同层次、有不同喜好的受众群体接受。笔者在上海电视台生活时尚频道30多集《发现》栏目担任总导演,78集大型健康养生节目《按享健康》栏目担任总导演,60集时尚生活电视专题节目任总导演期间所创作的内容,均是在传承上海传统和地域文化的基础上增加了现代因素,进行大胆创新,收到了非常好的观感效果。另外,笔者导演的母亲节微电影《奋斗路上 不留遗憾》在2022年第十五届(中国)山东青年微电影大赛铜奖(省部级三等奖);在《经济研究导刊》上发表论文《湖南卫视娱乐节目成功与失败探微》,对行业媒体发展,发表文艺评论观点提出了既要传承精华又要守正创新的见解,深受行业专家赞赏。2022年,笔者应邀担任第36届大众电影百花奖评委和第四组组长期间,有幸为第36届大众电影百花奖最佳影片《长津湖》颁发了提名奖证书和奖杯,《长津湖》就是以真实历史事件为故事原型,加上现代和科技表现手法创作的一部体现传承与创新相融合的经典影片。

(四)发展上海电影产业的其他策略与建议

在未来的发展中,电影产业将主要遵循几个方向:一是多样化题材与创新叙事,观众对于电影题材的需求日益多样化,作为导演应关注社会现实、挖掘人性深度,通过创新的叙事方式展现丰富多彩的故事;二是科技与艺术的融合,科技的发展为电影制作带来了新的可能性,如虚拟现实、增强现实等技术,作为导演应积极探索科技与艺术的融合,为观众带来全新的观影体验;三是培养与吸引人才,人才是电影产业发展的关键。上海应加强电影人才的培养,同时吸引更多优秀的导演、演员等人才投身于上海电影产业;四是加强与其他城市的影视产业合作。电影产业的发展需要各方资源的协同合作。上海电影产业应加强与其他城市的合作,形成优势互补,共同推动中国电影产业的发展。

因此,上海电影产业还应该努力追求和保持下述几个方面的优势,并应对可能出现的挑战:要加强电影人才的培养,通过教育机构、培训项目等提高电影从业人员的专业素质。要紧跟电影技术的发展潮流,积极应用新技术,如虚拟现实、增强现实等,提升电影的制作水平和观众体验。要与其他城市的电影产业加强合作,共同开发项目、共享资源,形成互利共赢的局面。要进一步挖掘和发展上海电影的特色,如上海的历史文化、城市风貌等,打造具有独特魅力的电影作品。要有政策支持,由政府出台相关政策,鼓励电影产业的发展,提供资金、税收等方面的支持。要积极开拓国内外市场,提高上海电影的知名度和影响力,增加电影的票房收入和市场份额。要了解观众的喜好和需求,创作出更符合观众口味的电影作品,提高电影的市场竞争力。

四、发展电影产业,助推上海城市文化软实力和国际影响力

繁荣的电影产业可以成为上海城市的文化名片,提升城市的知名度和形象。具有国际影响力的优秀作品能够传播城市的文化特色和精神品格,能够吸引全球观众,增进国际间的文化交流,并促进旅游业和相关产业的发展。

(一)充分发挥电影作品的文化传播作用

电影作品在文化传播中起着非常重要的作用,如同一个魔法使者,将各种文化元素打包送到观众眼前。主要在于电影可以跨越语言和地域的限制,让观众感受到不同国家和民族的文化风情。观众可以通过电影了解到其他地方的生活方式、传统习俗、价值观念等,就像进行了一场跨越时空的旅行。电影还能成为文化传承的载体。很多历

史故事、文学名著等都通过电影的形式重新演绎,让观众更容易理解和接受,使得这些文化宝藏得以传承。电影还是扩大宣传覆盖面的很有效的方法。比如,全方位、多角度地反映纪录"长三角一体化策源地G60科创走廊"的建设成就以及上海科技影都新风采、新面貌、新成就的影片更容易让大众了解"科创走廊"和"科技影都"的意义和价值。此外,电影也能反映社会现实,引发人们对各种问题的思考,从而促进文化的交流和碰撞。而且,电影中的角色和情节往往会成为人们讨论的话题,进一步推动文化的传播。

(二)打造具有国际影响力的上海电影品牌

要打造具有国际影响力的上海电影品牌,可以从几个方面入手:首先,要有高质量的电影作品,这就需要培养优秀的电影人才,包括导演、编剧、演员等,同时注重电影的创意和内容,打造具有独特风格的作品;第二,要加强国际合作与交流,与国际电影公司合作,参加国际电影节,展示上海电影的风采,扩大其国际影响力;第三,需要利用现代科技手段,提升电影制作的技术水平,给观众带来更加震撼的视觉体验;第四,品牌推广也很重要,可以通过各种渠道,如社交媒体、线下活动等,让更多的人了解上海电影;第五,需要政策支持,政府可以出台相关政策,鼓励电影产业的发展,提供资金和资源支持。

上海电影产业在中国电影产业中具有重要的地位和作用。我们应立足于这一优势,积极关注电影产业未来的发展趋势。坚持传承精华,守正创新,通过新技术应用、人才培养、合作互鉴等方式,大力发展上海电影产业,增强城市文化软实力和国际影响力。同时,也期待更多的研究和实践能够进一步推动上海电影产业步入发展的快车道,创造出更多优秀的电影作品,为中国电影产业的繁荣发展做出更大贡献。

(毕志刚　上海市松江区影视艺术家协会)

上海滑稽剧团的前世今生

钱 程

中华人民共和国成立之后的1950年4月,姚慕双、周柏春在红宝剧场(今南京西路西藏路口新世界城)主演了一个惩处汉奸的滑稽戏《红姑娘》,受到了媒体和观众的极大关注。于1950年下半年创建了以姚慕双、周柏春两块头牌为中心的"蜜蜂滑稽剧团",这是一个历史悠久的演出滑稽戏兼演独脚戏的专业表演剧团。

蜜蜂滑稽剧团团名由姚慕双、周柏春创立,寓意"团结、合作、勤劳、酿蜜、讽刺"。全体演职员遵循蜜蜂精神,团结奋斗,努力编创滑稽新戏,为广大市民带来甜蜜的欢笑。蜜蜂滑稽剧团组团不久,上海市文化局发起戏改(改戏、改人、改制)工作。同年9月,蜜蜂滑稽剧团取消老板制,正式由周柏春出任团长,姚慕双、周柏春领衔主演,朱子埜任副团长兼秘书。周柏春主动提出减薪,降低主演与普通演员的拆账比例,提高了大家的创作热情。加上"戏改",体制起了变化,演员有了进步,艺术质量有了提高,文化内涵有了提升,幽默成了剧团追求的风格。

"蜜蜂"第一批的演出剧目有《播音鸳鸯》《小儿科》《金黄牛》《老账房》等。1951年演出的《小儿科》,以银行小职员的思想转变为主线,描写新旧社会对比,迅速反映出现实生活,大获好评,上海市文化局曾给予免税鼓励。稍后演出的优秀剧目有《新老法结婚》《全家福》《半斤八两》《三十年经验》《闹新房》《大鱼吃小鱼》《幸福》《陞官图》《望子成龙》《西望长安》《荒唐之家》《不称心的爱人》《高帽子》等。表演和积累的独脚戏和"说唱"经典曲目有《七十二家房客》《十三人搓麻将》《关店大拍卖》《骗大饼》《新老法结婚》《各地堂倌》《英文翻译》《宁波音乐家》

《开无线电》《各种小贩叫卖》《广东上海话》《行令》《猜灯谜》《过关》《吃看》《拉黄包车》等。

1956年,剧团体制由"合作制"改为"新国营"。年底,上海举行"通俗话剧、滑稽戏观摩汇演",蜜蜂滑稽剧团以根据老舍同名话剧本《西望长安》改编的滑稽戏参加观摩会演,获得好评。1957年1月,上海组织"南北曲艺交流演出",姚慕双、周柏春以独脚戏《各地堂倌》《猜灯谜》和周柏春首创的说唱《龙华塔》参加交流演出。

1959年,新艺滑稽剧团和艺锋滑稽剧团的滑稽艺术家朱翔飞、袁一灵以及吴媚媚、范素琴、林燕玉、胡健德等加盟蜜蜂滑稽剧团。此时,双字辈演员吴双艺、王双庆、童双春、翁双杰、上官静、诸葛英等开始崭露头角,蜜蜂滑稽剧团演出了诸如《满园春色》《不夜的村庄》,以及根据合作越剧团同名越剧移植的《王老虎抢亲》等优秀剧目。

1959年,朱翔飞加盟蜜蜂滑稽剧团不久,曾被安排到锦江小礼堂为毛泽东主席演出独脚戏《水淹七军》。独脚戏《水淹七军》是毛主席在上海观看的唯一滑稽节目。不久,《水淹七军》的本子收入1960年上海文艺出版社出版的《上海十年文学选集·曲艺选(1949—1959)》(巴金写总序)。

1960年4月12日,蜜蜂滑稽剧团划入黄佐临掌门的上海人民艺术剧院,改组为上海人民艺术剧院滑稽剧团("人艺"四团);进上海人民艺术剧院后,朱翔飞、姚慕双、周柏春、袁一灵、筱咪咪、夏萍、陈红、吴媚媚成为主要演员。不久,由黄佐临引入中央戏剧学院表演系毕业的严顺开,与双字辈吴双艺、王双庆、童双春、翁双杰等一起形成了剧团中坚。在黄佐临院长的指导、带领下,遵循"夸张变形,不离本质"和"把滑稽戏当作严肃的事业来完成"的理论,演出更注重挖掘人物喜剧性格,塑造喜剧形象,"蜜蜂"的幽默风格进一步得到弘扬,滑稽戏艺术更臻成熟。

上海滑稽剧团全体演职人员遵循毛泽东的《在延安文艺座谈会上的讲话》的精神,经常到工农兵群众中"深入生活",从鲜活和火热的现实生活中汲取养料,向群众学习,为人民服务,编创了一批优秀滑稽戏剧目：描写世界人民掀起反帝风暴的《纸船明烛照天烧》；参考相声《昨天》而重新构思，反映新中国翻天覆地变化的《笑着向昨天告别》；歌颂优秀邮电工人王永春一丝不苟、全心全意为人民服务的《一千零一天》；歌颂解放军战士在部队大熔炉里成长的《阿大阿二》；揭露"忤逆不孝"市井平民的移植剧目《认钱勿认人》；根据话剧喜剧移植的《梁上君子》；挖掘整理的传统滑稽戏《小山东到上海》等。调动"人艺"精锐艺术力量进一步加工的《满园春色》，在思想性、艺术性上更是有了显著的提高，不仅成为优秀的保留剧目，还于1963年进京汇报演出；在应邀进中南海演出时，党和国家领导人周恩来、朱德、董必武、陈毅、李先念等观看演出，并接见全体演职员。首都文艺界两次召开座谈会，《人民日报》发表了题为《一出社会主义的滑稽戏》的文章给予肯定和赞扬。

这一时期，剧团独脚戏、说唱的创作演出也非常活跃和繁荣，巡回演出既演出滑稽戏，又演独脚戏和说唱节目，向全国观众介绍和传播上海独有、以制造"笑"为使命的滑稽艺术，上海滑稽剧团成了保护滑稽戏、独脚戏的大本营。

1960年6月，上海滑稽界在文化广场举行了"独脚戏大会串"，姚周的《十三个人搓麻将》、袁一灵的《春到人间》、筱咪咪的《各地堂倌》都参加了演出。

1977年，原上海滑稽剧团部分演员被安排到上海评弹团组成的曲艺队演出独脚戏和说唱。年底，上海市文化局指派童双春担任负责人恢复剧团，筹建工作在汾阳路112弄正式启动。1978年1月，秉承原上海人民艺术剧院滑稽剧团艺术风格的上海曲艺剧团在永嘉路345弄6号正式成立。

上海曲艺剧团成立时，以原班人马演出的经典剧目滑稽戏《满园春色》《笑着向昨天告别》在解放剧场与观众见面，演出盛况空前，观众通宵排队买票，上海滩出现了以争有一张《满园春色》滑稽戏票为荣的局面。

与此同时，剧团创作演出了两台后来轰动全国的滑稽戏《出色的答案》和《性命交关》,前者应邀进京参加国庆三十周年献礼演出,获文化部颁发的演出一等奖、剧本二等奖;后者获上海市剧目创作奖,被北京曲剧团等十几家剧团移植搬演,并被上海电影制片厂摄制成同名电影;美国喜剧大师鲍勃霍普专程到剧场观看《性命交关》后,特邀袁一灵、翁双杰、李青参加第一部中美合拍的电视片《通向中国之路》。

1985年1月,上海曲艺剧团名称恢复为上海滑稽剧团。

在此前后,剧团推出了几十部在上海观众中留下深刻印象的优秀滑稽戏:《甜酸苦辣》《路灯下的宝贝》《金锁片案件》《官场现形记》《不是冤家不碰头》《此路必通》《阿混新传》《千变万化》《趁你还年轻》《梦的衣裳》《浪荡鬼》《屈打成医》《第二次投胎》《灯红酒绿》《GPT不正常》《世界真奇妙》《刀枪不入》《招财进宝》《毛毛雨》《宝贝从军》《人命关天》《三约牡丹亭》《特别的爱》《笑看明天》《谢谢一家门》……

1981年底,"首届上海戏剧节"举行,上海滑稽剧团《路灯下的宝贝》参演,获剧本、演出、导演、表演、舞美5个奖项。1991年6月,上海市委宣传部、市文化局举办"七一"现代戏展演,滑稽戏《GPT不正常》《世界真奇妙》参演。其中《GPT不正常》获优秀演出奖,《世界真奇妙》获演出奖。金秋十月,这两台滑稽戏应文化部邀请进京演出,时任中宣部部长丁关根、总参谋长迟浩田等领导及首都专家观看演出,高度评价。特别是在京的上海籍观众强烈要求加演,主办方满足了这部分观众听乡音的要求。回沪后,上海市委宣传部分别对两剧给予特别嘉奖。

剧团鼓励演员立足于滑稽舞台,用滑稽艺术的魅力去涉足其他艺术领域。在此期间,严顺开应上海电影制片厂邀请,参加影片《阿Q正传》的拍摄,扮演主角阿Q,获第六届全国电影"百花奖"最佳男演员称号、第二届维威国际喜剧电影节"金手杖"奖;周柏春应上海电影制片厂邀请,参加电影《子夜》的拍摄,扮演周仲伟一角。继《性命交关》被拍摄成同名电影后,1984年,《阿混新传》由剧团原班人马拍摄成同名电影。1986年,《不是冤家不碰头》也由剧团原班人马拍摄成同名电影。1990年,钱程应广西电影制片厂之邀,由徐昌霖任总导演,在根据常州市滑稽剧团同名滑稽戏改编的喜剧电影《多情的小和尚》中饰演"小和尚"。1996年,反映滑稽艺人艰苦创业的15集电视连续剧《滑稽春秋》开拍,钱程领衔主演,本团姚慕双、周柏春、吴双艺、李青、筱咪咪、陶醉娟等特邀演出,次年春节在上海电视台黄金时段播出,创收视率新高。

剧团多次应邀参加香港艺术节活动,姚慕双、周柏春、童双春、王双庆、钱程等多次献演经典剧目和各自的独脚戏拿手曲目;2000年,姚慕双、周柏春应邀带着独脚戏首次赴美演出;访问蒙特利尔市时,市长为姚慕双、周柏春颁发了蒙特利尔市荣誉市民证书。

在继承上海滑稽传统、完善滑稽艺术理论研究和实践方面,剧团做了大量的有历史意义的工作。剧团与上海市文化艺术档案馆联合编辑出版了系统研究滑稽艺术特征和规律的"上海滑稽丛书"《海上滑稽春秋》《上海滑稽前世今生》《上海滑稽三大家》《上海滑稽与上海闲话》《远去的上海市声》)。经过深入细致的调查研究,还原了滑稽戏、独脚戏发生和发展的真实历史,使滑稽戏成功申报了国家级非物质文化遗产项目;在上海滑稽史上,第一次还原史实编写的阐述滑稽戏发生及其发展轨迹和艺术特性的《滑稽戏》一书,列入了国家级非遗项目丛书;经过深入的采访、积累、探索,在上海文化广播影视管理局的支持指导下,剧团认真地挖掘整理并上演了历史上第一个滑稽戏《行善·缺德》;2017年,剧团发起并携手全国全数7个滑稽剧团,共同举办了"中国滑稽戏诞辰110周年展演",上海滑稽剧团以优秀剧目《皇帝勿急急太监》参演。这个剧目入选了中宣部文艺局、文化部艺术司全国地方戏曲南方会演,获得一致好评。钱程因此剧获第二十八届上海市白玉兰戏剧表演艺术奖主角奖。

2013年、2016年,前国家领导人朱镕基、江泽民先后观看了由钱程表演的经典独脚戏《滑稽京戏·追韩信》,2015年还入选中央电视台元宵晚会,钱程带着青年演员阮继凯,首次通过央视屏幕向全国观众介绍了列入国家级非遗项目的独脚戏。

从21世纪开始,剧团复排、复演了不少优秀剧目:《认钱勿认人》

《啼笑因缘》《王老虎抢亲》；移植莎士比亚经典喜剧《第十二夜》《仲夏夜之梦》；改编张爱玲小说《琉璃瓦》的滑稽戏《"独"养女儿》和同名小说的滑稽戏《太太万岁》；杨绛的话剧《弄真成假》；从经典作品改编的《乌鸦与麻雀》《马路天使》《方卿见姑娘》；原创滑稽戏《江南第一春》《头面人物》《乾成和他的女人们》《今夜睏不着》《爱情样板房》《皇帝勿急急太监》《哎哟爸爸》《弄堂里向》……传统的独脚戏《英文翻译》《宁波音乐家》《开无线电》《各种小贩叫卖》《拉黄包车》《十三人搓麻将》《滑稽京戏·追韩信》也在不同的场合上演。原创的独脚戏《满面春风》《看电影》《各派越剧》《摩登瘪三》《歌星梦》《缺德》《好男人》以及上海说唱《金铃塔》《龙华塔》《玲珑塔》等成了优秀的保留曲目，市民传唱度很高。

　　滑稽戏和独脚戏这两个不同艺术门类的多部作品，分别在戏曲和曲艺领域于国家级和省市级的展演或评比中获得殊荣，受邀参加文化部主办的全国性汇演、展演活动；获中宣部、CCTV首届中国相声小品大赛"优秀作品奖"和"最佳导演奖"；受邀"南山杯"全国曲艺新人新作优秀节目展演；获上海文艺创作新品、优品、精品评选"文艺创作优品"；获上海市舞台艺术作品评选展演"优秀作品奖"；中国文联终身成就曲艺艺术家；上海白玉兰戏剧表演艺术奖等。

　　滑稽戏专演喜剧和闹剧，是我国特有的、独具鲜活民族特色的一种戏剧样式，是上海文化的一种代表，也是海派文化的一种典型。它把创造欢笑作为自己的使命，于嬉笑怒骂之中透出人生的甜酸苦辣，在笑的海洋里倾注耐人寻味的各种社会体验。观众把滑稽看作让人开心的艺术，行家则称滑稽艺术是百花园里的奇葩异花。上海滑稽剧团将继续弘扬"蜜蜂精神"，在传承、创新上做出艰苦的努力，跟上时代步伐，更好地发挥滑稽艺术的娱乐和教化作用，更好地为人民服务。

（钱程　上海滑稽剧团）

上海爵士音乐:当代回顾与未来展望

何 丽

爵士音乐是一种包含了许多特质的音乐类型,其中摇摆的节奏(或是多变的节奏)、即兴与可辨识的声音是构成爵士音乐的三大要素。其包容性和独特性兼具,迎合了更多人对音乐作品更加通俗化、流行化但却不失水准并有据可依的要求。早在20世纪20—30年代,上海被赋予了"东方巴黎"的称号,成了一座中西文化融合的国际化城市。爵士音乐也开始在这里播种,后逐渐发展为与美国纽约同步的爵士乐名城。今天对其发展历程进行回顾和分析,可以对中国爵士音乐历史有更加清晰的认识,并在此基础上明确新的目标,推动其在当代的新发展。

一、20世纪80年代后上海爵士音乐的发展回顾

20世纪80年代中国进入了改革开放时期。据统计,1979年到1984年间,上海地方财政用于文化建设的支出共34.2亿元,其中用于文化、新闻、出版、广播电视事业的支出约1.1亿元。在1985年后,文化投入的力度加大,许多在80年代前被搁置和停止的文化形式开始复苏生长。

1980年,在上海和平饭店,一群年过花甲的老人组建了至今为止全国甚至是世界范围内平均年龄最大的一支爵士乐队"上海老年爵士乐队"。创立者郑德仁先生正是20世纪40年代曾效力于"吉米金爵士乐队"的贝斯手,其他乐队成员均为原20世纪30年代和40年代上海滩各大爵士乐团的乐手。上海老年爵士乐队的建立标志着上海爵士音乐的再次发展。

从1984年开始,舞厅、酒吧文化再次兴起,重新走进了市民的文化生活中。1987年,国家颁布了《关于改进舞会管理问题的通知》,明确规定允许大中城市举办营业性舞厅。随后,舞厅、酒吧、音乐茶座、卡拉OK厅等娱乐场所如雨后春笋般纷纷营业,至1993年,上海舞厅达600余所,音乐茶座90余家,到了1995年,舞厅增至1 300余所,音乐茶座增至400余家。

1980年,上海老年爵士乐队在和平饭店的演出获得热烈反响,无论是中国人还是外国人,来到上海都会去和平饭店消费、欣赏。许多高档酒店抓住了这一商机,20世纪90年代后,也纷纷效仿和平饭店,以爵士乐队演出作为噱头招揽生意,其中包括金茂君越大酒店53层的钢琴吧和56层的天庭、上海JW万豪酒店40层的酒吧等。这些娱乐场所的建立促使文化市场对乐队以及爵士乐队的需求量猛增,截止到90年代中期,上海地区的演出乐队已达300余个。

20世纪90年代中后期,酒吧文化开始盛行,一个个小酒吧在上海的街头错落有致,形成了一道风景,其中最有名的要数上海的衡山路,一度被人们冠以"酒吧一条街"的称号。这些酒吧当中,不乏以爵士音乐为主题的音乐酒吧,例如复兴西路46号的JZ酒吧(JZ Club)、复兴西路与淮海中路交叉口的棉花俱乐部(Cotton Club)、青海路9号的木头盒子咖啡厅(Wooden Box Cafe)、新天地的CJW酒吧(Cigar Jazz Wine,雪茄爵士葡萄酒酒吧)、泰康路288号的288酒吧等。这些酒吧每晚都有不同风格的爵士音乐演出,许多中外乐手同台献艺,傍晚,在爵士乐队演出结束后,还有很多慕名而来的爵士乐爱好者上台与专业乐手们相互切磋。

自2004年开始,每年的10月份,上海都会举办别开生面的爵士音乐节——"爵士上海音乐节"。主办方"JZ音乐"(JZ Music)邀请了国内外上百支乐队和各国音乐家演奏爵士大乐队、波萨诺瓦(Bossanova)、流行爵士乐等不同风格的爵士音乐,可谓是国内最大的爵士乐活动之一。在音乐节上设有十几个不同的舞台同时进行表演,不同类型、不同肤色的专业乐手轮番演出,带给听众多种多样的爵士音乐感受。

21世纪初期,爵士音乐开始走进全国一流的高等音乐院校——上海音乐学院的课堂,从此,爵士音乐成为一门学科,爵士音乐教育正式走上了系统化、专业化的道路。

二、爵士音乐在上海发展的成因和局限

(一)爵士音乐在上海发展的成因

首先是社会环境相对稳定,人民生活有了一定的改善。20世纪20年代,人民生活负担相对减轻,政府着手交通、通信等设施建设,在便利了人民出行、联络之外,也鼓励他们了解外面的世界,进一步纾解了多年以来束缚在人民脑中的陈旧思想,眼界得到了一定的拓宽。

其次是人民生活质量有所提高,文化消费相对增加。20世纪20年代起,民族经济的崛起和大量外资企业的涌入,使得上海的经济进入了"黄金时期"。人民的生活基本稳定、收入相对提高,商人和外国人的增多促使娱乐场所的生意日益红火,文化消费较之前有较大幅度的提升,促使从事娱乐服务行业者必须想方设法地变化着花样来吸引消费者。

最后是西式的文化方式扑面而来,中西文化融会贯通。爵士音乐在上海的登陆并非偶然现象,它由西方人士带入上海,而20世纪20年代的上海大环境为爵士音乐的发展创造了一定的有利条件。俱乐部和舞厅的兴起为爵士音乐提供了演出场所,一批勇于吸纳西方音乐文化的音乐人,创作了许多加入爵士音乐元素的流行歌曲,至今仍有许多首被广为传唱。

(二)爵士音乐在上海发展的局限

首先是错将爵士音乐定义为"舞厅音乐"。20世纪20年代,爵士音乐传入上海,虽然是一种新颖的音乐类型,但自始至终,人们只是将其定义为"舞厅音乐",即一种专门为舞蹈伴奏而生的背景音乐。在那时的上海,乐手们只是一味模仿西方爵士音乐的演奏,缺少专业人士系统的教学和对于爵士音乐的理论学习,导致爵士音乐在上海的发展

有所局限，只有百乐门、大都会等娱乐场所才能找寻到爵士音乐的身影。

其次是对于爵士音乐，人们"只知其表不知其里"。爵士音乐是一种由西方传入我国的"舶来品"，它的出现引起了许多本土的文化人、音乐人的好奇，他们纷纷模仿，但从未去过大洋彼岸感受爵士音乐的纯正韵味。乐手们只知乐队配置、乐谱如何吹奏，而忽视了爵士音乐的内涵和起源，这就好比现代社会中的一件写满洋文的"洋家电"，简单的功能也许可以掌握，但其真正的先进与便利之处只有出现一位行家才能解释清楚。

最后是乐团成员演奏水平参差不齐。20世纪30年代左右，上海的舞厅如雨后春笋般涌现，为了在竞争中拔得头筹，舞厅的老板们想方设法招募乐师、组建乐队、演奏舞曲、爵士乐等西方新潮的乐曲。许多演奏者并非因爱而投身于爵士乐演奏，而是看中了其高额收入，所以许多仅仅是会演奏乐器的乐手，在初步了解爵士音乐的演奏方法后便前往舞厅演奏，演奏的水平自然参差不齐。

三、上海爵士音乐在未来的发展与展望

（一）爵士音乐原创作品的专业化

许多西方音乐家都在爵士音乐作品"专业化"的方向上做出了努力，获得了音乐界的广泛认可。当今上海也有许多爵士音乐人创作了一批优秀的爵士音乐作品，为爵士音乐作品走向专业化道路做出了贡献。2014年，上海音乐学院硕士生导师章啸路为自己带领的上海音乐学院爵士乐团创作了爵士大乐队作品《东韵》，同年5月15日登上了上海音乐厅的舞台并荣获第31届上海之春原创作品奖；上海音乐学院青年教师张雄关于2016年1月发行了个人专辑《来自旧时的新声音》，专辑曲目在演奏与创作上风格多变，代表了一批中国爵士乐坛朝气勃发的新生力量；爵士吉他演奏家顾忠山先生于2014年推出了首张爵士大乐队专辑《浮Flow》，荣获台湾金曲奖多项大奖的入围提名等。

如今，上海拥有一批以爵士乐为主题的酒吧，许多专业音乐厅也陆续推出多场爵士音乐会，但爵士音乐作品的名号仍没有古典音乐作品、现代派音乐作品等来的响亮，究其原因是作品缺少专业技术含量，得到音乐专业领域认可的作品较少。我国的爵士音乐起步晚于西方，直至21世纪初，爵士音乐才正式进入高等音乐院校的课堂，而上海音乐学院作为全国第一所拥有"爵士音乐演奏"专业硕士学位的音乐院校，在教授学生如何演奏爵士音乐的同时，也将培养学生创作专业且优秀的爵士音乐作品作为目标。现阶段，爵士音乐演奏专业的许多学生都已拥有自己的原创爵士音乐作品，但距离"专业化"的原创爵士音乐作品仍有进步空间。在未来，会有越来越多更加具有专业水准的爵士音乐作品问世，爵士音乐将以更加成熟的面貌展现，上海的爵士音乐学子们也在为登上更加专业的舞台而努力奋斗。

（二）爵士音乐改编作品的中国化

2012年组建的一只名为"Take Five"的爵士、探戈风格五重奏乐队，曾在全国多地进行巡回演出。演出曲目包括《伤感十分》（"In a Sentimental Mood"）、《杂耍人》（"Entertainer"）等爵士音乐经典"入门级"曲目，也有《茉莉花》《夜上海》等爵士音乐改编作品。演出结束后，许多观众纷纷表示，"我们特别喜欢《茉莉花》《夜上海》这种我们'听得懂'的曲子，老版本我们听过太多次了，第一次听到这种富有现代气息的版本，感觉耳目一新，很好听。其他的曲子也挺好听的，但是比较陌生，没有那些老歌听着熟悉，有代入感。"

在我国，爵士音乐的普及化远不及欧美国家，而经典的"老上海"流行歌曲、地方民歌等带有中国特色的歌曲却广受听众的好评。为了拓宽爵士音乐的普及程度，在提高爵士音乐原创作品"专业化"的同时，也要避免广大业余听众群体"听不懂"，爵士音乐不仅仅需要原创，也需要更加"中国化"。

上海音乐学院硕士生导师贺乐曾出版多首爵士音乐改编作品，包括江苏民歌《茉莉花》、新疆民歌《阿拉木汗》等。他在改编中国乐曲时，保留了原曲的主旋律线条，使用切分音、三连音等技巧对旋律稍加变化,使老歌更具现代感;在节奏方面,运用多变的节奏替代原曲一成不变的节奏模式,突出了爵士音乐的基本特征;在即兴的部分,贺乐老师多用中国五声调式与布鲁斯、调式爵士等音阶融合,展示了爵士音乐的即兴技巧;而与传统西方爵士音乐相比,最大的不同在于改编乐曲在和声进行与处理方面普遍相对简单,其目的如下:

1. 和声与旋律保持统一性

富有中国特色的乐曲与爵士乐曲的最大区别在于,中国乐曲普遍运用三和弦且和声进行相对简单。而在改编中国乐曲时,虽然可以用七和弦代替三和弦,但需以不打破原版乐曲的美感为准则,增加或更改和声则应更加小心,避免画蛇添足。通常来说,改编的中国乐曲和声进行与传统的爵士乐曲和声比较还是相对简单,故在即兴部分为了保持乐曲的统一性,一般不在和声变化上做过多处理。

2. 注重旋律线条的发展

贺乐老师经过多年的爵士音乐课程教学,总结提出"美好且动听的旋律往往最容易被听众记忆,在改编乐曲时也要遵循节奏旋律化、和声旋律化,以旋律为主"。对于改编中国乐曲来说,虽然使用的是爵士音乐手法,但主体仍是中国音乐,简单的和声更容易发展出类似于中国五声音乐调式的传统旋律,符合乐曲本身的主体。

3. 听众群体决定演奏内容

作为一名在中国的爵士音乐传播者,第一要旨是扩大欣赏和喜爱爵士音乐的听众群体。中国拥有 5 000 年的历史,具有中国特色的民族音乐、五声音乐根深蒂固地扎在每个中国人的心底。贺乐老师运用了这一心理,通过改编大家耳熟能详的中国乐曲,使听众更加容易理解何为爵士音乐。而在新增的即兴部分,则考虑大多中国听众能接受怎样的旋律线条,所以简单、好听、富有中国韵味的旋律占居多数,而这些旋律却与多变、复杂的和声进行毫不相符,简单、通顺的和声进行则与之浑然天成。

贺乐老师曾在上海举办多场以"老歌新作"为主题的爵士音乐会,将富有中国特色的西方爵士音乐带给基层听众。让爵士乐变成一种

"听得懂"的音乐,这也许是在当下传播和普及爵士音乐方面,我们应该做到的第一步。

(三)爵士乐教学课程的全面化

2003年,上海音乐学院现代器乐与打击乐系开设爵士乐演奏的相关专业,本科涉及爵士专业的课程安排包括:(不同乐器的爵士乐)专业演奏、爵士音乐史论、爵士乐和声与创编、爵士小乐队演奏、爵士大乐队演奏,辅助的必修课:乐理、视唱练耳、民族器乐史、西方音乐史、思想品德等。通过爵士乐不同风格演奏方法的掌握、经典句型的练习技巧等,掌握爵士乐在各时期的风格形成;通过爵士乐和声与创编课程等理解爵士乐作品中的和声进行与变化、在即兴时要用哪些音演奏、在进行创作时应该遵循什么原理等;通过爵士小乐队与大乐队演奏课程,学习如何与别的乐手配合演奏爵士乐、大乐队中钢琴的演奏方法等。

考虑到爵士乐拥有自成一派的理论知识与和声系统,可以将爵士音乐与古典音乐的乐理和视唱练耳课程分开,增加爵士音乐的理论知识储备,提高学生对爵士和声的熟悉度。另外,除了对于爵士音乐史的学习外,是否还可以加入流行音乐史的课程,爵士音乐与流行音乐的产生可谓是一脉相承,特别在爵士音乐后期风格的发展中,加入了许多流行音乐的元素,学习流行音乐史不仅可以拓宽爵士音乐的创作思路,也可以借鉴流行音乐的表演形式,提高爵士音乐的舞台表现力。

在硕士课程中,可以加入爵士乐创编的高阶课程;在小乐队的课程设置上,现阶段硕士研究生与本科生混搭,这样的安排可能在乐队成员演奏水平上造成了差异,硕士研究生的演奏能力发挥和专业知识的提高受到限制,为了平衡爵士小乐队的水平、提高学生在硕士阶段的乐队演奏能力,未来是否可以考虑将爵士乐演奏专业硕士研究生们分到一组小乐队接受训练;中国的爵士乐硕士教育仅在起步阶段,可以借鉴一些西方大学在爵士乐硕士阶段的特色课程。美国纽约大学(NYU)的爵士乐研究专业开设了"独立音乐人学习"(Independent Musician Study)的课程,主要教授学生如何经营和宣传自己和乐队,如何在竞争激烈的音乐市场中脱颖而出;美国中央俄克拉荷马大学(UCO)的爵士乐研究专业开设了"爵士乐教育法"(Jazz Pedagogy)的课程,内容为如何教授他人爵士音乐知识;中央俄克拉荷马大学的小乐队分组也十分具有特色,他们将爵士小乐队以不同的演奏风格分组,有拉丁风格爵士小乐队、摇摆乐风格爵士小乐队、调式爵士风格爵士小乐队等,每位学子都可以加入自己擅长和感兴趣的爵士乐风格小乐队。以上多种理念和举措都是值得学习和借鉴的。

四、结　语

爵士音乐本身就是一种具有包容性和独特性的音乐类型,它的出现迎合了更多人对音乐作品更加通俗化、流行化但却不失水准并又有据可依的要求。爵士音乐的发展需要开放的政策与社会环境、学生高涨的学习热情与求知欲望、教师过硬的专业能力和丰富的教学经验、大量专业作品的高认可度作为支持以及获得广大听众的普遍认可。作为一个爵士乐演奏者,希望上海爵士音乐人在发扬前人优良传统的同时修改不足、填补空缺,使爵士音乐发展之路更加全面且专业。

(何丽　伯克利音乐学院音乐表演系)

上海的责任:做"快乐最大化"的体育产业

徐 菲

中华人民共和国成立之前,上海就是全国现代体育领域的先行者。近几年来,上海的体育氛围更加浓烈,在诸多体育赛事和体育运动中,上海市民也是玩在其中、乐在其中。体育产业具有高度全球化特征、全球化进展迅速,上海作为中国外向程度最高的城市之一,做"快乐最大化"的体育产业,虽任重道远但也责无旁贷!《上海全球著名体育城市建设纲要》的制定颁发,为上海体育满足人们普遍并日益增长的健康和精神需求,为上海缩短与纽约、伦敦、巴黎、洛杉矶、东京几大全球著名体育城市之间的距离,迈出了一大步。

一、上海体育氛围浓烈,市民玩在其中、乐在其中

据公众号"卡卡体育资料库"统计,1994年开始的中国男足顶级联赛(1994—2003年称为甲A联赛,2004年之后更名中超联赛),截至2023年赛季,共有41支球队参与;而2024年赛季,只余下16支队伍征战比赛,其他队伍或降级到低级别的联赛,或解散彻底不见。

在中国足球顶级联赛总积分榜(1994—2023)上,上海的两支队伍——申花和海港名列前茅,它们不但在联赛的腥风血雨(联赛本身以及与比赛休戚相关的经济周期)中生存了下来,而且取得过不俗的成绩——申花获得过1995年赛季的冠军、2017年和2023年足协杯冠军,海港获得过2018年和2023年两个赛季的冠军。

在中国经济严重依赖房地产的那个阶段,房地产的几位金主也杀到了中超,惯用的策略是投资球队,以赢得比赛获得声誉,从而为平价

或低价获取商品房开发资格,最终获得高额利润,这个阶段就是中超的金元时代。当其他球队享受了金元足球的风光后无以为继,上海却同时拥有两支顶级联赛球队,经常以"德比"之名,在联赛中制造热点,形成话题和讨论度,为整个联赛的持续和发展贡献力量。2024年赛季,申花和海港更是开了挂地优秀——联赛赛至12轮,申花是班长,海港紧随其后。虽然不知道两队的后面18轮的比赛状态如何、运气如何,但作为上海市民,已经引以为傲。

2024年5月16日至19日的四天时间里,中国举办的首届奥运会资格系列赛的第一站赛事在黄浦滨江的世博园区举行。来自四个奥运新兴项目——滑板、攀岩、霹雳舞、自由式小轮车的464名世界顶尖选手,为150余张巴黎奥运会门票展开终极对决。中国选手在小轮车、攀岩、霹雳舞三个大项当中,共取得了2金、3银、2铜的优异成绩。国际奥委会主席巴赫对本届大赛给予"满分"评价。

除了正式的比赛,此次赛事的主办方力主将其办成一场"体育派对"——在黄浦滨江的城市公园,除了设计极具现代感的各个比赛场地外,观众发现这里还散布着各个项目的娱乐体验区,观赛之余,可以在教练的指导讲解下亲自上手,感受一把运动快乐。从看台到实践,许多人迎来了和这四个体育项目的"第一次接触"。官方统计数据显示,四天赛事的入场观众为4.5万余人,其中境内观众占比89%,境外观众占比11%。

此外,F1上海站、上马、上艇、上帆、上海市民运动会……无一不在说明,上海这个城市体育氛围浓烈,上海人民在体育赛事和体育运动中是玩在其中、也乐在其中。

二、上海体育夯实的条件基础

在现代社会,人们追求健康和快乐。一些事项如果不能带给人们愉悦的满足,人们是不会关注并投入时间的。那么,上海体育是如何做到的呢?

一是上海高居首位的GDP。根据2024年上半年陆续公布的各城市 GDP 数据可知,截至 2023 年底,中国除港澳台外,一共有 26 座城市的 GDP 超过了 1 万亿元,它们分别是上海、北京、天津、广州、深圳、重庆、成都、济南、青岛、烟台、南京、常州、无锡、苏州、南通、合肥、杭州、宁波、泉州、福州、东莞、佛山、西安、长沙、武汉和郑州。在这 26 个城市中,上海是第一个达到万亿规模的。从 2006 年首次超越万亿元之后,一直在这个列表里高居首位。仅有一次例外,2022 年上半年,北京的 GDP 总量达到 19 352 亿元,而上海 GDP 为 19 349 亿,出现过 3 亿元的反超。虽然 GDP 不是"全部故事",但它是很多事情的基础,比如体育。

二是上海较早接触到现代体育。早在 19 世纪时,居住在上海租界内的各国侨民,纷纷将各自擅长的体育项目带到这里。上海市民(最广泛意义上的)开始接触现代体育。在租界时期,虽然华人的参与度有限,但是见证了跑马厅、公共运动场等体育场馆的建设,见证了赛马、板球、网球等体育赛事的引入以及足球、篮球等团体运动的推广。华人开始接触到跨国界体育赛事形态和体育文化。西方的体育理念、技术和体育规则等开始影响上海。租界内的外国学校开设了体育课程,各类体育组织和俱乐部也随着体育活动的增多在上海成立,一些国际运动员和教练员被吸引而来,客观上使得上海体育教育得到推广和提升,促进了社区体育活动的组织化和系统化,也为后来的本土运动员培养提供了教育理念和技术支持。

之后,上海逐渐形成了自主的体育发展轨迹,并在各个层面上实现了广泛的参与和发展。上海是 1949 年以前,全中国唯一能够承办大型国际体育赛事,并确实举办了 1915 年第二届、1921 年第五届和 1927 年第八届远东运动会的城市。彼时,上海就是全国现代体育领域的先行者。

三是政府的有力推动。1949 年之后,经历了不断的认知的改变和艰苦的付出,新中国经济发展、社会进步、民生改善,体育领域也面貌一新。目前,我国在大大小小的体育项目上都具备一定的实力,在个别项目上,我国还处于世界领先水平,经常在奥运会和世锦赛上取得佳绩,能够与中国在世界上的经济地位相匹配。在省级层面,上海有自己的优势项目,在历次全运会的成绩单上名列前茅。

四是上海市民的热情参与。以上海马拉松为例:2024年,上海马拉松的报名人数达到了172 872人,创下了历史新高;全马项目的中签率仅为13.7%。上海市民对于马拉松赛事的支持不仅体现在报名参与上,还体现在对赛事的组织参与上。周边居民往往会提前了解封路等信息,并在赛事期间为参加者加油鼓气,形成热烈的观赛氛围。总之,上海市民对马拉松赛事的热情非常高,愿意投入时间和精力参与到这一盛事中。目前,跑步已经成为上海市民的一种普及的健身方式,而随着跑步文化的普及,马拉松赛事已在上海市民的日常生活中占据了重要地位。根据上海体育学院公共体育服务发展研究中心编制的《上海市全民健身发展报告》显示,仅2021年上海全市经常参与体育锻炼人数比例就达到了49%。

三、体育产业是一个好选择但也任重道远

任何国家和城市,每时每刻都面临着产业调整的难题——向外,要关注世界产业动态,寻找属于自己的机会;对内,要掌握自身的实际情况,做动态调整。随着外贸的吃紧、房地产业的式微,寻找新时期的产业重点是重中之重。

(一)做大、做强体育产业是一个好选择

体育产业通常被分为四大类,即体育用品制造业、职业体育业(也被称为体育竞赛表演业)、体育健身与休闲产业、相关配套服务业。其中,第一类是制造业,后三类都是服务业。可见,体育服务业的产业链足够长。

如果寻找新时期的产业重点,做大、做强体育产业是一个很好的选择。一则,体育产业的目标就是更多人的健康和快乐,满足人们普遍并日益增长的健康和精神需求,市场巨大。二则,正如著名经济学家江小涓在《体育产业的经济学分析:国际经验及中国案例》(2018)中所指出的:体育服务业能广泛有效地利用数字技术和互联网空间,有

显著的规模经济和范围经济,是今后最具成长性的产业。体育产业具有产业的一般性质,又能有效利用网络技术、数字技术提高效率;同时,中等和高收入阶层对体育服务的需求持久、广泛且将不断增长。因此,体育必定成为支柱产业,并带来广泛的社会效应。

(二) 做大、做强体育产业任重道远

体育活动是人类的基本愿望和普遍行为,在2 000多年前的古希腊就开始举办奥林匹克运动会。然而,彼时的体育活动由于无关付费或成本,没有商业价值,因此并不是经济学意义上的有效需求。体育活动成为有效需求并达到一定的规模,需要以较高的收入水平作为支撑。从国际经验看,进入中上等收入阶段即超过6 500美元后,对体育消费较大规模的有效需求才开始形成,开始具备支持体育产业快速发展的条件。

在体育产业领域,上海毫无疑问是国内336个地级以上城市中的佼佼者。但是,相对于"快乐最大化"即满足人们普遍并日益增长的健康和精神需求目标,相对于横向对比纽约、伦敦、巴黎、洛杉矶、东京这些世界公认的全球著名体育城市,前路尚且遥远。

全球体育产业产值:据德勤事务所统计,全球体育产业年产值超过1万亿美元。根据WIND(万得)的数据统计,全球体育产业年增加值在2013年接近9 000亿美元。另一个来源的数据是2013年全球体育产值为7.5万亿元人民币,占GDP(国内生产总值)的比重约为2%。

美国体育产业产值和就业:根据WIND的数据统计,美国体育产业年增加值达到4 500亿美元,占全球的一半,且约占美国该年GDP的2.93%。根据美国产业研究机构普兰科特研究中心(Plunkett Research)的数据,2015年美国体育产业的市场规模为4 984亿美元。根据2015年美国劳工部劳动统计局的统计,体育就业人数包括运动员11 710人、教练员与球探224 110人、体育裁判和体育官员17 620人。另外,观赏性体育产业相关工作人员有138 310人,从事体育用品零售业的有305 650人。上数几项就业总人数为697 400人。但这些就业并未覆盖体育产业全部内容。

欧洲体育产业产值和就业：据中国驻欧盟使团估算，2012年欧盟体育产业总附加值（gross value aaded，简称 GVA）为 2.7%，就业约占保有量的 3%—4%。据 WIND 数据统计，欧盟的体育产值占 GDP 比重高于 2%。欧洲"体育与经济"工作组统计出欧盟 27 个成员国在 2005 年的体育产业产值占 GDP 的 3.7%，欧洲委员会 47 个成员国在 2010 年的体育产业产值占 GDP 的 2%。2007 年发布的《欧盟委员会体育白皮书》中揭示，2004 年欧盟体育产业从业人数占欧盟当年总就业人数的比例为 5.4%。还有些数据相对保守，2011 年欧盟经济体体育产业产值达到 2 427 亿美元，占 GDP 比重为 1.8%。2011 年，英国体育产业增加值约 334.8 亿英镑，占 GDP 的比重为 2.33%，同年英国体育产业从业人员达到 61.88 万人，占英国就业总人数的 2.16%。另一个数据来源显示，以总附加值衡量，2015 年英国体育经济价值估计为 350 亿英镑，占英国总附加值的 2.1%。2015 年与体育相关的总就业人数为 120 万，占 2015 年英国总就业人数的 3.6%。另一个数据来源表明，2011 年欧盟经济体体育产业就业人口约 446 万，占就业总人口的 2.12%。国家体育总局的考察数据是，2006 年，奥地利、塞浦路斯、波兰、英国的体育产业就业人数占就业总人数的比重分别为 6.35%、2.2%、1.54% 和 2.5%。

一些亚洲国家和地区体育产业产值和就业：2012 年，日本体育产业规模是 5.1 万亿日元，最近 10 年，体育产业在日本 GDP 中的占比已经达到 2%。日本还提出，2025 年达到 2012 年市场规模的 3 倍，争取达到 15.2 万亿日元。根据韩国文化体育观光部于 2015 年发布的《体育产业白皮书》，2015 年，韩国国内体育产业规模估计为 42.91 万亿韩元，比 2014 年的 41.37 万亿韩元增长 3.7%，占 GDP 的 2.74%。

综合数据来源，对比体育产业占 GDP 的比重和占就业的比重，美国约为 2.75% 和 2.52%，欧洲约为 1.8%—3.7% 和 2.2%—4%。日本、韩国、澳大利亚、加拿大等国家的体育产值所占比重大约在 2%—4%。然而，中国这两个数值都明显偏低，分别为 0.9% 和 0.56%，在所列国家中最低。

四、上海做"快乐最大化"的体育产业责无旁贷

体育产业是全球化进展迅速的产业之一，主要有几种形态：一是服务产品进出口，如体育用品的进出口、英超比赛向 200 多个国家转播等。二是跨国投资和生产，体育领域有许多大型全球化公司，产品和服务都是全球生产、全球销售，全球最大的体育营销与媒体制作公司之一的盈方公司，把在世界各地举办的多种大型体育赛事向世界各地转播。许多体育用品也是多国制造和销售，如阿迪达斯运动鞋由美国提供设计、新西兰出口皮革和中国制造，多年来中国出口的阿迪达斯产品远远多于在国内销售的产品；总部设在美国的 AEG 公司，其场馆运营部在全球范围内拥有场馆超过 100 家，遍布世界五大洲。三是跨国消费，如某一国的马拉松爱好者经常在世界各地参加马拉松比赛，球迷跟随喜爱的球队到海外观看比赛等。四是生产要素跨国流动，如姚明到 NBA 火箭队打球、奥斯卡·多斯桑托斯到中国上港俱乐部踢球就是人力资本的跨国流动，苏宁收购国际米兰是资本的跨国流动。

体育产业是高度全球化的产业之一，发展过程中要面对激烈的全球竞争。其全球化程度高，是因为各个方面都能从中获益，推动力量多元而强劲。其中的三项因素特别重要：第一，体育活动的竞争规则和管理体系的统一性在各个产业中程度较高，"人类第一个被不同文化背景的人自愿接受的法律是体育规则"。在体育比赛中，无论赛场设在哪里，所有参与者遵守共同规则，同场进行比赛，听从裁判执法，认同比赛结果。观众自然会关心球队和球员的"国籍"，但往往更在意比赛水平和参赛者的表现。如果国内比赛水平不高，消费者就会选择观看国外比赛。第二，存在大量无国籍服务产品即国际比赛，而且是质量最高的服务产品，例如奥运会、世界杯等国际体育赛事，所有权属于国际体育组织，举办国仅是办赛地点。2015 年，在全球 83 个国家 119 个城市举办的 76 项世界锦标赛和 8 个综合性运动会中，世界各地

有超过7万名运动员参与了这些服务产品的"生产"。一些职业比赛直接采取全球巡回赛的形式,如国际乒联和国际篮联的职业巡回赛,每年度若干站的比赛分布在各大洲进行。第三,信息技术使全球化成本低廉却收益巨大。以往,体育服务产品的生产者和消费者必须同处一地,因此只有很少人能去现场观看比赛。现在,在电视和网络上转播比赛,成本很低而观众人数可以很多。收益成本差距拉大,必定使经营者竭力开拓国际市场。总之,体育产业在投入和市场两个方面都要面临全球竞争。

作为全国外向程度最高的城市之一,上海做大、做强体育产业,让上海市民同时吸引更多的国内外观众玩在其中、乐在其中,责无旁贷!2020年11月,上海市人民政府办公厅印发《上海全球著名体育城市建设纲要》,明确提出"到2025年,基本建成全球著名体育城市""到2035年,迈向更高水平全球著名体育城市""到2050年,全面建成全球著名体育城市,形成'一城一都四中心'发展格局"发展目标,并通过六项主要任务、五大保障措施确保目标实现。该建设纲要的制定颁发,为上海体育满足人们普遍并日益增长的健康和精神需求,为上海承担起做"快乐最大化"的体育产业责任提供了重要遵循和现实路径,为上海缩短与纽约、伦敦、巴黎、洛杉矶、东京几大全球著名体育城市之间的距离迈出了一大步。

(徐菲　当代上海研究所)

"大博物馆计划"下的"上博样本"研究

郭奕华

2022年12月，上海博物馆在建馆70周年之际公布了"大博物馆计划"（2022—2025），实施"建设大场馆、引领大科创、配置大资源、打造大品牌"战略，并设定了发展目标：力争在"十四五"期间建成"中国特色世界一流"博物馆、"一带一路"文明交流全球核心博物馆、世界顶级的中国古代艺术博物馆，更好地发挥示范、引领和带动作用，奋力推进新时代上海文旅融合高质量发展的卓越实践，助力打造"上海文化"品牌，为上海建设具有世界影响力的社会主义国际文化大都市，推进文化自信自强贡献"上博样本"。

对"上博样本"的实践探析和价值研究，是以"上博"作为个案，探讨在全球化发展趋势和新时代文化语境中博物馆的展陈叙事和价值追求，并进一步探析博物馆对塑造和传播城市形象、文化价值观所起的重要作用。

一、"上博样本"的实践探析

上海博物馆公布"大博物馆计划"时，正式宣布了其"一体三馆"的发展格局。"一体三馆"指以特展主题展为主的人民广场馆、以中国古代艺术通史陈列为主的东馆和长江口二号古船为核心的北馆。三馆联动，特色清晰。未来上博会以三馆为核心，在海内外设立若干分馆，打造具有世界影响力和中国特色的博物馆文化品牌。

上博东馆自2024年2月2日正式启用后，大大提升了展示空间。待2024年11月全面开放后，上博珍贵文物的展出比例将从人民广场馆的4%提高至10.5%左右。同时，东馆与周边的上海科技馆、东方艺术中心、上海图书馆东馆等形成集群效应,由点带面地提升了该区域的文化活力。待北馆建成后,三馆馆舍建筑总面积将超过20万平方米,匹配作为世界一流博物馆的空间尺度。

(一)两大系列展览,彰显文化自信自强,促进文明交流互鉴

上博推出的"何以中国"文物考古系列大展和"对话世界"文物艺术系列大展是其"大博物馆计划"中的两大重要展览品牌。前者聚焦中华文明探源工程,展示中国考古工作的突出成就。后者聚焦全球文明交流互鉴,与世界一流博物馆合作,引进高质量展览,以文化交流促进文明互鉴,呈现作为社会主义国际文化大都市的包容与格局。

1."何以中国"系列尽显考古学"中国气派",彰显文化自信自强

2002年中华文明探源工程正式启动,是继"夏商周断代工程"后的又一项由国家支持的多学科结合、研究中国历史与古代文化的重大科研项目。考古工作者用丰富的考古新发现,实证了我国百万年的人类史、一万年的文化史和五千多年的文明史,明确了中华文明"多元一体、兼容并蓄、绵延不断"的总体特征。知所从来,方明所去。习近平总书记强调,中华文明探源工程对中华文明的起源、形成、发展的历史脉络,对中华文明多元一体格局的形成和发展过程,对中华文明的特点及其形成原因等,都有了较为清晰的认识。①

"何以中国"文物考古系列大展通过实物讲述中华文明起源与发展的故事,推动考古成果与研究成果的转化,促进传播中华优秀传统文化,进一步增强历史自觉、坚定文化自信,积极推动建设中华民族现代文明。"宅兹中国:河南夏商周三代文明展"(2022)作为系列大展的开篇,成为当年申城最热的文化盛事。观众探源中华文明的热情极其高涨,上海连破40℃的高温也无法阻挡观展人潮。"实证中国:崧泽·良渚文明考古特展"(2023),追溯五千年前后的长江下游地区,以崧泽文化、良渚文化为核心,展现中华文明早期发展的农耕、手工业技

---

① 习近平在中共中央政治局第三十九次集体学习时的重要讲话,2022年5月27日。

术以及玉礼器等。

与过去文物展最大的不同是上博"何以中国"系列开启了古今对话的叙事方式。例如,"宅兹中国"展览中的文物,联系古人的衣食住行等,呈现出古人生动的生活场景,能与观众产生"神交"。尤其是器物中许多猪、牛和羊的形象,展现了古代中国人对动物的驯养,这是农业文明的重要标志之一。这些以动物为形的器物惟妙惟肖,带着尚未完全驯化的野性,运用于日常生活器物上,是人与自然共生的情景,展现了中国大地上生物的多样性以及中国人与大自然的相处之道。

又如系列大展的第二展"实证中国",以崧泽文化和良渚文化为代表的考古成果,较为清晰地呈现出长江下游早期文明从崧泽时代到良渚文明的发展进程。展览上的许多辅助手段也为观众提供了更好的观展体验。如玉器展厅内设置了一组图示,还原了良渚文明早期权贵女性如何佩戴玉饰,拉近了观众与文物的距离,帮助观众进一步理解了文物。

上博东馆的开馆大展,即系列大展之第三展"星耀中国:三星堆·金沙古蜀文明展",是上博携手四川省文物考古研究院、四川广汉三星堆博物馆、成都金沙遗址博物馆等28家文博考古机构,汇集了最新考古发现和文物修复成果,是迄今为止古蜀文明考古出土文物在四川省外最大规模、最高规格的展览阵容。"星耀中国"反映出古蜀文明与其他广大地域之间的联系,也以"物"印证古蜀文明的形成和发展是由不同族群和文化相互交流的结果。

2."对话世界"系列大展,促进世界文明交流互鉴

上博作为"世界看中国"的重要窗口,自觉肩负起加强国际文化传播的时代重任,联手世界知名博物馆,通过自主策划、联合办展,进一步推动文明对话,促进交流互鉴。

"对话世界"系列第三展"对话达·芬奇——文艺复兴与东方美学艺术特展",是上博有史以来首次打造的东西方绘画艺术对比展,采用独特的对话方式,从两个视角带观众走入一场跨域时空的艺术之旅。观众可自主选择参观动线,感受东西方艺术大师的魅力。对话维度有

两层：第一层是同时代艺术大师的对话，比如达·芬奇与同时代的中国艺术家唐伯虎、沈周，呈现出不同文化背景下迥异的艺术面貌；第二层是不同文化的平等对话，同为15世纪东西方的两大艺术重镇，吴门与佛罗伦萨地区所呈现出的文化景观有着某些文化共识，为研究中西方艺术史增添了新视角。

相比前几年引进国际艺术大展，文明对话的策展创意，尝试以文明平等的视角，增加对话的维度。从过去对欧洲艺术的仰慕到当下的文明对话，这一转变自然是文化自信的表现，也是重新审视中国艺术在世界文明发展格局中坐标的重要体现。

（二）讲好中国故事，传播好中国声音

2013年8月，习近平总书记在全国宣传思想工作会议上强调要"讲好中国故事，传播好中国声音"。博物馆如何讲好故事，对传承和传播中华优秀传统文化具有重要的现实意义。

1. 讲好"物"的故事

上博"何以中国"系列展览是通过"物"来叙述中国文明的起源与发展。以"物"直观、形象化地传递信息，同时围绕"物"的环境营造，包括建筑、展陈设计、环境布局、图像文字等所有元素，加上配套展览的讲解和相关活动等，让观众多感官地获得"物"的信息。博物馆是传承和传播中华优秀传统文化的重要阵地，讲好"物"的故事有助于增强人民的价值认同和文化自信。

2. 重视"物"的教育

2021年，在中宣部牵头印发的《关于推进博物馆改革发展的指导意见》①中强调，博物馆要强化改革发展，要结合多种节日开展活动，要发挥博物馆的教育功能，强化爱国主义教育等。同年，教育部牵头印发的《关于利用博物馆资源开展中小学教育教学的意见》②中也明确指出，要将"博物馆资源融入教育体系"。基于博物馆丰富的展览资源

---

① 2021年5月24日，中央宣传部、国家发展改革委、教育部、科技部、民政部、财政部、人力资源社会保障部、文化和旅游部、国家文物局联合发布。

② 2020年10月12日，教育部、国家文物局发布。

和成熟的馆藏体系,上博大力开展各种类型的公共教育,尤其重视策划青少年专题。

"上博学院"是上博面向学生打造的教育平台,开设文博艺术课程,充分发挥博物馆"第二课堂"功能。课程以启发式的导览结合手工体验的模式,激发兴趣,启迪智慧,弥补博物馆公共教育以知识普及为主的单一化模式。另外,以情境加实践的教育模式,让学生在身临其境中学习和体验,建立起博物馆与学生的情感交互,为学生建立历史记忆和文明图景提供了思考和想象的空间。

3. 推动国际交流合作

博物馆的国际交流合作日益成为世界博物馆发展的重心和热点。在新时代,我国博物馆的核心使命是讲好中国故事,在国际交流中展现中国文化的底蕴和特色。

2024年正值马可·波罗逝世700周年,上博与意大利的高校和博物馆等机构合作,共同策划"寰宇东西:马可·波罗眼中的中国与世界"展。另外,上博"百物看中国"系列文物艺术出境展的首展"不朽的玉甲——中国汉代文物珍品展"在匈牙利展出。仅2024年,上博在馆内、境外将举办18个特展,融会中西,贯通古今,在国际交流合作中积极推动中华优秀传统文化的守正创新和文明交流互鉴。

二、"上博样本"的价值探索

(一)全球化视野中的博物馆战略

进入21世纪,在世界各国主要大都市的文化发展战略中,以博物馆作为推手成为文化引领城市更新的一条重要路径。罗马、巴黎、毕尔巴鄂、巴斯等城市的成功先例展现了博物馆发展与城市文化发展之间的紧密关系,凸显出博物馆在挖掘城市资源、激发城市活力、构建城市精神和赋能城市发展中的重要作用。

上博作为"上海文化"的闪亮品牌,是城市宝贵的文化资产。立足新时代上海城市发展的新目标,上博的"大博物馆计划"能进一步推动塑造城市形象,构建城市文化,提高博物馆在城市社会发展和市民精神文化生活的影响力水平。上博丰厚而完善的馆藏体系是上海这座城市的有形宝藏,亦是无形资产。随着上博东馆的逐步开放,馆藏文物的通史陈列将为构建城市文化注入厚重的历史和文化底蕴。

放眼全球,博物馆已成为城市品牌建设中的重要角色,是城市的文化符号。博物馆以标志性强、识别度高、辐射度大等特点,能有效推动城市形象的构建,同时也能避免"千城一面"的城市发展尴尬局面。上博东馆的开馆,不仅是上博场馆的升级,更是打造上博形象、城市文化品牌的有力推动。而上博特色鲜明的常设展和专题展,更能凸显上海"海纳百川,追求卓越,开明睿智,大气谦和"的城市精神。

(二)"人民城市"重要理念下的博物馆实践

2019年,习近平总书记在考察上海时提出了"人民城市"的重要理念,突出了城市发展为了人民,要把最好的资源留给人民,以更优的供给服务人民,全心全意为人民群众创造更加幸福的美好生活。

在"人民城市"建设之下,博物馆如何通过展陈和服务重建与公众的关系,是其在新时代发展中的定位和基调。在展陈方面,让"物"活起来,讲好中国故事。以唯物史的视角展示人类创造的历史,是对"人民是历史的创造者"的最好阐释,突出人民至上的价值取向。在服务方面,博物馆作为城市重要的公共文化空间,向公众展示文化资源,并提供丰富多元的服务,充分体现博物馆的"人民性"和"共享性"。

1. 建构"以人民为中心"的叙事话语

在全球化背景下如何建构中国特色的博物馆话语体系是上博的时代命题,也是打造"上博样本"文化价值的核心问题。中国特色的博物馆话语体系是要在马克思主义世界历史观的指导下,阐明人民是创造历史的主体,彰显人民至上的价值取向。

上博的两大系列展览,从策展理念到展陈方式,积极探索以博物馆语义诠释"物"和"人"的关系,构建"以人民为中心"的叙事话语。以"何以中国"系列展览为例,"物"指的是展品,即通过考古发现的中华文明起源时期的器物,实证中华民族多元一体的发展格局和民族共同体的发展路径。"人"既指创造"物"的"人",又指观看"物"的人。通过讲好"物"背后"人"的故事,生动阐释"人民是历史的创造者",进而对观看"物"的"人"产生同理心,搭建起文物与现代人情感之间的桥梁。

博物馆由"物"向"人"的叙事转变,不是否认"物"的重要性,而是通过"物"的阐释,建立起"物"与"人"的关系。在当代中国文化语境中,博物馆带着人类命运共同体的目标和理想,探索中国特色的"以人民为中心"的表达路径,传播中华文明的世界观、历史观和价值观。以博物馆语义建立"物"与"人"的情感连接,有助于增强国民的文化认同感和身份感。

2. 凸显"人民至上"的服务理念

上博人将举办优质展览、进行丰富多样的教育活动,并提供沉浸式体验、开放数据、文创产品等服务内容,实现学术成果的社会转化,充分体现"人民至上"的服务理念。"上博样本"的实践正在进一步探索博物馆体系中的"人民性"话语的表达。

在东馆的建筑空间布局上,陈列展示区、公共服务区和配套功能区,三者各占约三分之一,可见场馆对服务功能的重视。每个楼层都规划有为观众提供休息的服务空间,并能满足多样化的需求。通过全新的公共服务意识搭建起与公众的新关系,呈现由精英文化转向大众文化的定位转变,真正诠释"人民至上"的核心理念。

(三)赋能文旅协同发展

我国最新版的《博物馆定级评估标准》中有一项"旅游影响力"指标,"参考三年内国内外大型知名旅行社、网络旅游产品供应商、电商平台等推出的固定旅游线路上是否将该博物馆作为区域内重要推荐景点来确定"计分,同时"境外观众参观人次"和"国内异地观众占年观众量比例"都有相应的计分。国内外游客参观博物馆成为一种评估指标,正是突出博物馆在城市文化影响力上的重要表现。

上海深化文旅深度融合高质量发展,坚持"以文塑旅、以旅彰文",紧紧围绕上海城市定位、精神品格、历史脉络,全力打响上海文化、上海旅游品牌。上博的"大博物馆计划"和以中华艺术宫(上海美术馆)

为核心的"大美术馆计划",都是依托城市文化资源,对标国际最高水平,深化长三角地区文化联动,着力提升上海艺术展览的品牌标识度。"来上海看大展"不仅是一句口号,更是独具特色的金字招牌,擦亮了"上海文化"品牌,提升了"上海文化"的内涵,进一步推动文化和旅游深度融合发展。

三、思考与建议

上博"大博物馆计划"是基于国家文化战略、上海城市发展目标,立足"上海文化"品牌,为增强中国特色社会主义国际话语权和文化软实力而打造的"上博样本"。

至今,"大博物馆计划"已实施一年有余,上博东馆也于2024年2月2日正式开馆,特展"星耀中国:三星堆·金沙古蜀文明展"迎来观展大人流。中国古代青铜馆和中国古代雕塑馆的陆续开放,正逐步呈现建设世界顶级的中国古代艺术博物馆的格局和视野。在"大博物馆计划"推动下的"上博样本",对推动上海建设具有世界影响力的社会主义国际文化大都市、推进文化自信自强发挥着重要作用。

(一)引领与担当

上博"大博物馆计划"是上海在"十四五"期间文化事业发展中的重要内容,它以全球化的视野,基于国家战略,并立足"上海文化"品牌打造,呈现出博物馆新的时代使命。"大博物馆计划"是以上博为引领,充分发挥博物馆的社会价值和文化价值,为上海建设具有世界影响力的社会主义国际文化大都市而贡献力量。

放眼全球,在国际大都市中除了拥有世界级的代表性博物馆之外,还有门类丰富、特色鲜明的艺术博物馆,构成完善的艺术博物馆体系。加上各类历史博物馆、科技博物馆和名人纪念馆等,成就名副其实的"博物馆之城"。

目前,上海拥有165家博物馆和100家美术馆,在每平方公里、每百万人拥有数量上,在长三角区域排名第一,在全国范围内也名列前茅。"博物馆之城"建设不仅要求绝对数量,还涉及分布、门类、层次等,构成一个完善的博物馆生态林。上海建设社会主义国际文化大都市,既要有上博这棵大树,也要有丰富多样、层次分明的树林;既要有以上博为代表的世界级水平的地标式博物馆,也要有不同专题类型、特色迥异的中小型博物馆,使"大馆做强、小馆建优、微馆盘活"[1],建设类型化、层次化、差异化发展的博物馆生态系统。

《2023上海市博物馆年度报告》[2]显示,全市博物馆的藏品总量为226万件/套,上博文物藏品达102万件,占据了全市博物馆藏品的半壁江山。上博作为重要的"上海文化"旗帜,是绝大多数博物馆不可模仿和复制的对象。由此,在"大博物馆计划"实施中,上博应勇于担当,为上海市博物馆事业发展起到引领和开拓作用。一方面,通过博物馆联盟的资源共享,带动中小型博物馆的多样发展。另一方面要积极打破博物馆和美术馆的壁垒,探索两大行业的资源整合和合力协作,助力打造具有世界影响力的艺术之城。

(二)打造世界顶级的中国古代艺术博物馆

随着上博东馆的逐步开放,打造世界顶级的中国古代艺术博物馆的图景正徐徐展开。作为享誉世界的中国古代艺术博物馆的重镇,上博是全球中国古代艺术门类最齐全的博物馆,目前拥有海内外体系最完整的中国古代艺术通史陈列,是展示中华优秀文化的重要窗口。

上博青铜馆自1973年首次展出以来经历多次升级改建,此次在东馆试开放的是其第六次升级的成果。在展陈体系上增加了融合期和复古期,前者展示了秦至五代多元一体的历史进程对青铜器发展的影响,后者展示了北宋至清中期仿造夏商周三代的复古礼器,反映了以儒学为核心的价值观。在板块内容上将原来按器物类型陈列调整为中原文化、楚文化、吴越文化、巴蜀文化、草原文化单元,这种将文化细化的陈列方式展现了上博最新的学术研究。另外,在青铜器制作技术板块也借助新的技术手段,如多媒体视频、互动体验和专题展示等,

---

[1] 陈名杰:《奋力谱写北京博物馆之城建设新篇章》,《中国文物报》,2021年6月22日第3版。

[2] 上海市文化和旅游局于2024年5月18日发布。

以更加直观的方式向观众展示诸多内容。由此,全新的八个板块陈列反映了公元前18世纪夏晚期至公元19世纪中叶清中期的中国古代青铜器发生、发展和演变的历程,是目前海内外唯一体系最完备的中国青铜器通史陈列。

3月16日,中国古代雕塑馆对外试开放。新馆在原馆基础上拓展新门类,数量也增加近两倍,其中有三分之一为首次公开展出。在板块布局上,向前扩展至商周时期,向后新增元明清板块,呈现为更加完整的、教科书式的中国古代雕塑艺术通史陈列。另外,展厅内的光线也比过去更加明亮,部分展品以"裸展"呈现,不设保护罩,而布置为广场、观景台等模式,给观众提供更加直观的体验。

未来,上博东馆的绘画馆、书法馆、印章馆、陶瓷馆、玉器馆、货币馆6个常设展厅将逐步开放,届时会呈现8部堪称"中国古代艺术史教科书"式的通史陈列,为打造世界顶级的中国古代艺术博物馆打开全世界独一无二的全景式大格局。

(三)参与建构当代文化

从全球当代性的研究视角,博物馆藏品的诠释方式正逐步聚焦于当下生活和文化审美,使文物参与到现代城市的文化生活中,建构当代文化,进而在全球化交流中凸显自身的文化价值,并塑造文化身份认同。

上博在"何以中国"系列展览中出现的古今对话、生活对照和区域文化联系等,正是将文物所承载的历史文化信息,置于人类文明发展的视角中,让观众关注文物背后的故事。由此,博物馆营造的文化场域不再只是传递专业知识的权威性,而是增加了观众的理解和参与维度,让观众书写自己的历史观与文明观。在文明的宏大叙事中,逐渐增加了微观的视角和讲故事的方式,也更能让观众产生同理心,为实现文化认同提供重要土壤。

在"对话世界"系列的第三个大展中,上博打造东西方绘画艺术的对比视角,增加了文明交流互鉴的新维度,也是对参与当代文化建构的一次实践。上博作为"世界看中国,中国看世界"的重要窗口,在提升艺术话语权上的文化自觉是值得肯定的,但在"对话"的空间营造以及参观动线的设计上,如何更加有效地引领观众在"对话"的语境中重新思考文化价值仍需进一步辨析。从当代出发,思考不同文明体系中的艺术坐标,博物馆除了展示原物、重现原场景,或许可以当代视角和当代性立场重组文化、重构历史,生产超越历史和空间的当代体验,启迪观众思考文化身份,激发文化意识。

四、结　语

2023年5月16日,习近平总书记在考察运城博物馆时强调,"博物馆有很多宝贵文物甚至'国宝',它们实证了我国百万年的人类史、一万年的文化史、五千多年的文明史"。毫无疑问,博物馆是保存和展示我国文明发展的宝地,也是赓续中华文脉、推动中华优秀传统文化创造性转化和创新性发展的重要动力。新时代、新征程上的博物馆事业被赋予了更重要的时代使命,推动中华优秀传统文化走出去,让"文物"活起来,向世界讲述中国故事、展示中国精神,塑造中国形象。

对上博来说,在建设中国特色国际一流博物馆的道路上,还有许多问题亟待思考和解决。一方面要推动构建中国特色博物馆话语体系,讲好中国故事;另一方面要不断思考如何应对随着时代发展的人民需要的不断变化。上博"大博物馆计划"在建设"中国特色世界一流"博物馆、世界顶级的中国古代艺术博物馆的道路上承载着重要的历史使命和文化担当,讲好中国文明史中的中国智慧和文化自信,以积极的实践回应时代所需、人民所需,不断拓展着"上博样本"的价值内涵。

(郭奕华　上海艺术研究中心)

社会主义"中国经验"的上海贡献
——1961年沪版《政治经济学教材》编写始末

张 生

如果论及新文化史视野下的清末民初的知识生产、新名词制造与教科书编纂等论题,学界已有杰出的研究与对话。但一般意义上,共和国史由于其自身研究对象的晚近性质,在更多层面上,其研究仍处于现实政治、经济、社会、外交、军事等问题的对话中。因此,本文论及的1961年沪版《政治经济学教材》的编写,主要注目于新中国完成社会主义改造后的社会主义"中国经验"如何总结,也是对"中国模式"书写的历史考察。

一、1958年上海政治经济学教学状况

1958年1月,中共中央宣传部部长陆定一来沪调研上海哲学社会科学状况,在会上,上海经济学界就政治经济学教学问题进行专门讨论。

姚耐谈及政治经济学课程教学任务繁多,"政治经济学任务重,只一年半的课程。有日校、夜校、专修科、训练班。去年又办了函授。校外任务重,市委训练班、部队、民主党派,常来人要给他们讲课"。雍文远提出政治经济学教材中国化的问题,"编中国化的教材,是很重要的任务。编写中国化的教材首先碰到社会主义部分的体系问题,现在的体系与部门经济学重复。有人认为体系不改很难避免重复。不要这体系,但又没有一致意见"。蒋学模形象地说,"现在讲到资本主义部分,同学津津有味,社会主义部分感到无味"。

陆定一在会上回应说,政治经济学的社会主义部分有很多问题可

以讲,如统购统销、粮食是否够吃、工资问题、社会主义建设中的外援问题、人民内部矛盾等。但他也坦率地承认,"根本问题是没有社会主义政治经济学"。

1958年8月,中国共产党中央政治局北戴河扩大会议后,"大炼钢铁"和"人民公社化运动"在全国泛滥,严重破坏了国民经济。为了帮助全党干部了解马克思主义基本经济原理,纠正错误认知,毛泽东号召学习苏联科学院经济研究所编写的《政治经济学教科书》下册,即社会主义部分。从1959年12月10日到1960年2月9日,毛泽东同读书小组成员陈伯达、胡绳、田家英、邓力群一起研读《政治经济学》教科书第三版下册。据邓力群回忆说,由于自己口音不标准,主要由胡绳和田家英分工朗读,他负责记录。读书小组分工明确,十分认真。在读书过程中,毛泽东相当不满意苏联教科书对于新中国社会主义改造与建设的政治经济学论断,主要体现于①:

1. 教科书关于中国的资本主义所有制转变为全民所有制的问题说得不对。它只说了我们对民族资本的改造政策,没有说我们对官僚资本的没收政策。对于民族资本,也没有说我们是经过了三个步骤,即统购包销、加工订货、公私合营,来实现对它的社会主义改造。

2. 把对"个人物质利益的关心"绝对化起来,一定要出毛病,使人们不是首先关心集体事业,而是首先关心个人的收入。

3. 书中有许多观点是离开马克思主义的。特别是写法不好,不从生产力和生产关系的矛盾、经济基础和上层建筑的矛盾出发,来研究问题,不从历史的叙述和分析开始自然得出结论,而是从规律出发,进行演绎。

毛泽东在完成苏联教科书的阅读之后,提出了重要的疑问:"社会主义政治经济学教科书,究竟怎样写才好?从什么地方开始写起?这个问题很值得研究。毛泽东说,如果我们写社会主义政治经济学,也

---

① 《政治经济学教材》(社会主义部分)试用本,上海人民出版社1961年,目录第1页。

可以从所有制出发,先写生产资料私有制变革为生产资料公有制,把官僚资本主义私有制和民族资本主义私有制变为社会主义公有制;然后,再写两种社会主义公有制的矛盾,以及这个矛盾发展的趋势和解决的办法,社会主义集体所有制如何过渡到社会主义全民所有制。"1959年12月初,中共中央宣传部指示北京、上海、武汉和天津等地编写政治经济学教科书,以适应当前广大群众学习经济理论的迫切要求。

二、上海政治经济学教科书的编写与试用

接到中央安排以后,在上海市委宣传部的直接领导下,上海社会科学院成立政治经济学教科书编辑委员会负责具体实施,抽调精干力量成立编写小组。编写组人员配备以经济研究所人数最多,有孙怀仁、王惟中、汪旭庄、曹麟章、童源轼、顾存伟、陈招顺、李鸿江、雍文远九人;党校有三人,即陈俊明、曹衍成、夏光华;复旦的蒋学模、外语学院的吕芳举,另有统计组一人、人民银行一人;工作人员三人。教材编写目的十分明确:"把我国社会主义革命和建设的经验和特点,以及马克思列宁主义在我国创造性的发展,充分反映到教科书中。"

编写工作进展并不顺利,主要是对全书体系内容存在争论。

其一,社会主义建设总路线要不要独立成为一章。一种意见认为社会主义建设总路线不单独成为一章,因为社会主义建设总路线是客观规律的反映,如果从经济规律的角度谈,容易与其他有关章节内容重复,该章的主要精神可以概括地在第一章过渡时期的主要矛盾和主要任务中讲。另一种意见则认为,社会主义建设总路线是我国社会主义建设中一个杰出的经验,它不仅集中地表现了中国的特点,而且还带有普遍经济规律的性质。其二,关于人民公社及农业问题如何处理。编写人员均一致认为农村人民公社是我国的创举,应该在编写的教材中得到充分反映,但对于人民公社和农业问题是否进行专章论述仍有所疑惑。

为了更好地推动教材编写工作顺利进行,1959年12月13日,上

海市委宣传部进一步从上海各高等学校和相关业务部门抽调了"政治上可靠、具有一定理论水准的党员干部,教师和学生共五十二人"集中编写。教科书编写人员成立中共上海编写哲学、政治经济学教科书支部委员会加强领导,每周编写《情况简报》进行汇报。教科书支部书记李培南,副书记姚耐,支部委员有唐文章、林德铭、郭仁杰、韦健、范秉一、雍文远、苏绍智、戴朋。共划分七个组,哲学三个,政治经济学三个,秘书组一个。其中政治经济学第一组组长雍文远,副组长李鸿江;第二组组长戴朋,副组长蒋学模、姜川桂;第三组组长苏绍智,副组长夏光华、王志平。秘书组组长范秉一。哲学教科书编写工作分工由李培南、冯契具体负责,政治经济学教科书编写工作由姚耐、雍文远、苏绍智具体负责。据简报称,这支队伍中具有一定哲学写作水平的有13人,政治经济学的10人左右。

编写工作紧锣密鼓地按步骤继续进行,上海市市委书记柯庆施对于认真研究苏联政治经济学教科书提出意见,希望编写人员分章分节地深入研究苏联政治经济学教科书。全体人员听取并讨论了华东局及上海市委宣传部石西民、陈其五的动员报告。"都感到担负编写贯彻毛泽东思想政治紧密结合全中国实际的教科书"是十分光荣艰巨的任务。按当时的工作要求,全体编写同志集体整风,主要骨干人员纷纷发言,初步检查了所谓"错误思想":

纠正了对编写教科书的神秘观点,以往认为"教科书"的编写工作是头发少的,胡子多的人干的;打破旧框框的教条主义倾向,如苏绍智说,以往认为"苏联教科书是不可变动的,对于教科书中基本经济规律的表述,就从未怀疑过"。雍文远说,"总感到旧框框好,找不出新的东西说服自己来改变它;教书久了,思想有些凝固";还分析了抱住旧框框不放的原理,如王志平说,"顾虑打破旧框框,不能建立新框框";检讨对毛主席著作的错误认知,如蒋学模说:"把政策和理论总是分割开来,不认为中央的方针政策是对马克思主义的发展。"姜川桂说:"认为毛主席的著作容易懂,不像其他的经典著作那样深,就不去仔细地考虑和捉摸。"王克千说:"往往重视大部头著作。"

从1959年12月25日到29日,编写组花了九个半天时间将前期政治经济学教科书的详细提纲及草稿共十五章全部讨论完毕。在讨论过程中,编写组采取骨干讨论和群众审阅相结合的办法。骨干讨论的结果尽可能送到群众中去讨论,群众在审阅和讨论的意见,除分别交给各章负责编写的同志外,又集中在骨干中进行研究。这样使教材编写进度能在编写组全体成员心中有数。工作相当认真仔细。

1960年1月21日,尽管文字粗糙,但总算完成了初稿,2月1日起开始重新进入讨论阶段,采取全体成员的大组讨论。在讨论前,除全体成员认真参加审阅准备意见外,并指定专人组成小组重点阅读。

沪版《政治经济学》教材初稿编写完成以后,上海交通大学与复旦大学两校率先在校试用"上海本"教材。两校政治经济学教师反馈情况,上海交大的教师说:过去没有教科书,教员有困难,现在拿出来,又有新困难;主要是时间少,分量重;大学生中对三级所有、统购粮食等现实经济问题非常关心,希望在理论上找解决;交大在寒假时曾请电影导演郑君里讲"聂耳",参加活动的人出乎意料的少,但在讲"三级所有,队为基础"时却很踊跃;这说明教科书有责任向学生交代清基本理论,使学生有能力举一反三地解决问题。复旦教师认为,上海本内容重复多,有的还过分具体,(内容)应压缩。

三、华东局政治经济学教科书互评

在迅速完成教材编写后,上海编写组参加了1961年2月至5月间华东局组织的政治经济学(社会主义部分)教材评比会。参加者有上海、山东、江苏、江西、浙江、福建六省市,分五组交叉互评互学。

上海的雍文远、蒋学模、苏绍智代表上海编写组对省市的教材提出具体建议。关于教科书的体系结构方面,苏绍智说山东本在体系结构上是按历史的逻辑与理论的逻辑来安排的,但作为教科书,感到不够完整,有的章的题目不像政治经济学教材(如无产阶级专政、文化革命等);初看条目,觉得缺少很多东西,仔细看后,谈是都谈了,但很分散。蒋学模说,浙江本关于"帝国主义必然死亡,共产主义必然在全世界胜利",不像政治经济学的组成部分,有点像政治学、时事政策。雍文远说,从江西本的目录看,说明江西的同志是力图从中国实际出发,从分析社会主义基本矛盾着手,来研究经济规律,来安排体系的,这是好的。但是由于单纯考虑到方针政策一面,在体系结构上就显得割裂,基本概念交代不清,易于重复。像社会主义公有制的发展(第四章)、党的社会主义建设总路线和国民经济大跃进(第七章)等章,有无必要设章集中阐述,值得研究,像计划第一、价格第二(第十章)、增产节约、勤俭建国(第十一章)等章,感到方针政策味道重,经济范畴交代少。

关于毛泽东思想的运用,蒋学模认为,山东本在这方面也是比较谨慎的、有分寸的。但是,某些地方由于过分谨慎,只做了一般的阐述,没有提到应有的高度,有"画龙没有点睛"之感。雍文远认为,江苏本按马恩列斯经典作家排下来,把毛泽东思想说成是马克思主义的第三阶段,而且在农业问题上,江苏本把毛泽东思想政治提到马恩列斯的前面去了,这样的阐述,公诸于世,是不妥当的。

对立面的批判也是教科书的必需内容,雍文远提出,有些地方在做对立面批判时口径有误,张冠李戴(把物质刺激与分配决定论混同)、"基数论"、消极平衡等,缺乏分析,说服力不强。苏绍智则觉得山东本把苏联政治经济学教科书有关部分作为对立面批判的情况也比较突出,在阐述按劳分配等问题上提得过于明显。

四、作为范本的沪版《政治经济学》教材

最后总结下来,大家一致认为,山东本文字流畅,生动活泼,态度鲜明,群众性语言引用得很好。浙江本文字也通顺,但有些笔调像报纸、文件的口吻。综合各方面,上海本的优点最多,可以作为范本使用:

1. 体系结构安排的较全面,力图较完整地反映历史过程和注意社会主义建设经济原理的全面阐述;2. 对毛泽东思想阐述得较慎重,马恩列斯关于政治经济学方面的理论也讲的较充分;3. 在反修正主义方

面较有战斗性,有批判,有阐述;4.无论从历史方法上或逻辑方法上看,一般讲各章联系较紧密,前后衔接,并有伏笔。

上海本甚至谈到,在尽可能全面发展国民经济建立独立的经济体系的基础上实行适当的国际分工和实行生产专业化协作化。这种思路至今日仍不过时。

但上海本也有需要提高和改进之处,江西的白永春认为上海本导言安排较好,体现了基本知识。但浙江的吴梦驷认为上海本导言太多了,它的内容要全部看完书才能懂。导言是否写,如何写值得研究。

山东的何匡认为上海本在阐述方法上存在着形而上学的毛病,第一章中讲社会主义过渡性,就说社会主义、集体所有制、按劳分配的缺点,很不妥当。社会主义阶级、社会主义社会的基本矛盾、社会主义阶级斗争是统一不可分的,上海本第一章把这三者分成几个不同的节和目来孤立地阐述,而且先说阶段任务,后说矛盾斗争,把逻辑顺序颠倒了。文风上呆板也是上海本较大缺点,这方面要大加工。基于其深厚的翻译素养,何匡还说,上海本对修正主义的批判太分散,有些地方没好好批判。上海本说"南斯拉夫修正主义者污蔑马列主义这一学说为革命输出(第21页),这种说法不合乎卡德尔一书中的原意,同时这种说法在文字上也不通"。

吴梦驷提出,上海本强调生产关系对生产力、上层建筑对经济基础所起的反作用的阐述分量较多,而对生产关系变革要以生产力发展为基础和上层建筑变革要以经济基础为基础的论述不够。更重要的是,在批判修正主义方面也存在问题。上海本批判南斯拉夫修正主义,引用人家的话是否准确完整,值得讨论。

对于新中国刚刚过去的社会主义改造与建设的"中国经验",各组更以上海本为蓝本,提出一些值得讨论的共同性问题。关于人民公社,吴梦驷认为,上海本对人民公社从所有制发展来阐述,似乎可以。但以三面红旗的地位来要求就显得不够,何匡认为,上海本在人民公社中只讲所有制问题,其他分散在各章写,这使人们对人民公社这个新事物,对其产生、现状和发展趋势,不易得一个较系统的完整的概念。

更有趣的问题是,考虑到中苏之间的友好关系,在关于向共产主义过渡的章节,何匡认为,上海本专章讲有三大标准,与苏联教科书的办法类似。书中把苏联的共产主义建设和中国的人民公社对比讨论,容易使苏联同志产生反感。

对于各地教科书如何以上海本为"基础本"进行修改。何匡、邓克生、姚耐对各地教科书修改的总体原则谈了看法。

何匡主要谈到教科书的革命性和科学性相结合问题:"现在几本书都富于革命精神,但科学性很不够,主要表现在研究方法和阐述方法上,不少地方是从原理出发,从概念出发,从定义出发,而不是从事实出发,从现象出发,引出规律性。"邓克生谈了教科书要明确目的性:写书的目的是要给人家一些什么东西,这个问题应首先解决,恐怕不是着重讲社会主义社会一定要向共产主义社会转变,而是要使人明确向共产主义前进必须坚持哪些原则。哪些事应该做,哪些事将来要做而现在不能做。内容都缺少"两点论"。因而科学性不强,如谈生产关系和生产力、上层建筑和基础的关系时,都偏重于前者的反作用。

姚耐代表上海组回应说:"有三类问题需要研究解决。第一类问题,到底给大学生哪些基本经济理论,如所有制、农业为基础,按劳分配等,这些最基本的问题如何充分阐述。第二类问题,需要统一口径的一些关系问题,如商品生产中的'外壳论'、高速度按比例是一个规律,还是二个规律?可以百家争鸣,但在教科书只能一家之言,如有必要,也可注释,介绍几种说法。"

五、总结社会主义的"中国经验"需秉持的原则

政治经济学教材编写组按专题互相"横看",明显体现了各地对新中国社会主义建设经验的理解不同。社会主义的"中国经验"在各省市教科书里体现了较大差别。

关于高速度、"大跃进"的提法,山东本说:"所谓高速度,就是这种速度不仅远远超过资本主义国家普通时期的发展速度,而且远远超过它的黄金时代的发展速度。"江苏本提到这个最高速度"将不是几倍,

而是十几倍、甚至几百倍于资本主义经济发展的速度"。

高速度与有计划、按比例是一个规律还是两个规律？江西本、福建本作为一个规律提出,福建本说是"共产主义的经济规律"。其余四本作为两个规律论述。江西、上海本明确提出"发展生产、满足需要"是社会主义基本经济规律,福建本说这是共产主义规律。关于产业之间的基本比例关系。有的书把"农、轻、重"作为基本比例关系,有的把"两大部类,农、轻、重"作为基本比例关系,有的则把"两大部类,农、轻、重,积累与消费"作为基本比例关系,提法更不一致。

在社会主义生产关系问题上,山东、浙江本说："集体所有制带有较多或更多的旧社会残余和痕迹。"江苏、福建本认为两种公有制都带有资产阶级法权残余。江苏本还说"社会主义集体所有制比社会主义全民所有制保留更多的资产阶级法权残余"。

具体到自留地、家庭副业的性质和作用怎样？上海、山东本认为是"个体所有制的残余",对集体经济的补充,上海本还指出在社会主义制度下,它是社会主义经济的附庸。福建本与浙江本认为是"私有制残余"。上海本在指出集体所有制作用时,也同时指出与公有制矛盾的一面,提出要"加以适当的限制"。

关于毛泽东读书时重点提出的政治挂帅和物质鼓励的关系。六本书都在不同程度上采用了毛泽东的看法。对政治教育谈得多,物质鼓励谈得较少。各书甚至都认为,按劳分配是社会主义的分配原则,但同时还包含着资产阶级的法权残余,是一种过渡性的分配制度。如江苏本、山东本则直截了当地说,按劳分配原则"包含有资本主义社会的痕迹,包含有资产阶级法权"。

各地教科书论述中的分歧体现了社会主义建设的理解差异,各书共同的困惑在于:写中国特殊经验时,要不要论述它的一般意义？一般的范围又应多大？比如要不要谈建成社会主义社会的标准？如果有标准,究竟应谈哪几条？是否把钢铁生产应该达到多少的具体数字也列上了？社会主义各国建设的方针应怎样提？

无论教科书编写情况优劣,各编写组都重视关于中国经验的总结,各书力图认真总结中国社会主义改造和建设的实际经验,把中国的经验的理解放在全书有关章节中。

各省市代表在确定以上海本为"基础本"的基础上,研究讨论了社会主义"中国经验"总结需要秉持的原则:

其一,正确阐述毛泽东思想。在政治经济学中,是否要对毛泽东思想做集中概括?各编写组讨论后认为:毛主席确实对马列主义有重大的发展,但目前由我们来概括,时机不成熟,水平够不上。尤其是在导言中概括,讲少了不清楚,讲多了要重复。对于每一章具体之处,应该深入贯彻的部分(如农业为基础,工业为主导),可以在有关章节中阐述;对于一些应在全书贯穿的指导思想(如社会主义社会基本矛盾学说、不断革命论和革命发展阶段论相结合的原理),则须在导言中加以集中阐述:

1. 在阐述时,必须联系马、恩、列、斯的一些基本原理,不能割断历史。

2. 要突出毛主席对马列主义的发展,不能给人有"古已有之"的印象。

3. 对毛泽东思想政治的评价,要提得确如其分。有的书几乎每一问题都提到"这是毛主席对马列主义的重大发展",这样却是把"统帅"降低到了"士兵"的地位,对于毛主席确实有重大发展的重要理论也不能不提。

4. 必须与总结我国革命与建设的经验结合起来阐述毛泽东思想。

5. 要防止用自己的感想、思想方法代替或阐述毛泽东思想。

其二,适当表达中国经验的适用性。在政治经济学中总结中国经验,必须与研究对象联系起来,即联系社会主义社会基本矛盾来总结生产关系方面的经验,而不能像党史一样,总结民主革命时期的三大法宝、社会主义建设时期的三大法宝等。有总结经验要防止两种倾向,一种是简单化,如把合作化和对私营工商业的改造说得很容易,这种既不符合事实,也不能突出我国经验。另一种是使人有中国有另外一套特殊论的印象。我们走的是社会主义、共产主义的共同道路,我们的创造有经验,但这是在普遍中的特殊。

对于要不要把我国经验明确提升成为有普遍意义的理论。谦虚的编者认为,明确提不好,人家不中听,只要我们总结得好,能提高到理论上来分析,即使不提有普遍意义,实际上已有了。相对自信的编者认为,我国有些经验已为各国所公认的,可以明确提出有普遍意义,但在提法上要根据刘少奇同志在《马列主义在中国的伟大胜利》一文的精神。

其三,正确处理政治内容与经济内容的关系。政治经济学要有生气,就得讲一些政治,但由于政治经济学是研究生产关系的,政治方面不能太发展。从马克思的资本论来看,离开生产关系谈些政治也是可以的。政治经济学谈的政治不一定全部要结合经济。如果叙述上需要,稍微离开一些是允许的,但不能离开过多,否则就不符合经济学科的特点。

六、沪版政治经济学教材的出版

在经过编写、试用、比较各环节后,1961年9月,上海人民出版社出版发行了《政治经济学教材》(社会主义部分)试用本,主要编著者署名姚耐、雍文远、蒋学模、苏绍智,全书共12章,20万字左右。该书至1964年3月时,已修订至第2版、第10次印刷,印数总计25万余册,可谓风行一时的政治经济学教材。后来者称颂说:"它突破了苏联教材传统的内容,充分反映了中国实际,是在政治经济学教材中把马克思主义同中国实际相结合的很好的一个探索。它以社会主义社会基本矛盾为主线,结合中国实际,遵循经济基础和上层建筑相互矛盾、相互作用的辩证发展轨迹,建立了中国化的新体系。内容上,在社会主义商品关系和价值规律的地位、作用等方面,大大突破了旧传统,并提出在社会主义基本制度基本建立起来后人们在生产中相互关系的重要性及其矛盾的显现,已成为调整生产关系的重要突出方面,等等。这些都是重要的理论创新和突破,给人耳目一新的新鲜感。"1959年9月,上海人民出版社曾出《政治经济学基础知识》(资本主义部分)。

两书在知识结构上交相呼应,共同构建了上海版本的中国政治经济学基础知识的体系。

《政治经济学教材》的主编者之一蒋学模此后从事教材的撰写工作,前后十数版,印行千万册,影响十数代学子。雍文远在改革开放后的八九十年代先后推出的《社会必要产品论》与《双重运行机制论》等著作中更进一步地推动了政治经济学基础理论研究。正如雍文远曾说:"我们绝不认为,社会主义政治经济学已经很好地实现了它的任务。它的理论不是僵死的教条。但我们又认为,在可能发生的错误中,将不断提高认识,获取教益,这是推动社会主义政治经济学进一步发展的必由之路。"

上海是近代中国经济与金融活动的重要的都市,姚耐、蒋学模、雍文远、苏绍智代表着20世纪早期较早接触马克思主义的经济学理论教育与研究的一代学人。作为1961年沪版《政治经济学教材》主要编写单位的上海社会科学院出色地完成了对于中国社会主义改造和建设的总结性教材,为广大群众提供了良好的理论指导。一般而言,教材编写属于高校分内之事。在20世纪50年代后半期的上海,社会科学研究机构与文科类高校尚未明显分家,上海社会科学院不仅执行着繁重的社会教学任务,而且承担了重要的教材编写工作,在重要的政治经济学理论领域引领了"中国经验"的总结。教学与研究并重,实践与理论齐飞,这对今时今日的高端智库建设也是一种启发。

七、结　语

认真比较1961年沪版政治经济学教材与苏联教科书,沪版教科书的12章内容较好地回应了毛泽东对于中国政治经济学教材的想法,针对中国实际进行了调整,但多数章节仍能在苏联教科书找到对应内容,如沪版教材中第一章"从资本主义到共产主义的过渡时期"章节,相当于合并了苏联教科书第二十章"从资本主义到社会主义的过渡时期的基本特点"以及第三十五章"从社会主义逐步过渡到共产主义"两章,其他或直接对应,或顺序调整。唯独沪版教材第二章是一个

创新性的章节,内容如下:

第二章　生产资料所有制方面的社会主义革命
第一节　没收大资本。国营经济的产生
第二节　资本主义工商业的社会主义改造
一　资本主义工商业社会主义改造的必要性和可能性
二　我国资本主义工商业社会主义改造的步骤和形式
第三节　农业和手工业的社会主义改造
一　农业合作化的必然性
二　农业合作化运动中的阶级关系和党的阶级政策
三　农业合作化的步骤和形式
四　个体手工业的社会主义改造

这一章的内容恰恰是对刚刚过去数年的社会主义改造的总结与致敬,并且在章标题里,"革命"二字时代性地概括了节标题的"改造"论述。耐人寻味的是,如果再翻开改革开放后1980年由上海人民出版社出版,蒋学模主编的《政治经济学教材》第1版,1961年沪版教材中关于"生产资料所有制的社会主义革命"内容已荡然无存,1980年蒋版教材论述的起点是"社会主义公有制和社会主义的物质基础",终点是"社会主义必然发展到共产主义",即1961年沪版政治经济学教科书的起点。以现代学术论著的一般编写习惯而言,开篇布局是作者的信心,结语代表着作者的目标和理想。简而言之,在沪版政治经济学教材编写内容上,1961年的信心反转成为1980年的理想。

在当今中国,从主体出发的论述伴随着传统文化复兴的态势汹涌而来,"中国梦"照耀下的"中国模式""中国道路"与"中国经验"等概念已经占领了中国社会科学论述的高地,"中国话语"的表达已然为时势所趋。但我们仍需要以历史的眼光去总结,什么样的中国经验是累积的?什么样的中国经验是淹没的?什么样的中国经验保留下来体现着顽强的生命力?什么样的中国经验丢弃在历史的烟尘里散发着幽暗的光芒?

(张生　上海社会科学院历史研究所)

边干边学，互教互学[*]
——复旦大学高分子学科的创建与发展

段 炼 伍洁静

高分子是由小分子结构单元通过化学键联结而成，最大特点是具有长链结构，这使其获得了与小分子化合物不同的特性。人类使用天然高分子已有数千年的历史，但高分子学科的建立仅及百年。20世纪20年代中期德国化学家施陶丁格（Herman Staudinger）提出了高分子的科学概念，经过艰苦的学术争论后终于被广泛接受，一门新学科从此诞生，并成为发展最为迅速的学科之一。

我国高分子教学和研究的萌芽出现于20世纪40年代末50年代初，从科研机构的创设、学术交流网络的建立、人才培养系统的构成来看，我国高分子科学的起步与西方发达国家相比并不算太晚，与日本几乎处于同一起跑线上，我国高分子科学的体制化在"文化大革命"前已颇具规模。1956年5月，中共中央提出"向科学进军"的号召，以"重点发展，迎头赶上"为基本方针制定出《一九五六——一九六七年科学技术发展远景规划纲要》，提出了57项重要科技任务，616个中心研究课题，内容包括基础、应用和发展研究。鉴于高分子科学在国民经济和生产发展中的重要性，高分子化合物和重有机化学产品成为该项纲要的第28项重要科技任务。有了这个纲领性的指导，我国高分子科学的发展进入了快速发展的通道。

---

[*] 本文为复旦大学高分子科学系委托课题《复旦大学高分子学科发展史》的阶段性成果。

一

1958年初,中共中央确立了"鼓足干劲,力争上游,多快好省地建设社会主义"的总路线,提出要以群众运动的方式,促使农业和工业同时高速发展,在最短的时间内赶上西方资本主义国家。科学技术领域自然也不例外,出现了高分子学科全面开花的场面,全国许多院校都从无到有开展高分子教育和科研。1958年8月,上海召开科学技术研究工作跃进大会,提出钢铁、机械、化学、纺织、医学、农业及原子能和平应用等方面的规划。11月,采取中国科学院与各高等院校和工业部门合作建设的方式,新建原子核、数学、技术物理、高分子化学、电子学、无线电技术、计算技术、力学、自动化、生物化学、电子仪器、科学技术情报等18个研究所。其中,复旦大学与中国科学院合作,筹建技术物理研究所(101所)、原子核研究所(102所)和高分子化学研究所(103所)。

1958年10月,高分子化学研究所成立,复旦大学化学系主任吴征铠担任研究所所长,有机化学教授于同隐担任研究所副所长。同时,在化学系成立高分子教研室,由于同隐担任主任。早年毕业于浙江大学化学系的于同隐教授,后留学美国密歇根大学获博士学位,1951年回国在浙江大学任教,1952年院系调整来到复旦大学化学系执教,1955年任有机化学教研室主任,为本科生讲授有机化学。1956年,于同隐带领年轻的同事和学生一起,从事被列入复旦大学12年科学规划的"硅有机合成"课题研究。短短几年,成果频出,发表七八篇论文,充分展示了他在科研上的能力与实力。复旦大学化学系主任吴征铠是知名的物理化学家和放射化学家,当时他的主要精力在于筹建复旦大学原子能系。因此,高分子化学研究所成立后,于同隐被组织任命为具体负责高分子学科创建工作的副所长兼化学系高分子教研室主任,时年41岁。

新成立的高分子化学研究所和化学系高分子教研室初创成员,除于同隐外,还有从化学系有机教研室和物化实验室抽调的青年教师徐凌云、叶锦镛、叶秀贞、何曼君、王季陶、孔德俊等,以及应届毕业生唐德宪、张中权、王智庭等人。创建之初,高分子化学研究所面临的最大问题是师资力量严重不足。为此,学校决定让化学系一批三年级的本科学生提前毕业,留校充当高分子专业的青年教师。他们是江明、纪才圭、胡家骢、陈维孝、董西侠、包银鸿、王铭钧、骆文正、郑元福、赵素珍、王金华和刘淑兰共12人。1959年到1966年间,又有郭时清、黄秀云、朱文炫、李文俊、王立惠、卜海山、史庭安、周修龄、李海晟、马瑞申、平郑骅、李善君、府寿宽等本科毕业生加入高分子教研室。

最初成立高分子化学研究所时,没有独立的工作场所,临时安排在学校化学楼二、三楼的几间实验室内。1962年1月,研究所迁入了新建成的高分子楼,俗称"跃进楼"。

二

中央制定《一九五六——一九六七年科学技术发展远景规划纲要》之际,曾提出"以任务为经,以学科为纬,以任务带学科"的规划制定原则。同样,复旦大学高分子学科的起步在相当程度上也是依靠各种"任务"带动起来的。高分子化学研究所成立时,正值"大跃进"运动高潮时期,在此浓厚的政治氛围之下,研究所提出要"创造一千种新物质"、集中力量研制"700℃上天5分钟"的耐高温材料等不切实际的研究计划。

20世纪五六十年代,出于国防建设的需要,我国准备自行研制"两弹一星"。作为运载各种导弹和卫星的工具,火箭在载入大气层时,将因空气动力加热而急速升温。因此,要求外表涂层自身具有足够的强度、与底层材料的结合强度,以及良好的抗热震性。特别是在前三十几秒钟的升温阶段,需要具有耐磨、耐蚀、耐热、绝热等特殊表面性能的材料。

所谓"700℃上天5分钟",就是要研制出瞬时耐高温材料,能耐700℃高温延续5分钟不烧毁,以满足国防科技发展的需求。但当时复旦大学高分子专业的成员没有人做过一项高分子学科的研究,提出这样的任务显然脱离了实际，根本没有条件做这样的研究，也不可能完成这样的任务。尽管这项课题研究持续进行了一年多，但没有得到任何有价值的"成果"。如果说有什么积极意义的话，那就是付了"学费"，部分教师从中得到了一定的锻炼，积累了经验。与此同时，部分教师还从事黏度计、渗透压仪、沸点升高仪和光散射仪的研制。其中，研制光散射仪的工作难度最大，当时国际上还没有光散射仪的产品。那个时候，激光还没有发明，用汞灯作为光源，保持光源和电子测量系统的稳定，对于这些还没有读完大学的年轻助教来说，真是很大的难题，虽经两年"奋战"，还是无法过关。

1961年1月，党中央提出"调整、巩固、充实、提高"方针，宣告"大跃进"运动的结束，高分子化学研究所被撤销，但复旦大学高分子学科以化学系高分子教研室为依托继续发展。反思高分子科学发展"大跃进"的成败，大家意识到加强教师队伍基础理论学习的重要性和紧迫性，在逐步脚踏实地开展研究工作的同时，必须加强基础理论的学习。研究工作包括研制热机械分析仪、光散射仪等科研仪器，从事聚酯橡胶、测定玻璃化温度、分子量测定基础性等研究。"边干边学，互教互学"是当时科研工作的指导思想，目的也非常明确，即进行科研工作的同时，努力学习基础知识，在实践中成长。通过大量的实验工作，一大批青年教师和学生在有机合成、高分子合成以及高分子成型加工方面得到了锻炼。为了尽快提升青年教师的水平，学科带头人于同隐派遣青年教师骨干前往一些高分子学科先进单位进修。其中，叶锦镛去中国科学院化学所和北京大学进修学习了两年。而何曼君赴中国科技大学，跟随钱人元学习高分子物理课程。

作为学科带头人，于同隐以身作则，勤奋学习，为青年教师树立了榜样。他是有机化学出身，响应国家号召转到高分子科学，自然也碰到了许多新的问题。尤其是开展高分子物理研究，需要涉及较深奥的物理和数学问题，这对于化学专业出身的学者来说有相当的难度。于同隐不仅自己努力钻研，还带领着大家一起学习。20世纪60年代初期，为了学习关于链构象统计的俄文专著，他就带着大家一起读，并邀请数学系的老师来给大家讲解。于同隐指导年轻教师和研究生阅读高分子英语原版书,例如《聚合物科学教科书》《高分子自由基化学》《高分子力学性质》等。那时大学毕业的本科学生基本上学俄语,英语水平都比较差。为了提高大家的阅读能力,于同隐为大家讲授专业英语课,还为此专门编写了讲义。配合初级自由基反应的研究,于同隐还专门开设了一个《初级自由基反应》的讲座。

整个复旦大学化学系高分子教研室没有一位老师是受过高分子学科教育和训练的,"边干边学,互教互学"就自然成为大家基础理论学习的最佳途径。在1959年至1961年期间,于同隐亲自规划,将高分子化学和物理的基本问题分解为若干专题,分配给教研室较资深的老师分别准备学术报告。报告人必须就这个专题去查阅资料、钻研消化,然后进行归纳总结,最后写成讲义,向全教研室同仁报告。与一般讲课不同,报告会后都有提问和讨论环节。实践证明,这是复旦高分子"边干边学,互教互学",相互促进,迅速自我提高的一个有效方式。在高分子教研室,于同隐共组织了17次高分子化学专题讲座,初步搭建了复旦大学高分子学科的基本体系和框架。讲义汇编后整理成册,其正式名称为《高分子化学专题讲座》,俗称"十七讲",这已成为复旦大学高分子学科发展史上具有里程碑意义的专有名词,相当程度地代表着复旦大学高分子学科早期发展的水平。随着岁月的流逝,"十七讲"讲义大多已经遗失了,幸好黄秀云老师还保存了一本,现珍藏于复旦大学档案馆。"十七讲"目录如下:

第一讲　绪论
第二讲　聚合反应
第三讲　聚合反应(续)
第四讲　含硅高聚物
第五讲　含氟高聚物
第六讲　酚醛树脂及塑料
第七讲　高聚物溶液的热力学
第八讲　高聚物溶液的热力学(续)

第九讲　高聚物的分级
第十讲　高分子溶液的渗透压
第十一讲　高聚物稀溶液的粘度和分子量测定
第十二讲　光散射法测定高聚物的分子量
第十三讲　加聚反应动力学
第十四讲　共聚反应
第十五讲　缩聚反应
第十六讲　高分子化合物的结构
第十七讲　高聚物的高弹性

这"十七讲"的每一次讲座到底由哪些老师主讲,现已无从考证,原稿仅注明第六讲"酚醛树脂及塑料"由何曼君主讲。另外,据江明回忆,"高聚物溶液的热力学"由化学系朱京主讲。从"十七讲"的内容可以看出,在复旦大学高分子学科创建之初,于同隐组织师生对当时高分子科学进行探究,能够比较全面地认识其内涵,准确地把握其精髓,初步明确其架构体系,为今后科研与教学的发展奠定了坚实的基础。特别值得指出的是,"十七讲"诞生的年代正是"三年困难时期",物质条件很差,粮食供应紧张,大家时常吃不饱。但就是在这样艰苦的条件下,高分子教研室的老师们互教互学,勤奋钻研,学习风气非常浓厚,青年教师进步很快。

青年教师们通过勤奋学习高分子基础理论,极大地促进了高分子学科的科研工作。王铭钧独立钻研高分子统计理论,与吉林大学唐敖庆、江元生合作于 1963 年 7 月在《高分子通讯》第 5 卷第 1 期上发表《高分子凝胶化理论》一文,提出一种推导重均分子量表示式的简便计算方法,并利用该方法推导出多种反应类型的凝胶化条件。江明与李文俊等克服重重困难,试制成功光散射仪,并利用此仪器进行高分子溶液性质的研究,于 1964 年在《高分子通讯》第 6 卷第 5 期上发表《聚苯乙烯—丁酮—正己烷体系稀溶液性质的研究》一文。同一年,于同隐与鲍其鼐在《高分子通讯》第 6 卷第 6 期合作发表了论文《聚甲基丙烯酸甲酯的分子量对温度—形变性质的影响》,这也是于同隐转向高分子学科研究后发表的第一篇高分子学术论文。"文化大革命"前,复旦大学高分子专业发表的相关论文还有于同隐、杜聪于1965年发表在《高分子通讯》第7卷第5期的《聚二甲基硅氧烷甲苯溶液特性粘数的温度依赖性》。

在组织系列学术报告的同时,于同隐带领青年教师翻译西方高分子学术论文,先后出版了两本论文集。其一是结合高分子教研室"接枝橡胶"研究与中国科技情报研究所共同编译的《乙烯类单体与天然橡胶的接枝共聚》,后作为"化学译丛"之一,由科学出版社于1961年12月出版。接枝共聚物和嵌段共聚物是高分子改性研究的一个重要方向,该书汇聚了当时国外相关前沿研究论文共12篇。另外一本论文集为《高聚物的分子量测定》,作为"高分子译丛"之一,由上海市科学技术编译馆于1965年12月公开出版。此前,中国科学院化学研究所钱人元等人于1958年出版了一本同名著作,是高分子工作者进行分子测定时的必备参考书,对复旦大学高分子学科建设作用很大。而复旦大学化学系高分子教研室于1965年组织翻译的这本包括8篇论文的文集,进一步总结了钱人元同名著作出版后在国际上,尤其是西方在高分子研究领域的新进展。

三

在"边干边学,互教互学"人才培养的思想指导下,复旦大学高分子学科在其初创的1958年就开始在化学系招收高分子专业本科生,第一届即1960届有黄秀云等3名学生,1960年毕业后仅黄秀云留校工作。1961届学生有李文俊、朱通、封朴等作为"预备教师"参与科研工作,另有少部分同学作为高分子专业学生培养。限于条件,这两届本科生都没有开设专业课程,只有教师做专题报告,学生参加实验工作。在于同隐的直接指导下,基于"十七讲"所取得的成果,自1960年起教研室为1962届学生正式开设高分子课程,包括叶锦镛主讲"高分子化学"、何曼君主讲"高分子物理"等专业基础课程,以及徐凌云主讲"高分子单体"、江明主讲"高分子溶液"等专门化课程,虽然没有正式教材,但都发放油印讲义。

据统计,1960年至1964年复旦大学化学系高分子专业共招收学生185人。毕业生中有少数人跟随于同隐读研究生并留校任教,更多的学生毕业后被分配到各地高校、科研机构和工矿企业,大多数人都从事高分子专业相关工作。有些人成为教授、总工程师,或成为单位的领导,这是"文化大革命"前复旦大学高分子学科初创时期对新中国建设事业的重要贡献。

于同隐自1960年开始招收高分子学科方向的研究生。当年招收杜聪、高南,1961年招收李莜、李有刚,1962年招收胡家璁、鲍其鼐、府寿宽,1964年招收汪道彰,1965年招收罗永康。其中,胡家璁为在职研究生,府寿宽毕业后留校工作。鲍其鼐、李莜、汪道彰、罗永康毕业后,分别在石油化工、合成树脂、涂料、复合材料等领域有所建树,成为相关领域的学术带头人和研究领导者。高分子学科研究生未开设专门课程,主要学习方式是在于同隐指导下阅读英文专著。例如,府寿宽的研究方向是高分子合成,于同隐特意安排他研读《有机化学结构理论》。府寿宽回忆说:"我们那个时候怎么读呢?差不多两个礼拜念一章。这一章由谁来主讲,这个事先就得准备一下。到时候,我们就到课堂上讲,于先生在旁边补充。"虽然当时的研究条件很差,部分研究生的工作仍然取得了良好的结果。例如,府寿宽的双链聚合物合成和物性研究取得成功,其后发展为教研室高分子合成方面一个重要的研究方向。

"文化大革命"爆发后,复旦大学高分子学科的科研与教学工作一度停顿,直到1970年高分子专业开始招收工农兵学员,学制为三年。在当时极其艰难的条件下,于同隐等高分子广大教师,竭尽全力克服外界各种干扰,针对学生的实际情况编写教材,重新开设高分子实验课,并带领学生到工厂实习,使工农兵学员的文化和专业水平得到了不同程度的提高。据统计,高分子专业1970级招生61人,1972级31人,1973年至1977年每年招收32人,总计252人。其间,工农兵学员中还涌现出了杨玉良等杰出人才。

1975年,以两年制的高分子化学专业研究班名义招收张炜、丁崇德、杨修堃三人为研究生。1976年,招收陆亚蒙、曹望平为研究生。当时,高校的研究生培养废除了导师制,由化学系下设石油化工厂聚丙烯组教师集体指导。作为当时复旦高分子专业唯一的教授,于同隐虽然在政治上"靠边站"了,但在研究生教学与科研工作中仍发挥着指导作用。这些研究生毕业后,也相继走上了重要的科研或行政岗位。第一届研究生张炜,在毕业后留校工作,曾经担任复旦大学高分子科学系党委书记兼系副主任、聚合物分子工程国家重点实验室副主任等重要职务。

四

按照以往的认知,大多数人都觉得高分子和有机化学很接近,于同隐教授出身于有机化学,因此校领导决定由他来领衔复旦大学高分子学科。一开始,复旦的高分子学科确实以高分子合成作为主要方向。然而,于同隐早就认识到高分子是一门综合性学科,作为一个教学和科研单位,仅仅从事接近有机合成的高分子化学是远远不够的,必须还要有高分子物理和高分子工艺等方向,才能形成较为完整的教学和科研体系。

经过1958年至1965年前后长达7年的艰苦努力,复旦大学高分子专业建立了初步的课程体系(包括实验课),并自行研制或购置了部分仪器,科研方面也初步显示成果,开始在学报上发表学术论文。复旦大学化学系不仅建成了学科比较完整的高分子教研室,还下设了高分子化学、高分子物理、高分子工艺和高分子辐射化学四个学科组,如此完整的设置在当时国内高校的高分子专业中也是不多见的。

在学科创建过程中,专业教师队伍得到了锻炼,由此也开始形成了一支团结、勤奋、好学的具有复旦高分子学科文化特质的队伍。当时还是青年教师或学生的何曼君、叶锦镛、江明、府寿宽、李文俊、李善君等人,成了复旦大学高分子学科的骨干。其中,何曼君老师的贡献尤为特出。她在1953年毕业于复旦大学化学系,在1957年于北京大学物理化学专业研究生毕业,来到母校复旦大学化学系任教。1958年起,她作为始创成员,长期担任高分子教研室副主任,协助于同隐筹建复旦大学高分子学科,是学科发展的"大管家",被时任复旦大学党委副书记、副校长王零亲切地称为"何司务长"。1983年,因家庭原因,何曼君调往华东化工学院(今华东理工大学)。

"文化大革命"后期,复旦大学高分子学科的师生在教学之余也参与了一些科研工作。1971年,复旦大学化学系和上海高桥化工厂、上棉三十一厂、上海合成树脂研究所、上海合成纤维研究所等6家单位联合进行"丙烯液相本体聚合新工艺"研究。作为该项目的研究成果,曾发表了《丙烯本体聚合试验》等几篇论文,该成果在"文化大革命"后获得了1978年全国科学大会奖。

边干边学,互教互学,正是于同隐等老一辈科研工作者在艰难困苦中披荆斩棘,开山辟路,才为复旦大学高分子学科的发展奠定了厚实的基础。"文化大革命"结束后,面对百废待兴的建设事业,党中央于1978年3月召开全国科学大会,再次提出"向科学技术现代化进军"的口号,国内科研机构和管理机构逐渐恢复,科技人才重获新生,复旦大学高分子学科终于走上了健康发展的道路。弦歌不辍,薪火相传,科学的春天真正地到来了。

(段炼　伍洁静　上海社会科学院历史研究所)

归侨学生教育的"上海经验"(1949—1966)

张 玥

中华人民共和国成立后,大批海外华侨回国升学,这些回到祖国就学的青年就是归国华侨学生(简称"归侨学生""侨生")。1957年12月4日,中华人民共和国华侨事务委员会《关于华侨、归侨、归国华侨学生身份的解释》对归侨学生的身份进行了界定:"侨居国外的华侨子、女(包括父、母未出国而子、女被亲友携带出国者),从国外回来求学,现在还继续在国内学习的,就是归国华侨学生。"学界认为华侨回国的动力有三种——侨居地的推力、祖国的拉力、华侨个体的向心力。归侨学生回国的动力也不外于此,但还需认识到,归侨学生回国升学,常常还有侨居地华文教育环境局限的原因,因此迫切渴望获得教育是促使侨生回国升学的关键因素。1953年8月,华侨事务委员会、教育部、高等教育部首次提出要对归国华侨学生回国采取有准备、有计划地大量收容的方针和办法,正式启动了全国范围内的归侨学生教育工作。侨生回国后,往往先在华侨补习学校按相应学段补习一年基础知识,再由中央分配到各地继续就学。

上海是一个移民城市,又是中国重要侨乡之一。1957年,中央分送500名侨生进入上海的普通中学,此数仅次于广东省(650名)、江苏省(580名)、福建省(550名),与北京、天津等直辖市并列,可见上海市在归侨学生教育工作中所处的位置。为接纳和教育归侨学生,上海在20世纪五六十年代进行了一系列探索,总的趋势是从50年代初期接收归侨学生时的起步与探索,到60年代中期侨生工作的逐步成熟并最终形成较为完善的体系。尽管这一发展过程因"文化大革命"的发生而中断，但其留下的宝贵经验在今天仍然有借鉴意义。

学界关于新中国成立后归侨学生的研究大多集中于广东、福建等南方沿海省份，讨论归侨学生的安置、政治思想教育等问题，或着眼于大陆与台湾地区争取归侨学生升学的对比研究，而鲜少讨论其他地区归侨学生所受教育情况。上海的归侨学生教育工作，自新中国成立初期就已开展，可以说，上海的归侨学生教育工作既是这一时期全国侨生教育的缩影，又带有上海的独特经验。本篇以上海归侨学生教育工作的实践及特点为主要内容，基于上海市档案馆及报刊资料，归纳总结了1949年至1966年间上海归侨学生教育的部分经验，以探讨上海在新中国成立之初为归侨学生教育所做的探索与贡献。

一、建立各部门、多层次的归侨学生工作体系

上海市的归侨学生工作体系可以分为四个层面：一是苏浙沪联合层面，二是上海市层面，三是学校层面，四是归侨学生层面。不同部门和组织之间的配合共同构建起横向、纵向的侨生教育体系，是侨生教育工作顺利进行的保障。

苏浙沪联合展开的归侨学生工作，主要体现为1956年2月上海联合浙江、江苏召开的苏浙沪归侨学生代表座谈会。这一次座谈会为期7天，地点在上海市三女中，会议就写家信、争取侨汇和宣传侨汇政策、双重国籍等具体问题做了讨论和说明，帮助三地侨生代表在了解国际国内形势的基础上，对如何发挥归侨学生主观能动性、如何通过自身去影响更多侨生等问题有了进一步认识。这次座谈会的召开是苏浙沪联合展开归侨学生工作的一次尝试，在更大规模上、更直接地向归侨学生代表传达侨生工作的意见和原则，既发挥了侨生代表的作用，也有利于三地侨生工作经验的交流。

上海市层面的归侨学生工作主要从人文关怀、管理教育、升学就业等各方面展开，涉及的单位包括市委统战部、宣传部、人民政府华侨事务处、民政局、劳动局、教育局、高等教育局、共青团、民主青年联合会、归国华侨联合会、中国银行上海分行（华侨服务部）等。总体而言，

统战部、宣传部总揽全市的侨生工作,华侨事务处和教育局负责执行,民政局、劳动局、高等教育局等部门在侨生入学、就业与升学上发挥关键职能,共青团、民主青年联合会、归国华侨联合会等组织则在侨生的日常学习和活动安排上起到重要作用。各单位在实际工作中往往一同配合,如1962年8月在上海市少年宫举办的暑期联欢会,就由上海市高等教育局、教育局、华侨事务处、归国华侨联合会等单位联合参加,《文汇报》对这一规模盛大的联欢会进行了特别报道:

  (归侨学生们)三五成群,有的在"少年厅"和大草坪欣赏精彩的文艺节目,有的参加猜谜、打汽枪等游艺活动,也有的在茶座小坐谈心。中共上海市市委书记处候补书记、上海市副市长刘述周,市委统一战线工作部副部长赵忍安,市高教局局长姚力,市教育局副局长黄丹腾,共青团市委副书记张浩波、陈启林,市人委侨务处处长张持平和侨生们一起联欢。参加联欢会的还有市侨联副主席刘良模、杨邦服、董寅初、吴鼎铭和刘念智。……联欢会上,市侨联业余合唱团、市三女中侨生和上海音乐学院声乐系侨生吴志强等表演了合唱、舞蹈、独唱等节目,抒发了他们对祖国和毛主席的热爱,歌颂了对各国人民的友谊……

当然,各部门之间的配合也有一个磨合的过程,这在侨生小额贷款工作上体现得尤为突出。一开始,侨生贷款工作由侨生与中国银行上海分行直接对接,学校仅提供证明材料,但对侨生还款等事项不做担保,因此出现了不少侨生贷款后不还款的行为,这导致1954年至1957年间,中国银行上海分行多次贷款结欠。据不完全统计,该行在1953—1955年贷款结欠1 277元、1956年贷款结欠3 668元、1957年1月至6月底贷款结欠2 248元。为解决这一问题,中国银行上海分行特制定《上海市华侨学生小额生活贷款章程》以规范归侨学生的贷款行为,并明确了学校在银行与侨生之间的角色与义务,但仍收效不佳。1957年12月,中国银行上海分行申请由上海市华侨事务处介入侨生贷款工作,监督学校和银行双边职能的落实,同时通过学校向侨生进行政治思想教育,使侨生认识到国家举办侨贷的目的和意义,最终使得这一工作步入正轨。综合而言,上海市层面的侨生工作,向上承接中央的方针政策,向下布局各校的具体工作,是侨生工作体系中最主要、最系统、最全面的一环。

上海市各级各类学校负责更为具体的侨生工作,一般在开学及期末,各校都会召开会议专门研究侨生工作。曹杨中学还专门成立侨生工作组统一领导全校侨生工作,工作组成员包括学校行政、教导主任、总务主任、全体侨生班主任、侨生专职干部、团委副书记等。其中,专职干部的具体职责为:(1)协助学校行政和班主任进行思想教育;(2)集中处理和管理生活上的问题,如侨汇、宿舍管理、病人照料等;(3)协助有关部门组织和指导归侨学生的文化生活;(4)与学校行政、班主任一起组织归侨学生的节假日活动。班主任作为与归侨学生接触最频繁的角色,除了配合专职干部的工作以外,主要任务是与侨生深入接触,了解其特点并进行帮助和教育,重点是了解他们的思想情况,并且有计划地与侨生海外家长进行通信等。可见,在学校层面,归侨学生工作由校内行政统一领导,专职干部和班主任具体负责。也可以看到,上海市归侨学生教育工作的重点并非在于提高侨生的学习成绩,而是对侨生进行思想政治教育,使他们更快、更好地融入国内大环境。

做好归侨学生的日常工作,不仅需要依靠各部门、多层次的工作体系,更要探索和发挥归侨学生本身的价值和作用。在长期与归侨学生的相处中,上海各校逐渐探索出了两个办法。一是"老侨生带动新侨生"。随着一批又一批新侨生的到来,上海各校安排老侨生主动从思想上、学习上、生活上关心新侨生,分享和介绍自身的学习体会与感悟,从而提高新侨生的归属感,帮助他们快速融入新的环境。在班内,则将学习较好的老侨生与基础较差的新侨生安排到一起,带领他们一同学习,并在课后及时讲解辅助。一些新侨生在语言上一时不能适应,也由老侨生充当"翻译"。二是"充分运用侨生团员和优秀骨干的力量"。归侨学生回国接受社会主义教育,入团、入党的积极性大大增加。至1960年2月,上海归侨学生中共有党员5人,团员340人(包括大学252人、中专33人、中学65人),约占侨生总数的四分之一。此外,当年还有114名侨生出席了上海市归侨、侨眷积极分子大会,有4名侨生当选了全国侨联扩大会议的代表。这些侨生团员和优秀骨干成为各校深入开展归侨学生工作的坚实力量,各校充分发挥这些归侨学生的积极性,用他们自己的组织和实践来安排自己的活动。例如,1959年"上海市暑期侨生工作组"中就吸收了大量侨生骨干来负责侨生具体的暑假活动安排。在日常工作中,各校组织侨生骨干分别深入班级,掌握各班归侨学生的情况,与归侨学生建立感情,并通过日常检查汇报制度,及时向学校反映广大归侨学生的意见与建议。重视和发挥侨生团员和优秀骨干的主动性与积极性,不仅能够及时了解到归侨学生的想法与态度,从而有针对性地开展侨生工作,也有利于培养大批积极分子,为更多归侨学生入党、入团奠定良好的基础。

二、选择"政治领导较强、设备较好"的学校接收归侨学生

学校的选择是开展归侨学生教育的重要环节。在符合学龄段的基础上,选择什么样的学校接收归侨学生,是上海市各部门谨慎思考的首要问题。1953年,上海市归侨学生教育工作初步展开,上海市委宣传部在报告中提出归侨学生"分配入学不宜过于分散,应选择政治领导较强,设备较好的学校,并照顾其语言、习惯、膳宿等问题,尽可能分配在公立学校"。这为归侨学生分配入各校奠定了基础,以1956年上海普通中等学校接收侨生的情况为例,共有13个区县的39所中学接收了归侨学生,体现侨生分配入学具有"大分散"的特点;在这39所中学中,侨生人数在50人以下的有34所,50人至100人的有3所,分别为上海中学、南洋中学和市二女中,200人以上的有2所,分别为曹杨中学和控江中学。又体现出侨生分配入学具有"大集中"的特点。"大分散"使得上海各区以及尽可能多的学校参与到侨生工作中来,形成合力,共同进步;"大集中"使得侨生工作有重点,有助于统一管理、积累普遍经验。

再看上述提到的几所中学,上海中学、市二女中和南洋中学都有着悠久的办校历史,前二者被列入 1954 年上海市首批 10 所重点中学,它们作为上海老牌名校的代表,具有优秀的师资、丰富的教学经验和完备的管理体制,是接收和培养归侨学生的最佳选择。曹杨中学和控江中学创办于 1953 年,作为新中国成立后新建不久的学校,却容纳了上海市中等学校中半数以上的归侨学生。上海市在选择学校时做此安排,显然还有别的考量。考察两校所在区域的历史,可以发现几个特点。首先,控江中学所在的杨浦区是近代上海乃至中国重要的工业基地,是上海工人阶级最集中的区域,解放战争时期,中共早期党组织成员就以沪东各工厂为基地展开工人运动。曹杨中学所在的普陀区也是解放前工人阶级斗争较频繁的区域。其次,曹杨中学与控江中学都是作为中华人民共和国成立初期首批工人新村的配套设施而新建的。解放前,普陀区和杨浦区的居民多是工人和劳动人民。新中国成立之初,为改善城市工人家庭的住房条件,党和政府将住房重建计划提上议事日程。上海率先成立了上海市工人住宅建设委员会,1952 年 5 月,曹杨新村作为新中国首个工人住宅群竣工,建筑面积 28.6 万平方米,容纳工人 10 万余人。其后至 1959 年,上海市政府投入巨资在市区和市郊建造了控江等 34 个工人新村。在选址上,曹杨新村毗邻华东师范大学,控江新村紧挨复旦大学,意在为工人子弟接受高等教育提供便利。曹杨中学建校后,接收的工农子弟占全校学生总数的 90%以上。控江中学建立之初,即承担了向工人子弟开门和接受华侨子弟入学两项任务。最后,曹杨中学与控江中学本就是新校,设备较为先进,为了容纳更多归侨学生,都于 1954 年 5 月进行扩建,新建学生宿舍、教室、饭厅等,具备容纳大量归侨学生入学的硬件设施。因此,选择曹杨中学和控江中学作为接收侨生的主要学校,一方面符合"组织领导较强"的要求,使侨生生活在工人社区,与工人阶级打交道,通过与工人子弟的接触更加了解祖国的建设与发展;另一方面符合"设备较好"的要求,让归侨学生享受最新的设施和校园环境,这都为归侨学生日后的学习和生活奠定了良好基础。

三、归侨学生培养原则：管理上严格、
　　学习上帮助、思想上教育

归侨学生在校期间的管理与教育，主要抓三个方面的内容。首先是建立起严格的归侨学生管理制度，对于违法乱纪的侨生，视其严重程度给予相应的处理。在制度和纪律面前，对归侨学生与国内学生一视同仁，当他们违反制度、破坏规则时，一样需要严肃处理、不得姑息。1954年1月，中侨委副主任廖承志在全国中学教育会议上指出，对于归国华侨学生的纪律教育，应在"说服教育与纪律处分相结合的原则下，一般仍以说服教育为主，不轻易采用纪律处分，特别是开除、除名的处分更宜慎重。至于确属情节严重，屡教无效，或属于刑事范围者，则应给予必要的纪律处分或依法处理"。上海市对于归侨学生违法乱纪问题的处理，也按照实际情况分别进行，对于侨生的某些生活陋习，坚持耐心劝说和教育；对于已构成违法行为的，则与国内学生一视同仁，由公安司法部门严肃处理；对于个别行为恶劣、屡教不改的坏分子，按校规严肃处理，经反复教育后仍不悔改的予以开除学籍，开除后国内有家或有亲属的由其亲属领回管教，国内无家也无亲属的，则报请劳动局协助安排工作。

其次是针对归侨学生学习基础较差的特点，耐心帮助他们辅导学习。归侨学生大多来自东南亚国家，由于东南亚各个地区的教育制度、教材内容、教学方法和国内有所不同，因此归侨学生与国内同学在学习上的差距非常大。认识到这一点后，上海各校的老师和同学在学习上积极帮助归侨学生，主动关心他们的学习情况，组织加强课外辅导，以提高他们的学习信心，并且有步骤地赶上国内同学的水平。在这样的帮助下，归侨学生在各方面都有了较大进步，据统计，1954年中学毕业的归侨学生有40％以上考不上大学，而1956年考不上大学的侨生人数已下降为15％左右。1957年，《侨务报》和《文汇报》都刊登了南洋中学一位侨生班主任王爵途老师成功帮助归侨学生克服困难、学习进步的教育经验。其中提到一位归侨学生因两次留级而消极灰

心,王老师便指定一名学习成绩优秀的同学帮助他,并请任课教师加强辅导,利用假期集中为他补课。经过一年多的努力,这位原来六七门科目不及格的侨生,在毕业时成绩全部达到合格标准。这样的案例还有很多,显示出上海各校帮助侨生提高学习成绩的努力。

除了对侨生进行严格的纪律管理和学习上的帮助,各校还开展各种形式的思想教育,使侨生在思想上认同新中国。上海市开展的政治思想教育有一个特点,即有计划地利用寒暑假时间开展针对归侨学生团员的学习会,通过教育归侨学生中的团员及积极分子,起到影响所有归侨学生的作用。根据档案资料,上海市先后于1962年1月、7月,1963年2月、8月召开了四次团员学习会,地点一般在青年宫或上海团校,时间为3至6天不等。以上海市举办的第二次团员学习会为例,参与学习会的人员包括大学、专科、中学的部分侨生团员、积极分子、归侨教师和在职归侨团员,总数在500人左右。侨生团员学习会的主要内容是对侨生团员进行形势与任务的教育,并根据实际需要学习和贯彻党的侨务政策。下表是第二次团员学习会的日程安排,该次学习会共持续五天半,学习会的形式非常丰富,包括听取报告、观看电影、参观工厂、请老华侨座谈、小组讨论等。另外几次学习会还曾邀请红军老战士讲故事、请归侨职工谈经历、选读部分海外家长来信、参观阶级斗争展览会等。

天　数	上　　午	下　午
第一天	请市委统战部负责同志做有关形势和任务的报告并放映电影	小组讨论
第二天	分组参观工厂	小组讨论
第三天	请侨务处负责同志做有关侨务政策报告;请老华侨等座谈	小组讨论
第四天	请团市委负责同志做有关团课报告	大会发言

(续表)

天　数	上　午	下　午
第五天	小组讨论	休息
第六天	总结	

上海市对归侨学生的制度与管理是全面而严格的，严格主要体现在对他们的纪律约束上，但对侨生进行的一系列学习帮助，又体现出制度之下的温情一面，形式丰富的思想教育更为归侨学生产生身份认同感奠定基础。以"管理上严格、学习上帮助、思想上教育"作为培养原则，一批又一批归侨学生走出校门，逐步成为有纪律、有知识、有觉悟的社会主义接班人，为新中国的建设注入源源不断的新生力量。

四、结　语

上海作为新中国成立初期接收归侨学生的重要城市之一，不仅容纳了大量归侨学生到沪就学，还按照国家的培养方针有计划地对归侨学生进行管理和教育。在这一过程中，上海积累了一些重要经验。在展开归侨学生教育工作之初，将不同方面的事务横向分配至各相关部门，又设置华侨事务处全面负责侨务工作，多层次的层级架构则在纵向上完成了政策的上传下达、具体措施的制定及落实等，构建起一套成熟完善的归侨学生工作体系。在选择接收归侨学生的学校时，遵循"政治领导较强、设备较好"的标准，选择控江中学、曹杨中学等为工人新村配套建设的新校作为主要容纳侨生的学校，为归侨学生的生活、学习、思想的进步与发展配备了良好的环境。而涉及归侨学生的培养方案，按照国家对于归侨学生的政策与教育方针，上海市在早期的探索中形成了"管理上严格、学习上帮助、思想上教育"的三条原则，既不过分偏袒侨生，又体现照顾的精神，为培养"有社会主义觉悟、身体健康、有文化的劳动者"奠定了良好基础。

据统计，20世纪五六十年代来沪求学的归侨学生，在毕业以后有

80%以上获得了中、高级职称,有100多人成了市、区人大代表和政协委员,20余人走上了局级以上领导岗位,还有3人分别当选十三大代表和第七届全国人大代表。另据有关部门的不完全统计,改革开放以后,这些归侨获得的各类科技成果奖计有上千项。可见,大部分归侨学生毕业后,选择留在祖国、扎根祖国、奉献祖国。这其中有不少归侨学生以上海为基地,在各个岗位上发光发热,给新中国的建设提供了独属于归侨学生群体的支持与动力。在学有所成后回望,归侨的赤子之心永远令人动容。

(张玥 上海社会科学院硕士研究生)

我眼中的上海方志

王依群

新中国成立75年,中国的变化翻天覆地,中国的发展举世瞩目。中国的上海已进入世界十大城市行列。要说"上海贡献""上海经验""上海智慧""上海引领",那是不胜枚举,数不胜数,许多贡献、经验、智慧、引领已成为国家级财富,为全人类分享。我是一个"新上海人",28年军旅生活,1995年到上海,2005年转业到上海工作。30年上海生活,20年上海市委宣传系统任职,见证和经历了上海的发展变化,要记、要述的精彩很多很多。如上海的文化广播影视体制改革,由"管办合一"到"管办分离",开创了中国文化广播影视行业体制机制改革的先河;又如上海之春国际音乐节,1959年在上海创办,延续至今,共60多年,堪称历史最长的世界级音乐节;还如上海文化艺术人才评价、服务机制,其"绿色通道"的开启,上海演艺工作者联合会、艺术家维权机构的建立等,都成为被全国推广的上海经验,等等,这些都可以写,且很有意义。但考虑再三,我还是写"我眼中的上海方志"。但这里不是写方志里记载的各行业发生的事,而是写上海方志本身的"贡献、经验、智慧、引领"。希望以拙文,让更多人知志、读志、用志,希望方志这块中华传统文化的瑰宝散发出更加耀眼的光芒。

我与方志结缘

2016年9月,组织调任我为上海市地方志办公室副主任,一脸茫然。考虑到本人离退休年龄不足4年,也产生过不求有功,但求无过的消极心理。过去,我对方志业务接触甚少,只能是边干边学。到任后,我分管市志处、专志处、上海通志馆工作,另兼《上海滩》杂志主编。

其间,分管的上海二轮修志工作,是上海市政府"十四五"规划项目,也是国家重点文化项目。在退休离任前,它是贯穿我的工作的一项中心任务。《史志文化探索与实践》中有这样一段文字对二轮修志工作做了客观的记述:

> 上海市第二轮新编地方志书编纂(简称"二轮修志")2010年初启动,2021年底完成,历时12年。二轮志书共218部,计3.21亿字。全市近170家部委办局、区县和企事业单位承担具体编纂任务,数万名专兼职修志人员"众手成志",1 100多名专家参与评议审定,13家出版社和8家印刷厂全力支持配合。共召开志书编纂评审会、推进会、出版会等各类工作会议1 000多场。

上海二轮修志从前期的规划、启动、编纂到评审、出版发行,前后十余年时间,倾注了几届上海史志人的心血。上海市二轮修志较全国各省市启动要晚,加上前期一些承编单位重视不够,工作不到位,进度迟缓。国家原定的全国二轮修志规划是2020年底全部出版发行(后由于新冠疫情而推迟一年)。但2016年底的数字显示:全市规划编修的二轮志书市志148部,仅17部进入评审,不到12%。市志的148部中有142部启动,有6部没动。但在142部已启动的单位中,多数单位只是形式上启动,工作并无实质性行动,其中,还有8部因故暂停。面对如此严峻形势,中国地方志指导小组加强了督导力度,上海市地方志编纂委员会强化目标责任意识,市方志办靠前指挥,保证了2021年底按规划全部完成。上海二轮志书,是全国省级志书平均部数的3倍,它全面记录了1978年以来上海自然、政治、经济、社会、文化发展状况,完整展现了上海的改革开放史。覆盖面之广,参编人数之多,前所未有。

在这1 000多场工作会议中,我参加了约800场。现在回味起来,可用两个词来表达:酸甜苦辣,乐在其中。二轮修志,迫使我不得不努力学习方志知识,熟悉主编机构情况,尽快由外行成为内行;二轮修志,让我有机会完整系统地了解上海各行业的情况,加深了我对上海这座城市的景仰之情;二轮修志,让我对方志从不知到热爱,从无情到不了情,真正感受到史志的魔力和魅力。

方志的历史渊源

方志是全面系统地记述本行政区域内自然、政治、经济、文化和社会的历史和现状的资料性文献。若自志书源头的《禹贡》《山海经》或春秋战国时期的晋《乘》、楚《梼杌》、鲁《春秋》等算起,我国修志历史超过两千年。方志发展主要经历了几个发展阶段:隋唐五代以前的地记、图经阶段,方志从私修转为官修,官修规模大、成书快,促进了地方志的发展;宋、元代方志迅速发展阶段,元代创修《大元大一统志》,开创了一统志编修的先河;明清代进入全盛时期,是封建时代的修志高峰,现存旧志8 300多种,清代5 700多种,占80%以上,三次大修《大清一统志》;新中国修志事业的繁荣发展,毛泽东主席重视提倡修方志,1956年国家成立地方志小组;党的十八大以来,新中国方志进入了新的时代。全国大规模的一、二轮修志已全面完成,全国三轮修志正酝酿准备启动。

方志延续两千多年,长盛不衰,越发旺盛,主要有以下几方面因素:首先,方志是一种国家行为,志书称之为官书,具有极强的权威性,历代修志一般都由皇帝下诏;其二,体制的保证,如宋代朝廷专设中央修志机构"九域图志局",永乐年间颁布《纂修志书凡例》,唐代开始设立翰林院,雍正年间成立志局等;其三,历代朝廷编修官为国家育储之才,唐代翰林院履编修之职,而入翰林门槛特别高,要通过朝考(科举)由皇帝亲笔勾定(称"钦点翰林"),由科举至翰林,由翰林而朝臣是科举时代士大夫的人生理想,古代不少重臣、大学者都是翰林出身任过编修官,著名佛教领袖赵朴初所在的赵氏家族从赵文楷开始连续四代翰林,且都任过编修官。

上海方志可谓独树一帜。现存上海地区最早的志书,是南宋绍熙四年(1193)所修的《云间志》;民国时期(1932)成立了近代上海最早的方志机构——上海通志馆,柳亚子先生为首任馆长;新中国成立后,1987年上海市地方志编纂委员会成立;上海启动首轮志书编纂工作,出版新中国成立后全国首部省级通志《上海通志》和10部县志、12部区志、110部专志,总字数1亿6千余万字,形成上海首轮新编地方志书"一纲三目"的完整体系;二轮修志圆满收官,三轮修志正在酝酿和积极准备启动之中。

上海方志目前形成了会、办、馆、所、中心与两刊融一体的市级学术平台和组织体系。各区级党委、政府设有史志工作机构,市级委办局、人民团体、高校、医院、国有企事业单位及区级镇、街道设有史志部门或专管员。方志数字化、智能化、信息化建设在积极推进。

方志功能及利用

存史、育人、资政是地方志的三大功能。记录、记载史实,留住历史,存史这是方志的重要功能。方志的育人功能越来越得到显现,在教育培训、文艺创作、思政工作等方面,方志发挥着重要作用。不仅如此,史志已成为执政之所需,领导提升能力之所要,方志的资政功能得到有效提升。多年来,上海在方志的编修研究、开发利用、宣传推广等方面,做了不少有益尝试,提升了方志的社会影响力。

编撰《上海六千年》,还原上海一个真实历史。"上海在百年前还是个小渔村",几年前,在电视节目里听说过,甚至有些干部和教师也这么说。在上海市民,特别是广大青少年中产生了一些模糊认识。其实,上海先民在这片土地上生活了六千年。六千年前,一队属马家浜文化的人群来到上海青浦崧泽地区,打井种稻,打猎捕鱼,生儿育女,留下一块能容纳思想的头盖骨,留下一把炭化的稻谷和几口清澈的井,讲述上海先民筚路蓝缕以启山林的故事。由上海市地方志办公室主编、上海教育发展基金会资助,特邀华东师范大学民俗学教授仲富兰编著的上海地方志普及读本《上海六千年》,于2018年出版发行。此书分为《远古文明》《千年之城》《百年梦想》三卷,全书讲述了160个故事。采取以方志为基础,史志结合,史为形式,重点介绍上海的地脉、人脉、文脉及民俗风情,突出在上海具有代表性、标志性的事、人和物,权威性高、可读性强。《上海六千年》旨在讲好上海发展的"三部曲":一是讲清上海文明的起源,即上海6 000年的人类生活史,传承与弘扬上海悠久而优秀的历史文脉;二是讲清上海城市的形成过程,即上海1 000年的城市发展史,传承与弘扬上海悠久而优秀的城市文脉;三是讲清上海解放后到实现百年"中国梦"这一时期,中国共产党领导下的上海发展成就和未来愿景,即上海100年的社会主义建设和改革开放史。《上海六千年》在上海书展一亮相,即引起热烈反响。它是一本全面系统、有史料依据,介绍上海历史的普及读物,给广大读者,尤其是青少年读者呈现了一个真实的上海!《上海六千年》编撰出版,是上海方志开发利用的典型成功案例。

开展上海老城厢研究,发挥方志资政功能。习近平总书记在出席中国首届进博会后考察上海,表达了对老城厢现状的关切,曾多次强调,旧区改造涉及群众切身利益和城市长远发展,再难也要想办法解决。在市委市领导高度重视下,市政协成立"老城厢历史风貌保护与旧区改造对策研究"重大课题组。我以时任上海市地方志办公室副主任、上海市地方史志学会会长的身份,作为课题组成员,带市地方志办公室专志处和上海通志馆的两位同志,负责梳理上海老城厢的历史沿革,挖掘老城厢的当代价值。历时四个月,参与课题组专题调研50多次,同时翻阅大量相关史志资料,起草并向课题组递交了《上海老城厢历史沿革与当代价值研究》报告,市政协汇总出炉《上海老城厢历史风貌保护与旧区改造对策研究》重大课题调研报告,时任上海市市委书记李强批示,并在批示中特别肯定对老城厢历史沿革梳理的价值和重要性。

在课题组进行调研的同时,上海市地方史志学会在上海市政协举办"上海老城厢文化价值"主题研讨会,来自复旦大学、同济大学、上海社科院、上海博物馆、上海石库门研究中心等高校和机构的专家学者近30人与会,围绕上海老城厢的历史文化价值展开讨论交流。专家学者谈到,老城厢近千年的演变史反映了上海这座城市发展的一个侧面,是中国社会发展的一个缩影。老城厢作为城市之根,其独特的文化价值主要表现在三个方面:老城厢是上海江南文化的滋生地;在城市兴起、发展变迁中,老城厢渐渐形成了自己独特的社会文化精神气质;老城厢是物质与非物质文化遗产的集聚地。

"文汇时评"《老城厢藏着海派文化独有的精神气质》提到,上海的老城厢作为城市历史中的一个特定地理区域,是上海城市精神的发源地,反映了海派文化形成之初的城市形态。老城厢完整保留城墙环形空间和城内主要道路格局构筑的独特城市形态,并保存部分古城墙遗址,在全国罕见;随着城市发展,留存到今天的上海老城厢已经成为全国范围最大、历史最久的老城厢区域。研究它的历史变迁有益于我们了解海派文化的根源和内涵。

致力于史志文化的传播与推广。史志是地方史与地方志的总称。史,指地方史;志,指地方志或方志。史与志是什么关系?梁启超曾说:"最古之史,实为方志。"地方志从机构职能概念上讲,它又包含了地方史和年鉴。从这个意义上讲,方志可称史志。不论是以文化的广义、狭义理解,还是按哲学定义,史志是一种文化现象。那么,史志文化与上海提出打造江南文化、海派文化、红色文化这"三个文化"是什么关系呢?按照史志的内涵和特性,史志文化是原生态文化或称母体文化。如果说江南文化是底色、海派文化是特色、红色文化是亮色,那史志文化就是本色;如果说江南文化是高地、海派文化是高原、红色文化是高峰,那史志文化就是高山。史志文化在推动人类文明进步发展、在实现中国梦和中华民族伟大复兴的路上发挥着越来越重要的作用。

围绕史志文化,这些年来,上海方志人进行了积极的实践与探索。在新中国成立70周年和中国共产党成立100周年之际,上海市地方史志学会先后在复旦大学、上海科学会堂举办"史志文化传播与推广"主题研讨会和"建党百年与史志文化"论坛。邀请复旦大学、上海社会科学院、《解放日报》等海上著名高校、研究机构和媒体的专家学者,及长三角各省市级史志部门负责人参加。活动中,大家回顾了上海解放的历史、新中国成立70周年和中国共产党成立100周年的发展史,就上海史志文化传播与推广的重要性、必要性及思路、举措展开了热烈讨论,主旨演讲观点新颖,交流发言精彩纷呈,台上台下互动有序,营造出良好的学术氛围。对积极打造上海史志文化品牌,重塑城市空间记忆,提出了很多富于建设性与操作性的建议,对史志文化为什么在当代尤需传播做出了肯定的回答。通过活动取得了不菲的研究成果,扩大了史志文化的影响力。

《史志文化实践与探索》于2023年编撰出版发行。书中精选汇集了上海市地方史志学会五年中上海史志工作一些值得记忆的片段,体现出资料性、知识性、可读性、思想性,是史志文化实践的系统的、多层次的总结与思考。本书重点反映的五年是方志事业长河中的一个缩影。但这五年,对方志事业来说,很重要、很关键。它是建党百年的交汇期,是二轮修志收官或攻坚期,更是党和国家加强史志宣传教育、高度重视史志事业的发展期。本书有几个突出特点:一是涉及面广,二轮修志覆盖全行业,全市约170多个市级主编机构及其主要领导、各行业专家,大多可在书中找到他们的影子;二是历史跨度深,如方志兴起与发展,追溯到两千多年前的战国时期;上海专志百年的单位有多家,像仁济医院历史180年;三是选题新,史志文化很重要,它无时不在、无处不见,但以史志文化进行系统论述,出版专著的目前没有。《史志文化的实践与探索》是一次新的尝试。可以自信地说,这本书是我们学习了解方志、开发利用方志、研究宣传方志的一本难得的教程。

方志的创新发展

近年来,党和国家对史志工作的关心和重视力度加大,史志事业得到了长足发展。但与其他行业比较,软、硬件皆不足,差距还是不小的。全国各省地方志机构设置不统一,干部培养和使用缺乏交流通道,方志馆建设发展不很平衡等。就上海来说,这些问题在不同程度上同样存在。比如方志馆建设。上海通志馆就是市级方志馆,1932年由柳亚子先生创建,当时在上海乃至全国的文化机构中是超前的。现在上海的文化建设状况,不论是硬件设施建设还是资金投入,位于全国排头兵的这一地位应该没有疑问,但以单项硬件设施比较,上海方志馆就要拖上海文化建设的后腿了。

一是史志工作要摆上位子。质量是地方志书的生命线,但当前志书编纂质量与志书功能要求还有差距。比如,在材料选取上要么素材不够滥竽充数,要么不善提炼缺乏筛选,缺乏层次和特色。又如,照搬因袭旧志相关内容,缺乏创新。志书有其规范的体例,存史、育人、资政是对其质量评判的基本标准。存史并不是史料的堆积,它既要有较强的文字功底,还要有历史的眼光和全局胸怀,做到宏观与微观统一、规范与准确统一、完整与特殊统一。关乎志书质量的主要在于主编单位与指导机构(方志办),而关键还是主编单位,是否真正把修志工作摆上位。修志是一件十分艰巨工作,是一项系统工程,需要全员参与,齐心协力。主编单位党委(党组)必须把修志摆到重要议事日程上,主要领导要亲自抓,真正过问。特别要重视修志人才队伍建设,既要注重修志人员的业务水平提高,又要关心他们的生活待遇和政治成长,不断增强其成就感与自豪感。

二是在志书开发利用上要有新成效。进行志书二次开发,让志书从书架上走下来。这一点已基本形成共识,这些年也做了不少有益尝试,并受到社会广泛认可。志书开发要注重向深度和广度延伸。深度是在保留史志的权威、可信基础上,突出时代性、思想性、可读性,要有大家、名家坐镇,建立评估机制,否则就会"走样";广度是指志书开发不应只是史志机构的事,要动员各承编单位、各行业、全社会都来参与。二轮修志覆盖所有行业,若都进行志书开发,那等于全社会都在讲上海改革开放故事,那是一种什么样宣传效应!教育系统应鼓励学生阅读地方志,志书内容应纳入学校教材或课外读物;宣传文化系统应更多从地方志中选材进行宣传教育和文艺创作,让优秀传统文化更具时代生命力。

三是史志机构要适应史志事业发展要求。2006年,国务院颁布的《地方志工作条例》规定:"县级以上地方人民政府负责地方志工作的机构主管本行政区域的地方志工作",履行规划、组织、指导、督促、检查等职责,推动地方志理论研究。这实际明确了地方志工作的政府职能。然而,目前全国县级以上地方志机构设置不统一,列入政府组成部门的为数并不多,省市级地方志机构大多为政府下属事业参公管理或社科院下属事业单位,分不清地方志是组织指导部门还是研究机构。名不正则言不顺,一个非政府部门去推动一项完全由政府负责、特别是国家修志要求全覆盖、涉及的省市级所有机构部门的工作力度当然是不够的。修志是一项为党立言,为国存史,利在千秋的事业,明确职能定位,统一机构设置应不是一件奢侈的事。

在改革的基础上,重视探索融合新路子。上海市地方史志学会首任会长唐振常先生提出"史志结合",为史志事业发展创出了一条新路。时代在前进,史志不能只盯在自己的脚下谈发展创新,视野要开阔。盯着志书论学术,是难以研究出有实际价值的成果的。要加强与各行业、专业,还有一些相关社会团体、组织进行合作与融合。比如,将史志改编成通俗易懂的读本,或成为在影视屏幕上能见、在广播电台里能听、在展厅墙上能看、在舞台上能演的文学艺术作品,这种与文学艺术融合的形式当然会为大众所喜闻乐见。融合是发展趋势,现在很多行业、学科之间都争相融合,如文化与产业、文化与科技、科技与金融、科技与产业等,融合促进了事业呈几何倍数发展。史志涉猎领域广、专业全,有融合的条件与空间。多年来,上海市地方史志学会注重这方面的实践与探索。比如,创立学会专业委员会就是基于融合,让史志融入各行各业,使史志文化成为全民享用的文化。

俗曰"府州县官三桩事,催赋断狱修方志",方志与国史、族谱被喻为我国古代史库的三大支柱。封建社会的读书人一生最大的追求是两件事:第一件是科举功名,第二件就是编史修志。盛世修志,志载盛世。地方志是中华民族独有的记载历史的方法,也就是这种独有,形成了中国几千年延续不间断的编史修志的浩大工程,使中国文化成为世界上唯一没有断流的国家。作为一个中国人应为之骄傲,同时,此生能从事方志事业倍感荣幸和自豪!《老王履职记》是我退休离职时,对自己进入方志几年工作的回顾总结,以表达我对方志的一种态度和感情。以此作为文章结尾吧!

老王履职记

王依群

丙申秋月,九日九时,天朗气清,方志履职。
为党立言,为国存史,育人资政,问道明智。
编修起源,追溯远古,春秋战国,就见志书,
南宋云间,上海首部。盛世修志,时逢盛世。
近平讲话,修志得志,功德无量,善政国事。

二轮修志,政府部署,主官工程,政治任务。
全员发动,万人参与,八个到位,全力以赴。
上海数量,全国第一,行业覆盖,横边纵底。
高校医院,银监国企,党政军群,江河入席。
特色创新,超凡脱俗,全面完成,史无前例。

地情开发,意义重大,史事活做,人赞民夸。
省际联盟,资源共享,社团高校,共同谋划。
研究中心,挂牌复旦,江南格物,聚集麾下。
干部读本,供不应求,通俗读物,传遍万家。
六千年史,崧泽文化,百年渔村,不过戏话。

亚子建馆,志鉴编纂,创始之功,眼光远大。
民国通志,求真存实,整理点校,通稿无价。
方志之馆,装满文化,传承文脉,记载名家。
打造品牌,建设一流,藏编研展,软硬皆抓。
转变机制,后技薄发,积极作为,创建奇葩。

主编杂志,有乐有趣,魔都上海,精彩故事。
百姓送稿,市长作序,沙翁赐名,书记题词。
关注民生,把握大势,注重科学,展示艺术。

申城内外,一并兼顾,漫忆史海,直面今日。
图文并茂,高雅通俗,汇编成册,抢手读物。

地方史志,精深博大。方志功高,千秋佳话。
爱党爱国,必先爱家,爱家知家,理通情达。
红色海派,江南也罢,源于母体,史志文化。
江浙皖沪,连为一体,战略合作,服务国家。
古国文明,五千上下,没有断流,唯我中华。

(王依群　上海市地方史志学会)

我在修志领域的两个
"上海第一、全国第一"

褚半农

上海第一轮地方志编修工作开始后的1983年2月28日,上海县教育局将我从莘庄明星中心小学借调至教育志编纂室,参加《上海县教育志》编纂工作(后任主编),以及为《上海县志》撰稿。2011年9月5日起,我又应莘庄镇政府之邀,正式参加上海第二轮地方志编修工作,并成立只有我一人的编纂办公室,为《闵行区志》(上海人民出版社,2018年第1版)撰写莘庄镇的内容,实际完成的撰稿任务还有区志中的方言、风俗、专记中一个生产队的社会调查等章节。2015年6月1日起,应原东吴村之邀,在5年时间里,以一人之力(村里不肯建编委会和增加人员)编修完成88万字的行政村志《东吴志》(中西书局,2020年第1版)。另外,我为自家的一个自然村(生产队)编修了《褚家塘志》(上海人民出版社,2010年第1版),9年后又增补撤队改制、各家谱系等内容,出版了《褚家塘志》第二版(中西书局,2019年第1版)。其间,还为一家企业修了公司志稿,现正与上海师范大学刘民钢教授共修《闵行方言志》(出版中)。

时间一晃过去了几十年,我也从当年修志队伍中最年轻的中年人跨入耄耋之年,我把此生的一半时间交给了心爱的工作和地方志事业。编修地方志让我开阔眼界,增加见识,丰富思维,担起责任,给了我当好历史文化守护者、本土文化挖掘者和贡献史志力量的机会,并在修志领域不经意间创造了两个上海第一、全国第一。此生终难忘。

全国第一部自然村志诞生记

褚家塘老宅在清乾隆《娄县志》中是记有村名的一个自然村,是原上海县莘庄公社东吴大队一个生产队、闵行区原莘庄乡东吴村的一个村民小组,也是生我养我的家乡地。

城镇化大潮于20世纪90年代初涌起,上海近郊、远郊的村庄开始成批消失,村落终结成为时代特征。上百年甚至更长时间里形成的农村社会结构、农家生活形态消失,几十年里逐步建立的农村集体经济体制、集体生产方式也不复存在,农耕社会结束。1993年,褚家塘也开始被征用土地,村民陆续向外动迁。至2009年底最后一批动迁,前后用了16年,褚家塘从地球上消失了,彻底地消失了,老房子、新房子被全部拆除,一间不剩,世世代代居住在一个宅基上的褚家塘人也被分散到了6个动迁小区里,互相之间连见一次面的机会也变得非常少了,后代之间也逐渐互相不认识了。在城镇化进程中,褚家塘这样的宅基能存留下来的越来越少,远处的不说,团近十头念里半径的农村老宅基也都已拆光,这更显得记录、留下相关文字的迫切和重要。当自家的村庄也面临消失之际,对于已有20多年"志龄"的我而言,一种方志情结促我思考,可以为它做点什么?

总面积约0.31平方公里的褚家塘,是社会的最小细胞,也是一个经济实体单位,有其特殊的基因。除了几年当兵,我一辈子没有离开过。这里有我的亲人、族人和朋友,我叫得出每个人的名字,也知道他们的性格脾气,熟悉每个人在不同情况下会讲些什么话,和会用什么口气说话。这块小小的土地上,鸡犬之声相闻,邻里之间相安。社会上的阴晴冷暖,老宅上自然也会有反应。这里曾经有过狠抓到底的阶级斗争,有过自给自足的集体生产,有过彩旗飘扬的大干苦干,有过喜上眉梢的粮食丰收,也有过牵动人心的喜怒哀乐。几十年中这里发生的村事、队事、家事,我参与,我知道,我熟悉,我有责任和义务把自家村庄的历史写出来。我决定趁退休不久人未老的有利时机,发挥特长修纂《褚家塘志》,用这个载体为消失的小村庄留下历史。几乎在老宅最终消失的同时,我完成了《褚家塘志》的撰稿并正式出版。

为一个自然村修志,困难主要在于资料的缺乏。我之所以敢撰写一个自然村的《褚家塘志》,一个原因是我手头有足够多的资料。几十年中我有不少记录,还注重收集、保存而形成了家庭档案,比如,我手头有30多年前亲手绘制、刻印的包括褚家塘在内的东吴大队地图册,有多年缴售农产品、出售生猪的原始发票、土地承包责任书,以及自家拍摄的录像带、老照片等,这些显得特别珍贵。这原是我为文学创作搜集素材积累的,可在撰写《褚家塘志》时也派上了用场,当年记录的公社农民食堂出饭率、数次划分或收缴自留地、建造生产队农民新村等内容,对我撰写志稿带来了意想不到的方便。

档案是直接形成的历史记录,但大量的馆藏档案资料基本上都是以人民公社为主的,生产大队(行政村)的内容已比较少了,生产队的内容在馆藏档案中可能相当有限,但我还是将区档案馆作为收集资料的首选地。从2007年3月5日起的两个月时间里,我几乎每天都"孵"在馆里忙碌,查阅了全部开放的档案目录,从中挑选有关案卷。光这个档案目录,我就整整抄录了28页报告纸,涉及约500本案卷。在以后的日子里,按照目录,每天从管理员手中接过一本又一本案卷,再从一页又一页发黄的纸张中,细细找寻出一条又一条自己村庄的内容。努力之后,终有收获。

自然村志在地方志五个层次(省市、区县、乡镇、行政村、自然村)中,属最底层的志书,虽是部"小志",但同样需要遵守地方志编修原则,遵循质量是志书生命的基本要求,内容上要做到"横排门类,纵述始末"。由于资料收集充分、详细,我以保存原生态信史为念,从"小志"特点出发,合理设置篇目结构,区分不同层次的入志资料,做到内容翔实完整、记述求真存实,重在保存历史真实。这使《褚家塘志》所立的条目都有足够的材料支撑,全用资料说话,也使整部志书内容厚重、扎实,保证了志书质量。而这些有价值的底层资料一般进不了上位志书,或者进入后也无法详细记载。现在我把它记进自然村志中,弥补了这种缺憾,也让"小志"发挥了详县志所略、补苴罅漏的独特作用。

褚家塘老宅的历史是褚家塘人创造的。这块土地上的田块河流、地理沿革、姓氏溯源、经济民生、衣食住行、风土人物、民俗习惯,以及村事记录,村志据事直书,一一记入其中而历历如在眼前,还原了一个自然村(生产队)的历史面貌,从中还可看到一个时代的许多历史细节。几十年收集、保存的家庭档案资料,经过筛选、核实,落笔成文,记载了村民的日常生活情况。如"事录"中除了记有阶级斗争、大批判这类当年的头等大事外,还记载了村民战天斗地的具体事例,甚至有1959年提倡多子女生育时的"光荣妈妈"、1964年2月最后一名结婚坐花轿的新娘、1970年5月出生的第一个独生子女,以及1962年5月通电灯、1991年8月通自来水等内容,既记事、记物,又记人,这些不见于馆藏档案的重要内容,因变得唯一而珍贵了。这些材料扎实,内容鲜活,记录连续,桩桩件件,皆褚家塘独有,连起来就是这个村庄几十年的发展史。

1961年4月至6月,复旦大学在读研究生蒋凡和几个同学,曾下放到褚家塘劳动,并宣传贯彻中央农村工作六十条精神,我俩有过一段友谊。这次应我之请,早已是复旦大学教授、博士生导师的蒋凡先生欣然为《褚家塘志》作序,阅志无数的他有感而发:"《褚家塘志》是我所见到的我国第一部自然村志,很有创新意义和借鉴价值。"

当我拿到出版样书,轻轻抚摸着设计简洁的封面,感慨油然而生:褚家塘消失了,但它的历史保存在《褚家塘志》中。作为上海第一部自然村志,该书于2012年获得了上海市第三届地方志优秀成果三等奖。2021年12月版的《上海市志·档案方志分卷·方志卷》(上海市地方志编纂委员会编)中设了"褚家塘志"条目,介绍内容中还有:"2010年12月,《褚家塘志》由上海人民出版社出版,为全国第一部自然村村志。"这一结论既是对我付出的努力给予的肯定,也给我带来了惊喜。

第一个将绞圈房子记入县志

在上海(包括市区、郊区)及苏南地区原有一种特色老房子,为立帖式,砖木结构,绞圈而建,梁、柱、帖之间因榫卯衔接而互相牵制,抗风、抗震性极强。形制有两埭头、三埭头,开间有三开间、五开间等,前有墙门间,后有客堂间,有的还有仪门头。这种优秀传统古建筑,老祖宗传下来的名称叫"绞圈房子"。它比石库门出现的时间要早得多,分布范围也广得多。但在一个非常长的历史时期里,却被我们彻底遗忘了,没有记录,没有图照,没有论文。20世纪80年代,当农村绞圈房子面临大规模拆除时,竟也听不到一丝阻止、反对或呼吁保存的声音,以至于闵行区乃至全市更大范围里的绞圈房子被拆得所剩无几,消失得无声无息。当时只有我一个人在为它鼓与呼,声音虽微弱而仍然坚持,一直在用将其记入地方志书、发表介绍文章、为它立传存史等实际行动,投身于建筑文化遗产的抢救中,最终走上研究之路,成了上海发掘、记录和研究绞圈房子的第一人。

1983年参加第一轮修志后,在分配的撰稿章节中,我最早将绞圈房子记进了《上海县志》(1993年7月第一版),这也是我为它做的第一件实事。1990年,赶在莘庄乡谈家塘老宅拆迁前,我用刚买的相机,抢救性地拍摄了上海第一张两进式绞圈房子的照片,留下珍贵的资料。1991年11月27日,《劳动报》上发表了我的第一篇,也是上海最早的介绍文章《也谈老式本地房》,其中就使用了"绞圈房子"这一名称;到2016年底,我先后发表12篇文章(包括学术论文),一是介绍,二是为它鼓与呼。2008年12月,我从清光绪九年(1883年)出版的《松江方言教程》中,挖掘出了120多年前(距今已140年)记载绞圈房子的资料;翌年发表《绞圈房子:极具特色的上海传统民居》一文,公布我的发现和研究成果。这是上海第一篇绞圈房子学术论文,先后被市地方志办公室编辑的《上海研究论丛》(第21辑)等3部文集收录(标题有改动),也为这种长期存在、却被遗忘的古老建筑重新进入世人之眼提供了研究课题和翔实资料。2017年4月28日,《闵行报》的两个版面发表拙文《我为绞圈房子鼓与呼》,5月23日的《上海日报》和5月26日的《闵行报》(英文版)分别转载,扩大了绞圈房子的影响。2017年4月,闵行区政协启动"发现闵行之美"丛书编撰工作,我的书稿《话说绞圈房子》被列入第一辑，于当年12月由上海书店出版社出版（现已第3次印刷），此为上海，乃至全国第一部专著，是我为绞圈房子做的第十件实事——立传，也是为建筑文化传承、发展做了件有意义的事。我又对一个自然村和一个行政村的绞圈房子进行专题调查，绘制了两（三）进式五开间绞圈房子平面图，附有详细的"建筑词语例释"，记入《褚家塘志》和《东吴志》中，期收保存重要资料之效。这些事实表明，我一直在为绞圈房子"鼓呼"，让它"入志"，助它"存史"。

　　这件事由我来做成，只是因为我具备了三个条件，缺一不可。一是我非常熟悉这种特色建筑。我自小就同几户本家合住在一幢绞圈房子里，不仅熟悉它，还有深厚的感情。说熟悉，是说我知道这种房子的形制、结构、特点和施工方法，叫得出每间房子和各种构件的名称。说感情，自幼年、少年、青年，直至进入中年，在长达30多年的时间里，我都是在绞圈房子里度过的，老房子里有过的喜怒哀乐，还有客堂里的迎来送往，堂名匾的擘窠大字，仅门头上的精美砖刻，都深深地嵌在我脑子了。我拍摄的第一张绞圈房子照片，最先刊登于1993年第四期《上海住宅》（同时发表《典型的旧式上海农村住宅——绞圈房子》）。2012年2月25日《文汇报·笔会》发表《关注又一种老房子》时，应编辑要求，照片第三次刊用。照片的多次公开发表，让众多读者见到了绞圈房子的"面貌"，也让默默无闻的绞圈房子走进民众的视线。

　　二是我有幸参加了第一轮编修地方志工作。建筑是城乡历史、文化的载体，绞圈房子自然也是海派建筑、海派文化的重要组成部分，反映的是本土建筑的继承，积淀的是历史传统、风俗习惯、生活方式、方言土语等文化元素。从建筑实体来说，绞圈房子的设计理念、形制特色、施工技术等，都是值得业界研究、借鉴的宝贵资源。而房子名称、构件名称及诸多的建筑词语等，长期在民间使用、流传、积淀，又都是语言学者，尤其是方言学者研究的对象。我为《上海县志》承担的一个撰稿任务涉及这种特色住宅，我想，对建筑遗产，我们要有崇敬态度，再也不能让它默默无闻下去了，要给以应有的记载，让它在中国建筑史，尤其是上海建筑史上占一席之地。在县市图书馆找不到任何资料的情况下,鉴于这种住宅的实际存在,以及悠长的历史和与众不同的特色,我将绞圈房子的名称和形制特色、结构特点等记录进了县志。先辈创造的优秀传统特色住宅,就这样被我第一个准确、完整地记入了历史。1997年6月11日,我应邀参加一部市专业志的评稿,这部记载全市住宅建筑的专志,因编纂者不了解这种特色房子而未提"绞圈房子"。我提了建议,主编崔广录先生十分重视,会后特派两位长者听取意见,我提供了资料,他们对很多内容做了补充、修改,并把"绞圈房子"4个字写进了志书。

三是我又是上海方言研究者。为了寻找方言历史记录,我特别关注明清和民国文献。2008年12月,在上海大学参加第二届国际上海方言学术研讨会时,石汝杰教授送我一册清光绪九年(1883)出版的《松江方言教程》(复印件),这是法国传教士为其同伴编写的学习上海方言(当时称松江方言)的教材。书中有两处记载了绞圈房子,一是词语"一绞圈",二是有一段30多字的绞圈房子对话,且"绞圈"二字的写法和读音同我以前使用的完全相同,这个意外发现让我大喜过望。这是我至今发现的最早记载绞圈房子材料的历史文献,期望今后能发现更早的文献记录资料。因写作者不知道房子名称的正确写法,其他文章中不时出现读音不对的异形词,如"绕圈""搅圈""高圈"等。在上海方言中,"绞"字有文读的"jiáo"和白读的"gāo"两个读音。绞圈房子中的"绞"字要读"gāo"音,我在文章中大力为其正名,强调其在建筑史、"非遗"等方面的重要性。现在,"绞圈房子"已成标准名称。

如果没有第一个条件,可能我至今也不了解绞圈房子;如果没有第二个条件,就不会想到让绞圈房子存史于志;如果没有第三个条件,更不会知道,也不会去阅看那本方言教材。三个条件成就了我的又一个上海第一和全国第一:第一个将绞圈房子记入上海的地方志,出版了全国第一部专著《话说绞圈房子》。

(褚半农　闵行区文联)

张伟康先生口述
——我在"一只鼎"的创业经历

王敏采访,王宇、柴灏浩整理

张伟康先生简介:

1955年生于上海。祖籍上海真如。1972年上海浦光中学毕业后,进入上海市黄浦区副食品公司下属的北京东路菜场工作。1985年考入上海市黄浦区检察院。1993年,出任沪港合资企业上海新星天然食品有限公司(后改名"上海一只鼎食品有限公司")总经理。2013年退休。

张伟康先生是上海改革开放之初第一代职业经理人。他勇于开拓、进取,在任职期间,他带领企业员工开发的"一只鼎"牌黄泥螺、宁波年糕,不仅在当时的上海家喻户晓,并且远销中国港澳地区和海外,"一只鼎"也成为人们耳熟能详的著名商标。他的经历从一个侧面反映出20世纪90年代上海改革开放之初上海企业家的奋斗历程。本篇是在对张伟康先生访谈基础上整理而成,并经张先生同意发表。

——采访、整理者

一、下海创业

我以职业经理人的身份出来创业,是在1993年。那一年我实足38岁,应聘上海新星天然食品有限公司(一只鼎食品有限公司)总经理。此前,我曾经在上海市黄浦区北京东路菜场工作13年,在黄浦区检察院工作8年。

当时上海改革开放正在全面铺开,浦东开发激起了一波创业浪潮。我应聘的这家公司的工厂和注册地都在浦东的川沙县。公司的全名为上海新星天然食品有限公司(后文简称"新星公司"),这是一家沪港合资企业。新星公司的"新"来自港方投资人的名字(一对上海籍的香港夫妻,和我年龄相仿),"星"是代指上海崇明红星农场(后文简称"红星农场")。当时政府鼓励外商来投资,中方可以是国营、集体和民营企业。红星农场是国营企业,因此新星公司的内地投资是国有股份,港方投资是私人持有。当时有两种模式吸收外资,一种是中外合资,一种是中外合作。中外合资就是双方投入固定资产或资金等、雇佣员工经营;中外合作主要是服务业,常见的经营类型是饭店等。

红星农场(现为光明集团的组成部分)由上海农场局直接管辖。一个偶然的机会,我接触了新星公司。当时这家公司注册资金是几十万元人民币,是一个小微企业,在20世纪90年代初成立。红星农场方面创立这个公司的初衷是希望给没有抽调回上海的知青创造回上海的条件。而香港投资人认为植物蛋白产品在国外很流行,在内地也会有潜力。这家公司成立之后,国内植物蛋白营养品行业也发展得很快,维维豆奶在1990年以后也出现在了市场上。维维豆奶采用了先进的奶粉喷雾技术,水一冲就化开,类似现在的速溶咖啡。而新星公司的工艺还比较原始,只是把浸泡后的大豆磨成粉,沥干了以后,放入烘箱,烘好以后再打碎装袋。这种工艺加工出来的豆奶粉在冲泡过程中会产生不少沉淀物。在维维豆奶技术优势的冲击下,新星公司的产品很难在市场上立足。

新星食品公司的经营遇到困难,于是考虑开发中国的传统食品,即宁波人喜欢吃的年糕。当时香港投资人已经在宁波投资设厂生产年糕,我则建议好好改进技术,做好这个产品。香港投资人很认可我的想法,于是他们邀请我出任这家公司的总经理。当时这家公司的总经理因为企业濒临破产,已经跳槽到其他企业了。

经过慎重考虑,我决定同新星公司进行具体商谈。我提出首先要解决的关键问题是明确双方的权利和义务。当时国内的私营企业家最信任的是自己的子女或亲戚,对外面请来的职业经理人往往不放心。针对这个情况,我提出明确各自的权利和责任,并在实践中落实,这是企业能否成功的关键。我提出三点建议：第一，合同三年一签，这样可以避免短期行为，有利于企业可持续发展；第二是建立互信，财务主管由投资者派遣、财务状况随时向投资者公开；第三是职业经理人（总经理）的工资、奖励方案由投资者和经营者商定，总经理以下人员的聘用及薪金和奖惩由总经理决定。投资方认可了我的建议，我据此接受了总经理一职，并签订了合同。

二、创立"一只鼎"品牌

合同订立后，工作就启动了。当时这家企业的具体情况被描述为"沪港企业的牌子，乡镇企业的底子，个体经营的路子"，基本上处于少资金，没有人才，没有产品，没有销售渠道的状态。所以第一步就是寻找适合的产品。我们选定了两个传统产品。一是糟醉黄泥螺，这是一种用盐、糖、酒来加工的生吃水产品。选择这个产品是因为考虑到当时的市场需求。1988年，上海市民因食用受甲肝病毒感染的水产品毛蚶，暴发了甲型肝炎，导致这一类的生食水产品基本上停止生产。当时生食水产品企业都需要上海市卫生防疫站（现在的上海市疾控中心）颁发的上海市特种水产品生产许可证才能生产。当时只有三个老字号企业生产黄泥螺。一个是邵万生，一个是淮海路的全国土特产商店，还有一个是虹口的叶大昌。尽管当时生食水产品生产许可证很难申请，但是考虑到生产这个产品投资少，利润高，因此我们就把目光瞄准了生食水产品。我们还攻克了当时市场上的黄泥螺产品含沙的难题。另一个选中的传统产品是水磨年糕。水磨年糕产自浙江宁波慈城。这个产品生产的工艺比较考究，先把大米用水浸透，之后用机器磨成米浆，然后把水压干，这样做出来的年糕非常有弹性。但是做好的年糕如果不浸在水里，放时间长了会发霉，所以只能在春节的时候生产。针对这一问题，我们把年糕做成真空包装，然后高温杀菌，这样顾客买后存放的年糕就不会发霉了，一年四季都可以食用。

选定了产品并制订改进方案后，我们开始着手解决资金问题。黄泥螺生产基本不需要机械设备，年糕生产需要一些机械设备，但是投资不大。当时的黄泥螺市场总额约亿元以上,年糕市场总额约5亿以上。这个市场规模对当时的我们来说已经够了。因为如果我们选择一个市场巨大的大众产品,可能面临无能力与大企业竞争的问题,因此我们选定了黄泥螺和宁波年糕这两个细分产品。当时我向中方的投资人,也就是红星农场上海办事处筹借资金,很快也获得了同意。

资金问题解决了,下一步的工作就是取得生产许可证。为了获得许可证,毫不夸张地说,我的鞋子也跑坏了好几双。经过反复的恳请和对产品安全和质量做出的承诺,在看到了我认真严谨、一丝不苟的态度后,相关部门的领导最后对我们表示认可和同意。

取得生产许可证以后,就开始着手生产。我们从宁波聘请了退休的做年糕师傅,也从生食水产生产企业请了一些退休的技师。先学同行企业的技术,在掌握他们的技术的基础上,再进行创新、超越。当时几家老字号生产黄泥螺的企业知道我们也要做这个产品后很不以为意,向卫生防疫部门反应说目前的市场由三家企业提供产品就够了,不必要再开放新的生产企业。他们当着我的面提出了这种意见,我回应他们说现在是市场经济时代了,我们企业不生产,别的企业也会生产。行业发展的关键就是要把产品做好,共同来把市场做大,满足市场需求,这也是市场经济规律。听了我的话,这些企业的负责人说:"你们的产品撑不过半年的。"我当即回复说:"你们的话给了我们公司发展的动力,我们一定要争口气,必须成功。"

下定决心后,我们更要加紧抓产品质量,由请来的两个师傅制订配方,年轻徒弟跟着师傅来做,质量上把住关,杜绝产品质量问题。同时,也十分注意市场营销,从外面招聘销售主管。当时正好有一个朋友带了一些年轻人到我们公司参观,其中有一个人是在中粮集团下属的巧克力公司做销售的。他们当时都学习百事公司的销售模式。我们聊得很投机,于是我邀请他到我公司来做营销,担任负责销售的副总经理。他考虑了之后决定来试一试。他带来了他原来企业的营销理念和管理方法,并且负责再招聘销售员,对招进来的销售员,按照自己的思路进行培训。这样一来,我们就掌握了百事可乐的营销制度,就是所谓的"两制三化"制度,"两制"即路线工作制、到访顺序制度,"三化"即工作标准规范化、产品陈列系列化、产品出样生动化。

通过这些努力,我们建立了自己的销售团队,并努力去开拓市场。20世纪90年代初的上海已经出现了多种类型的购物场所。第一种是像南京路、淮海路上的大型综合性商店,第二种就是像华联、联华、农工商这样的连锁超市。为了能在这些商店、超市里打开产品销路,我们想了很多办法。首先是接受记者采访进行报道,打软文广告,让更多人了解。其次是通过广播来做宣传。上海人民广播电台每天早上7点的时候开始播报早间新闻,当时上海市民早上都有听广播新闻的习惯。于是我们决定把广告放到早上的新闻广播开始前播放。一段时间以后,不仅广大市民知道了我们的产品,市里的领导也对我们的产品有所了解。此外,我们加大了对广告的投资,一开始由于资金有限,既要考虑广告的适配度,又要考虑性价比。我们就想了一个比较冒险的办法,先投放广告,年底的时候再支付广告费。这其实是招险棋,但是幸好产品的销售量上去了,到了年底创造了可观的利润。

打开销路后,我们开始着手打造自己的品牌。第一个就是品牌名称问题,我们想取一个既朗朗上口又有地方特色的名字。大家想了很多,还想出了例如"老娘舅"等名称,后来为什么最终定名为"一只鼎"呢,因为"一只鼎"是上海话,意思是最好。我们就决定将"一只鼎"作为品牌名,这既符合上海地方特色,又容易被大众记住。

品牌名称定下来以后,我们就去工商局注册。工商局的领导起初并不同意我们用这个名字。经过我们三番五次努力,解释说这个名字是上海俚语,没别的不好的意思,在我们的努力下,"一只鼎"成功注册。后来我们又把公司名称改为"上海一只鼎食品有限公司"(后文简称"一只鼎公司")。

有了品牌后,我们就努力扩大品牌效应,一方面继续每天在广播里播放"一只鼎黄泥螺没有沙,只只一只鼎"的广告语,另一方面我们还参与一些文体活动,比如上海申花足球队的比赛,我们带领着球迷拉出"一只鼎"的横幅加油广告。当时很多企业都不怎么做广告,而我们是利用一切机会做广告,也算是抓住机遇,就这样大家心里逐渐认可"一只鼎"品牌,也非常认可我们的产品,有很多商店都主动打电话来,要求我们派销售员过去,要购买我们的产品。比如说三洋南货店,他们的位置非常好,全国各地来上海旅游的人都会去他们店。在他们的经销下,我们的产品也得到更大的曝光度。有时候,有商店打电话来紧急订货,我们会根据缓急派车送货。如果紧急到自己的车忙不过来,叫出租车也得送过去,即使这单生意亏本,因为消费者和商店满意了,后面的生意会更多,把满足客户的需要放在第一位。我们的生意才更好做。在公司内部,我们也是秉持一切为消费者服务的原则。在这种理念的指导下,我们不仅收获了更多的利润,而且我们的产品在市场上获得了更大的占有率,品牌效应显著加强。

在市场上逐渐站稳脚跟后,我们的下一步就是要提高公司的主要产品的销售额。对于年糕的销售,我们在刚开张的时候就搞活动,春节期间又参加了展销会。在展销会上,我们的年糕从工厂运输到现场大约花费20分钟车程,到消费者手上还是热乎的。年糕定价是一包五元,购买者常常排起长龙,供不应求。当时的农场局局长还到我们厂里视察,感到很好奇,为什么我们的厂又小又破,但生产出来的产品这么受顾客欢迎,并主动提出帮我们解决困难,支持我们扩大生产规模。这时候我就意识到,一定要把产品做好,这样才有更多的机会发展,更多的资源会向我们倾斜。

为了提高黄泥螺的销售额,我们对产品又进行了改进。传统黄泥螺味道偏咸,因为在它的发源地——宁波的饮食都偏咸,一瓶黄泥螺可能要吃好几个月。如果一瓶黄泥螺吃这么久,我们产品销量很难增长上去。再者从健康的角度来说,吃太咸对身体也不好。因此,我们就把黄泥螺的咸度降下来,开发比较清淡的产品。经过改进,黄泥螺的销量激增,春节期间基本上是24小时轮班生产。虽然很辛苦,但是食品行业就是要抓住一年中的几个关键节日,特别是节假日的时候,生意特别好,春节的销售额能占全年的40%左右,因此保障春节期间的生产是重中之重。乘着改革开放的春风,加上始终坚守为顾客服务的原则,我们成功获得更大的市场,打造出自己的品牌。当时上海的商场和超市都必备一只鼎的年糕和黄泥螺,这些经销商也获利颇丰。在这个基础上,我们成功评上了上海市著名商标。

三、开拓海外市场

1998年,亚洲爆发金融危机,不少上海企业受到影响。而我们的企业不但没受到金融危机的影响,反而经营情况非常好。有的企业看到我们的报表都不相信,因为好多上市公司都没这样的盈利,我们当时为投资者回报的利润是若干倍以上。1998年,我们的市场占有率在全国占50%以上,过去的竞争对手也只有我们的三分之一左右。随着改革开放后市场经济不断发展,我们也感到竞争压力越来越大,利润空间也逐渐被压缩,虽然企业目前发展已经非常好了,但是我们更要考虑长远的利益,企业内部实际还有很多瓶颈需要突破,如果不再上一个台阶,直接躺平享受,未来还是要面临被淘汰的局面。趁着现在企业还盈利,有流动资金,也能得到一些资源的时候,我就和团队商量接下来如何进一步发展,在大家都开始做这个行业的情况下开辟新的路,优化我们的产品线,不至于以后面对冲击只能坐以待毙,而是能使企业持续发展。

由于我们做的是中国传统的食品,符合中国人的口味,我们认为企业的发展需要走出去,要把市场开辟到香港特区,甚至是海外,让全球华人都成为我们的客户。当时华人遍布世界各地,像浙江人、福建人中有很多在海外,他们都很喜欢吃我们的产品,香港特区也有很多上海人、福建人。经过一段时间研究后,我们决定首先开辟香港特区市场。当时香港特区市场有两大优势,其一,它是全球华人超市的一个产品集散地,香港西环类似于上海十六铺,是一个批发市场,全中国的产品到那里验收后配送往全球,香港特区相当于我们进军全球的桥头堡,是一个跳板,是我们走向全球的关键;其二,香港特区的生活水平、城市化水平等在中国处于领先地位,香港特区的食品现在的发展情况对于上海食品发展有很好的参照作用,更有利于我们对市场的把握。于是,我和团队带着两百万元人民币到香港特区准备开分公司。这在当时是非常冒险的举动,因为受金融危机的影响,很多企业都从香港特区撤出,我们带的钱很可能就打水漂了。但是我们逆风而行,进军香港特区,就是看到"危机"中的"机"。董事会也同意我们的想法,在改革开放的年代,为了企业未来的生存和发展,这一步是值得去开拓的。

  出发去香港特区的时候,我们准备了畅销品水磨年糕和黄泥螺,还有一些江浙地区喜欢吃的食品。当时内地运到香港要经历好几个关口。第一个关口我们是和上海食品进出口公司合作,由他们协助我们办理商检出关的手续。这时候就遇到麻烦,当时从上海拿货到香港卖的还有一家企业,他们意识到我们会是潜在的竞争对手,就想了各种办法来打压我们。在我们发货的时候,他们和上海商检海关说我们走私,海关就来查验我们的东西,但我们的东西和所有手续全都正常,自然也不用怕他们。第一关过了之后,他们还不罢休,我们的东西到香港特区后,他们又去和香港特区海关告我们走私,香港海关查了也是没问题,但他们仍旧盯着不放。在我们准备和香港特区的一些卖这些食品的南货店合作的时候,他们就凭借自身产品比我们更加齐全的优势企图逼迫那些卖南货的店封杀我们,意思是哪家店拿了我们的产品,那他们的货就不给这家店了。为了打破这种封锁,我们就拿着样品在一家又一家南货店里穿梭。有些店迫于对方的压力不敢和我们合作,我们就说我们的产品就放在你这,算是和我们一起推广一下产品,如果实在有困难,我们就先交个朋友,你先尝尝我的货。我们当时对自己的产品也很有信心,毕竟我们有货源优势和价格优势。而且我们当时已经建起了分公司,就是想在香港特区长期合作,而不是打游击战,所以我们敢于竞争,不怕竞争,合理利用规则积极竞争。除此之外,我们还想到别的办法,拿着我们的产品去百佳、惠康这样的大型连锁超市推销。当时香港特区有不少江浙地区,包括上海过去的实业家,很多从上海过去的东西在当地人看来都比较时髦,所以我们的产品在香港是有潜在市场的,包括香港有很多上海特色的饭店,有相当一部分还很高级,这些饭店也是我们需要开发的对象。我们就一遍又一遍地和超市、饭店的负责人商谈,最后是百佳超市的一个采购员联系我们,让我们的产品入驻。上海这边派出的香港公司总经理长期驻扎香港。就这样,香港的市场慢慢就被我们打开了。

在香港的创业者是很辛苦的,一个是因为远离家乡,像上海派驻香港公司的总经理和员工长期离家,照顾不到家庭,我上海、香港两头跑。创业需要吃苦,开始时在香港公司的总经理和员工往往挤地铁自己送货,还要在仓库烧碱水洗火腿等。除此之外,当时面临的还有一个问题就是竞争对手,有时候半夜故意打电话进来骚扰。但这些反而激起我们的斗志。经过一段时间的努力,我们和百佳、惠康两大连锁超市成功建立起比较密切的合作关系,其他南货店看到我们成功之后也来找我们进货。我们当时和这些店的合作状态非常好,在和他们沟通的时候,我们都是换位思考,告诉他们,产品到了你们店里不算成功,卖出去能给你们带来利润才算成功。你们到内地采购,联系十家企业采购产品,就意味着要承担十份商品质量的风险。找我们采购的产品,质量和价格都摆在你们面前,你需要什么东西就告诉我,我们可以按照你的要求给你进货,保证你们的质量,在取得香港这些店的信任后,他们需要内地的产品,都通过我们的供应链给他们提供。

从1998年底到香港特区,经过大家的努力,8年后,一只鼎在香港的销售利润已经能和上海总公司相媲美。香港特区市场的开辟使得我们企业的发展更加稳定,甚至可以说是又上了一个台阶。在香港特区的成功也给了我们很大的信心,我们就想以香港特区为跳板,把产品卖到美国等地,进一步开拓海外市场。为了更好地宣传,我们提出了两句口号,"有华人的地方就有一只鼎食品"和"一只鼎食品让生活更美好"。

当时到美国发展存在着很大的机遇。那时美国最大的华人连锁超市是来自中国台湾和福建的华侨开的,采购产品都会到香港,他们公司驻内地的采购办事部门,看到我们产品在上海卖得好,就主动来跟我们联系,说想进口我们的产品。我们感觉这是好事情,但是我们需要做到两点。第一个我们要通过商检,生产流程和卫生状况都要符合出口的要求;第二个就是要符合美国FDA(美国食品药品监督管理局)的备案要求,这两点要求倒逼我们提升产品的质量。

  这时我们已经搬离了原来的厂房,在浦东建设了新厂房,一个是专门生产年糕的车间,规模非常大,从大米到加工成年糕都采取机械化生产。另一个糟醉黄泥螺生产厂房,虽然采取手工生产方式,但车间也是10万级无菌车间,并且使用的是我们自己生产的食用净水。为了出口海外,我们把商检请过来,请他们检查厂房、产品、设备并提出整改意见。我们整改以后,再请他们批复手续。商检人员对我们说,这两个产品,尤其是黄泥螺属于高危产品,出口存在一定风险。目前中国没有一家企业出口这种生食水产品,如果出了问题该由谁来负责。我当即表示黄泥螺产品之前在国内市场上销售也是存在风险的,我们生产方也一直是在刀背上走路,如果生产过程处理不当,我们也是会被严厉处罚的,但我们一直坚持按照配方和卫生程序来生产,所以从来没有出现过任何质量上的问题。以后我们的产品出口到海外,也会严格按照这个生产程序,逼迫自己提高产品质量。我还表态,如果能拿到出口的注册证,我们一定会坚持生产流程规范来生产。

  获得出口许可后,我们就跟美国的经销商谈判。他们提出要我们授予他们在美国的独家经营权。我说进口商和经销商的责任我都很熟悉,从你们超市的角度来讲,是怕产品进口到美国以后销路很好,我们会把产品给别人做,怕我们过河拆桥。从我们的角度来讲,给你们总代理,但如果产品卖不动就会出现"占着茅坑不拉屎"影响我们的产品在美销售,为了解决双方的顾虑,我就建议设立销售额,三年内对方达到了销售额就可以获得独家代理权,三年内达不到销售额,代理权就会被转让给其他经销商,当然销售额不会定的很高,设置的主要目的是让双方都能负起责任,听了我的解释以后,对方也很认可我的提议。

  合作协议获得双方认可后,我们的产品开始出口。当时市场上的年糕都不是真空包装的,但我们采取了真空包装的技术使得产品全年都能销售。在美国买年糕最多的其实是韩国人,有一次一个超市的韩国供应商来联系我们,想绕过经销商直接从我们这里进货。我说首先非常感谢你对我们的产品的信任,但是我们还是会照商业规则来处理,不会增加你的成本,还要请你通过经销商从我们这里进货。因为做生意最重要的就是诚信,绕过经销商出售,我们企业一时间会多赚钱,但从长远来讲,我们失去了信用就很难在行业内立足,我说我们上海人的契约精神非常强,这也是我们的特点。听了我的解释以后,这个韩国企业同意了我的处理方案。随后我致电了我们在美国的经销商,我说某某公司来找我,要从我这直接进货,被我拒绝了,因为我跟你们有独家代理约定,我可以把那家公司的电话给你,由你们直接联系。他们听了非常开心,说内地企业很少这样做,我说我不管人家怎么做,我希望我们能够共同发展,大家一起盈利。当然我也有自己的要求,订货需求要提前半个月通知我们,我们需要生产、商检、找船、发货。发货前的货款需要全额打过来,就是买货结算,如果你订了货但不来拿,我们也需要拿走定金。这件事以后,我们和美国经销商也一直在按约定好的程序进行合作,并且一直合作得很好。

之后美国市场、加拿大市场、欧洲市场都逐步打开了。除了我们自己的商品,我们还根据客户的要求给他们配套产品,他们要求什么,我们会尽量去满足,并且不比别的商家贵。经过努力,我们的企业又提升了一个档次,基本上达到了"有华人的地方,就有一只鼎"的目标,而且有很多从美国回来的人都跟我说,在超市里面看到过一只鼎的产品。企业在沿两条路径发展,建立香港分公司,我们没有出一分钱,是依靠出口销售所赚的钱,在那里一点点发展,财务报表全部归并上海总公司,这样的话,我们就出一个子公司了。当时在出口方面,我们也是受到过表彰,因为国家鼓励出口赚外汇。总之,我们从香港学到很多的经验,也学会了如何对产品进一步开发。后来光明食品集团成立,我们公司被纳入进去。当时光明食品集团有位领导到香港来检查工作,这个领导看了我们的情况以后,说你们赚取的利润从集团的角度来看并不算多,但是你们企业发展的路子是正确的,是按照现代企业的发展模式来走的。

当时国内很多企业开始上市,上海某集团的负责人曾专门到我们这来,问我们能不能考虑上市,我说是否上市由投资者决定,我只有建议权。后来投资者考虑,鉴于光明集团自己有上市公司,我们作为下属企业也可以获得所需要的投资,并发展壮大,所以投资者决定不上市。虽然没有上市,但企业发展到了一个新的、更广阔的国际平台。一只鼎的发展和成绩得到了各方的认可。在上海青年企业家协会举办评选当中,我荣获上海市优秀青年企业家称号。2013年,在职业经理人任期结束后,我没有再同公司续签合同,就此退休。

作为一名职业经理人,回顾自己的创业经历,有不少体会。首先是对企业员工负责。在我们企业工作的员工只要兢兢业业做事,公司承诺的工资、奖金都会一分不少地发放,时间上也不拖欠,让员工在我们企业上班能更加踏实放心,对企业也有认同感。除此之外,我也把我的一些观念分享给员工。比如,从20世纪90年代起就督促员工买房,鼓励他们先付首付,然后去银行贷款按揭,每个月的工资足够还了,对做好自己的工作更有紧迫感、责任感。有时候,我也跟他们开玩笑说,不买房的不发奖金。我记得2000年以后,房价已经从五六千涨到万字头以上了,有个员工之前没买,现在更不敢买,我就跟他说你房子是刚需你就买,有能力付首付就不用怕,能维持生活就行。房子不像股票要被套牢,后面他听了我的就买了,之后上海的房价也没跌下来过。在我退休的时候,我就和之前手底下的员工说,我没给你们带来什么,但是买房的观念我带给你们了。其次是做人的底线意识,我时刻提醒自己要敬畏法律,在检察院工作的时候,我看到太多丢掉底线而失去自由的人,所以当时一些原料供应商想要贿赂我,我都是坚决拒绝的,因为做个有自由的人最重要。最后就是要有感恩之心,作为一只鼎的职业经理人,我很感谢投资方给我这样一个平台,能够为社会奉献自己的力量。

(王敏采访,王宇、柴灏浩整理　上海大学文学院)

当年我们怎样工作
——急救培训中心的若干记忆

徐惠梁

1993年11月20日,全国院前急救培训中心(后改名为"卫生部医政司全国急救人员培训中心",简称"全国急救人员培训中心")成立暨首届医务人员培训班开学典礼在上海市海宁路68号上海市医疗急救中心原址举行。至今已30年了。

这是一段激情燃烧的峥嵘岁月,却是一段尘封的历史,鲜为人知……

回忆一　全国院前急救培训中心成立暨首届医务人员培训班开学典礼

1993年11月20日,全国院前急救培训中心成立暨首届医务人员培训班开学典礼在上海市海宁路68号上海市医疗急救中心原址举行。出席开学典礼的有卫生部医政司领导单藕琦、市卫生局医政处长姜廉益、中华医学会急诊医学分会的王一镗教授、蒋健教授、杨涵铭教授、冯建明教授、李忠浩教授及中心领导郑盛业、钟厚德、毛仁忠、李妙山等。首届医务人员培训班有学员27名,21名来自外地各省区医院和急救中心,6名来自本急救中心。

1991年,卫生部医政司在上海莘庄召开院前急救工作会议。会上来自全国各急救中心的主任们一致强烈呼吁成立一个全国的院前急救培训机构,由此培训全国院前急救专业人士,发展和培育我国的院前急救事业。会后,上海市医疗急救中心负责起草一报告给上海市卫生局,1992年底,上海市卫生局打报告给卫生部医政司,申请成立全国院前急救培训中心,常设机构设在上海市医疗急救中心。1993年2月,卫生部医政司批复同意上海市卫生局的请示报告,当年,卫生局发文批复培训中心的领导班子。由市卫生局分管副局长周剑萍兼任培训中心主任,医政处姜廉益处长、市医疗急救中心领导钟后德、毛仁忠任培训中心副主任,费国忠副主任医师任培训中心办公室主任。当年培训中心向几个省区分配医务人员培训班名额,并设计培训班课程,聘请授课教授等。筹备工作就绪,于1993年11月20日举办全国院前急救培训中心成立暨首届医务人员培训班开学典礼。由此开创了我国院前急救事业的新篇章。

回忆二 首届厂矿医务人员院前急救专业培训班成立

1994年1月18日,我告别了工作22年的上海港港区,告别了有着深厚感情的港区干部职工,抛弃了港区优厚的工资与福利待遇(当时来这儿工作每月收入要减少五六百元),抛弃了在港区工作22年打下的根基,来到上海市医疗急救中心报到,决心为发展我国的急救医学事业做贡献。当时我的一个想法是:我下了那么大的一个决心来到全国院前急救培训中心从事急救培训工作,应设法迅速打开工作局面,迅速把急救培训班开起来。

我找到了熟悉的市二医院下厂组负责人茅华医生,恳请他能组织市二医院劳保单位厂医来我中心培训班学习。事先我与费国忠主任商量可按报名人数发放适当劳务费予以奖励。考虑到厂医参加全脱产学习在时间安排上有困难,我建议培训班安排一周两天授课,费国忠主任同意我的建议。茅华在下厂组会议上动员劳保单位厂医报名,获得热烈响应。他负责的市二医院劳保单位有20多人报名。我又通过发通知及打电话招收到10多名厂医。终于在距我来培训中心报到2个多月时就把第一期急救培训班开出来了。首届厂矿医务人员院前急救专业培训班自4月6日—5月20日每周两天,胜利圆满结业,学员对培训班的课程设置、授课质量及培训班管理都十分满意。

回忆三　首届全国院前急救管理干部讲习班

1994年5月25日至6月3日,首届全国院前急救管理干部讲习班在上海市海宁路68号培训中心原址举办。该讲习班是中心执行卫生部医政司的指令举办的。出席对象是全国各省区急救中心的主任及急救中心车辆管理和通信管理等负责人,另有一名宜昌市卫生局副局长,共25名学员,是级别较高的一次讲习班。课程主要是有关院前急救管理的,如车辆管理、通信管理、财务管理、救护车药品管理、区域卫生规划以及院前急救资金如何筹措等。记得姜廉益处长也在班上讲了一课。主要授课老师是我急救中心的,钟后德讲了"我国院前急救的现状与发展趋势",李妙山讲了通信管理,张文虎讲了车辆管理,王小川讲了急救中心的办公室管理,宝山救护站朱锦康介绍了宝山区急救中心的管理经验。讲习班也组织了一些参观考察活动。限于中心食宿等条件,加之培训中心举办类似管理培训班缺乏经验,开学初期,学员对培训班有些意见。中心领导向卫生局汇报后,局领导十分重视,周剑萍副局长、姜廉益处长在培训班结束时安排时间与学员见面并合影。故出现一次培训班有二次合影照的情形。周剑萍副局长当年对急救培训中心的发展倾注心血。她多次嘱咐,上海120要服务好全国,要敢为人先,要当仁不让地做好全国的领头羊!她的这些指示给急救培训中心指明了方向!

回忆四　首届郊县医务人员院前急救专业培训班与 首届基层医务人员院前急救专业培训班

急救培训中心主要的任务是举办急救医学培训班。举办培训班要设计课程,聘请授课老师,排课表,印讲义,招收学员等。其中最难的还是招生。那一年为办班招生可谓煞费苦心。厂矿医务人员急救培训班结束后,就动脑筋下个班从哪儿招生好。某一天,我看到一本卫生局印的医院通讯录。我翻阅到上海有一二百家乡卫生院,突然眼前一亮:乡卫生院在农村最基层,它的工作性质与院前急救最接近,我们何不办一期卫生院医务人员急救培训班？我把想法与费主任一说，他完全赞同。于是就拟招生通知，发通知。招到21名乡卫生院医生。于1994年6月9日—18日举办了首届郊县院前急救班。学员对教学内容及培训班生活服务等都十分满意。可惜那次不知何故，没有留下合影照，只有一份通讯录。郊县班结束后，我又马不停蹄地动脑筋办下一个班。当时中心有本电话黄页本，我一看，上面印有上海市许多单位的地址和邮编。我与费主任商量后决定办一期上海市基层医务人员急救培训班，通知重点发大商场、酒店、机场等。结果大获成功，招到了基层医务人员30名。自10月26日—11月7日，也是每周两天授课。10月份又举办了第二届全国院前急救医务人员专业培训班。在从事急救培训工作的第一年，开了个好局。

回忆五　第二届全国院前急救医务人员专业培训班

　　第二届全国院前急救医务人员专业培训班于1994年10月26日至11月7日举办，出席学员有26名，来自15个省区的急救中心、医院及基层单位。当时招生还算顺利。按照第一届急救培训班以及市内两个急救培训班通讯录的形式发了通知。当时急救中心党办有本邮政编码书，深绿封面的很厚一本。其内容按省排列，省会城市等有关部门的通讯地址和邮编，包括一部分医院的通讯地址和邮编。我就把此书借来，按此书上顺序发了一部分通知给外地医院，最后回执30份。那次也不知何故，没有照集体照。那时学员参观安排在结束前一天下午，最后一天上午总复习、考试、填评估表，下午举办结业典礼和茶话会。当年参观内容是外高桥港区、外高桥保税区以及张扬路上的第一八佰伴。外高桥保税区当年不太容易进去，我在港区工作多年，发挥我的优势开了介绍信，找保税区办公室老同事钟林富联系，终于促成此事。学员在保税区参观，还可买些价廉物美的免税商品带回去。我来到培训中心的半年多，一有空就阅读有关院前急救、灾难医学的专著与杂志，在较短时间内就熟悉了现代急诊医学基本理念，对院前急救专业培训班的课程设置也提出了我的建议。如烧伤急救、中毒急救、儿科急救以及常用心血管急救药物的临床应用等都是我向费主任建议,经采纳后补充到课表里的。院前急救培训班至此,培训班各方面开始理顺。

回忆六　关于95国际灾难与急救医学会议

95国际灾难与急救医学会议于1995年4月18日—20日在上海举行,出席会议的国内外专家有500多名,是当时国内规模最大的一次医学学术会议。全国急救人员培训中心参与了会议的筹备与组织工作,编撰了《95国际灾难与急救医学会议论文汇编》。会议收到国内论文270多篇,国外论文130多篇。

1994年初,有关95国际会议的征稿启事即会议第一轮通知发出。费主任把我的名字也列为联系人。征稿通知发出后,各地论文陆陆续续寄来。我把来稿编号后登记在本子上。会议学术委员会开过几次审稿会。审稿会专家有王一镗、蒋健、杨涵铭、景炳文、王轩冕教授以及我中心的毛仁忠、费国忠、徐绍春以及我。主要是确定哪几篇列为大会发言,哪几篇分会场交流,哪几篇为列题。在一次会上,一军大李宏立教授的一篇文章被大专家们列为列题。我一看,这篇论文是有关提高救灾医疗队生存及救治能力的,特别切合本次会议主题,也特别有价值,应放在大会交流才对。我把我的看法与专家们说了,他们又认真看了这篇论文,认为我说得有道理,就把该论文从列题升格到大会交流。

1995年初,费主任等赴旧金山考察院前急救3个月。我把有关工作都承担了下来。对每篇论文先做文字修改,交朱纯打印后,我再校对,再交朱纯打印,国外论文通过传真发过来,收到后交张漫天打印,后我再校对。全部论文打印校对完毕,再编目录。最后交印刷厂。在开会前一周时,我与毛主任去了印刷厂,了解印刷进度。印刷厂老板说,4月18日前论文集无论如何出不来。我说,这次会议,卫生部部长与谢副市长都要来。到时论文集出不来,你我都要承担责任。结果16日下午,他把印刷好的500本论文集及时送来了。

在会议期间,毛主任每晚到我房间与我一起商定第二天的会议日程,常常忙到凌晨一二点钟。我与总务科长乐国栋同志住一房间。他也为了会议代表的生活接待天天忙到半夜后,他说:"要把会议接待工作搞好,这次会议开成功了,我们上海市医疗急救中心在全国急诊医学界的地位就上去了!"乐科长后来因癌症去世了,我至今一直十分怀念他!那次会议后,李宏立教授被增补进急诊学会灾害医学学组,他与我成了好朋友。

回忆七　1995年举办的3个急救培训班

1995年,全国急救人员培训中心除了参与筹备与举办95国际灾难与急救医学会议外,还举办了3期急救培训班,并接受卫生部医政司指令,10月份在海口举办了一期全国灾害事故医疗救援研讨班。3期急救专业培训班分别是第2届郊县医务人员院前急救专业培训班,3月24日—4月5日举办,出席人数为34人;第3届全国院前急救医务人员专业培训班,6月6日—6月20日举办,出席人数为43人;第4届全国院前急救医务人员专业培训班,11月28日—12月11日举办,出席人数为51人。尤其是第3、第4届全国急救培训班,给我印象很深。学员的学习热情很高,班内同学之间、师生之间感情融洽,很有凝聚力。为了丰富学员的课余生活,每期培训班都在晚上组织多次舞会,增进了学员间的友谊,活跃了培训班的气氛,彼此留下了难忘的美好记忆。

回忆八　海口全国灾害医疗救援研讨班

1995年4月,卫生部发布《灾害事故医疗救援工作管理办法》(中华人民共和国卫生部令[第39号])。为贯彻卫生部令,卫生部医政司指令全国急救人员培训中心与海南省卫生厅联合在海口市举办一期灾害事故医疗救援研讨班。研讨班招生工作、课程设置、教授聘请、讲义编撰印刷等全都由培训中心负责,海南方面负责会务事项。前期,我与费主任去海口卫生厅联系洽谈具体事宜。研讨班于1995年10

月 17 日—19 日在海口举行。授课教授有蒋健教授、葛绳德教授、杨涵铭教授、赵兴涛教授、李奇林教授等。上海去的有卫生局医政处严世明处长,我中心毛主任、费教授和我都去了。上海宝钢急救中心主任江平也去了。会后组织了环岛参观活动。记得江平及大连急救中心主任也与我们一起参加了参观活动。就此次研讨班出席人数而言,岛外全国代表 130 多人,海南省代表也有 120 多人。会议开得比较成功。

回忆九　福州第二届全国灾害医学学术会议暨全国灾害事故医疗救援研讨会

第二届全国灾害医学学术会议暨全国灾害事故医疗救援研讨会于 1996 年 5 月 25 日—27 日在福州举行。来自全国各急救中心、各地卫生厅局医政处、各地医院急诊科的医务人员及管理干部 180 多人出席了研讨会,编撰了研讨会论文汇编。我培训中心参与了会议的筹备与组织工作。主要负责会议通知、稿件征集、论文集编撰印刷、大会授课教授聘请等工作。福建省福州医院负责会务工作。急诊学会邵孝铉教授出席,葛绳德教授讲了"烧伤急救"、杨瑞和教授讲了"多发性创伤急救"。惠小平教授介绍了法国急诊医疗体系 SAMU,获得大会好评。惠教授的这篇讲稿没有通过蒋教授而是直接交给了我们,我们觉得不错就安排了大会交流。

回忆十　1996 年中美合作机械与人工 CPR 效果比较研究培训班

为配合上海市卫生局、上海市医疗救护中心与美国俄亥俄州大学、美国密歇根州仪器公司联合开展的机械与人工 CPR 效果比较研究课题进行,全国急救人员培训中心与美方专家于 1996 年 4 月 29 日—5 月 15 日在上海联合举办机械与人工 CPR 效果比较研究培训班,分 4 批对上海市救护车随车医务人员、救护车驾驶员、上海市 6 家三甲医院急诊科医务人员共 229 人进行机械 CPR 技术培训,为大规模培训 Thumper 机操作人员积累了一定经验。当年的培训活动盛况空前,与美方专家的合作愉快、融洽,也在上海开创了院前、院内大规模合作开展科教研活动的先河。事后我撰写了有关文章发表于《中国急救医学》杂志。

回忆十一　当年急救培训中心的其他工作

当年急救培训中心除承担举办急救培训班及急诊医学学术会议外,还从事其他有关工作。急救培训中心办公室又是《上海院前急救》杂志的编辑部。一季度出版一期院前急救杂志雷打不动。当年为争取杂志刊号也做了不少努力。1997—1998年,采纳培训办张文虎主任建议,在中心领导支持下,培训中心牵头组织上海市急诊医学专家教授编撰出版了急诊医学专著《实用急救学》,可兼作为急救医学进修班和危重病急救专业进修班的教材。在编撰《实用急救学》过程中,张文虎主任因劳累过度患了面神经瘫痪也不休息。我负责目录编制、与作者联系以及书稿的文字校对。《实用急救学》入选《1998年中国图书年鉴》以及华东地区优秀教材奖。2003年,急救培训中心实施了中意合作能力建设项目,举办了急救医学师资培训班与急救管理培训班各三期,举办了急救医学专家咨询委员会会议三次,编撰了中意合作能力建设项目培训教材。那些年,费国忠教授主持了急诊医学科研课题多项。徐惠梁副主任医师结合急救培训工作,撰写了多篇有关急救医学培训班课程设置及院前急救疾病谱的论文。急救科科长徐绍春主任医师于1995年自美国旧金山考察回来后拟了《院前急救医疗规范》,后每年修订一次,我们培训中心办公室都参加讨论,每一次修订的最后校对定稿都由我完成。《院前急救医疗规范》是集体智慧的结晶。

回忆十二　急救培训中心两个急救专业 培训班的课程设置

自1999年起,急救医学进修班与危重病急救专业进修班均被国家卫生部批准为国家级继续教育项目,可分别授予国家级Ⅰ级Ⅰ类21

学分和18学分。急救医学进修班以急救医学疾病谱为基础设计,课程内容为急诊医学的若干进展,急性心肌梗死诊断和急救处理,充血性心力衰竭诊断和急救处理,严重心律失常诊断和急救处理,休克机制、诊断和急救处理,呼吸衰竭机制、诊断和急救处理,多器官功能障碍综合征的诊断和治疗,脑血管意外诊断和急救处理,颅脑损伤诊断和急救处理,急性肾功能衰竭的治疗进展,烧伤诊断和急救处理,创伤的现场和急诊室急救处理,化学物品中毒的诊断和急救处理,常用心血管急救药物的临床应用,不稳定型心绞痛的诊治,高血压急诊的药物治疗,院前急救医学,CPR-BLS技术和操作,气道开放术、心电监护及电击除颤术,触电、淹溺、中暑的现场急救。此外还安排医院急诊科见习、总复习、考试等。

危重病急救专业进修班在急救疾病谱基础上再增加ICU的一些诊断和治疗技术,如人工心脏起搏术、呼吸机临床应用、微量泵应用、Swan-Ganz气囊漂浮导管技术在危重症血液动力监测中的应用、血液净化技术等。

回忆十三　急救培训中心的一些数据

自1993年11月20日全国急救人员培训中心成立到2007年底,急救培训中心举办了急救医学进修班与危重病急救专业进修班共66期,培训全国县级以上各级、各类医务人员共2888名(其中主治医师级占85%以上)。举办急救管理培训班30多期,培训各级急救管理干部共1300多名。举办国际、国内急诊医学学术会议10多期,包括95国际灾难与急救医学会议、全国灾难医学学术会等高级别的急诊医学学术会议。编撰《实用急救学》(复旦大学出版社,1998年),约45万字。编撰《中意合作能力建设项目培训教材汇编》。编辑《上海院前急救》杂志20多期。在《中华急诊医学杂志》及《中国急救医学》杂志上发表急诊医学论文40多篇。

最近30年来,我国的院前急救事业取得了长足进步。我是这一段重要历史的一名重要见证人和忠诚实践者。自1994年1月18日告别上海港港区到上海市医疗急救中心（全国急救人员培训中心）报到,至 2007 年底退休,我在上海 120 从事急诊医学继续教育与急救培训工作整整 14 年,饱尝了急救培训工作的甜酸苦辣。

在上海 120 从事急救培训工作的 14 年中,我觉得最难忘的还是 20 世纪 90 年代在上海海宁路 68 号培训中心原址度过的那几年。那时条件非常艰苦,一切都是从头开始,许多工作需要理顺,极具挑战性。

为了接待半夜前来报到的外地学员,我常常睡在 7 楼培训中心办公室的地板上,一张席子,一条值班被子;为了丰富学员课余生活,每期培训班要组织学员在晚上搞几次舞会与卡拉 OK,有时活动晚了,误了回浦东家里的公交,我就在办公室打地铺过夜;每期培训班结束都带领学友到医院见习并到浦东外高桥港区参观;走路一楼到七楼,七楼到一楼都是一路小跑。记得有一次,我新买来一双牛筋底的皮鞋,不到一周鞋底就断裂了。当年的收入十分微薄,每期培训班忙乎下来,仅报几个加班费和少量带教费（有时因代办购买火车票差错还要赔钱,一期培训班人数越多,购买的火车票越多,赔钱的概率就越高）,但每天都过得十分充实。

我与全国各地的急诊医学同仁学员建立了深厚友谊,认识了上百位急诊医学的专家教授,成为无话不谈的朋友。那些年,每天工作都充满激情。

当年的景象像过电影一样,历历在目。这是一段激情燃烧的岁月! 20 世纪 90 年代初期是我国院前急救事业全面启动的初级阶段,全国的院前急救医疗机构不到一百家,而如今全国每一个县都建立了急救中心,这是何等巨大的变化!

值得一提的是,当年的 JICA 计划（日本无偿援助项目）是以全国急救人员培训中心的名义申请的（当年外经贸部龙云图副部长给钟厚德主任出了个主意,上海经济实力这么强,以上海市医疗急救中心名义申请 JICA 计划成功的概率小,以全国急救人员培训中心服务西部欠发达省份的名义申请成功概率大）,JICA 计划的申请成功,促成了上海市医疗急救中心整体搬迁至宜山路计划的成功,也迎来了上海120事业发展的一轮大飞跃。有幸参与这段艰苦而难忘岁月的工作并倾情付出,我为自己感到骄傲!

在即将迎来全国急救人员培训中心成立30周年的日子里,深切缅怀已故的周剑萍副局长,深切缅怀急救培训中心的老朋友——已故的邵孝铚教授、王一镗教授、戴行锷教授,深切缅怀长期在急救医学培训班授课的已故的许学霖教授、范维琥教授、沈崇欣教授。格外想念当年曾来我培训中心学习的全国各地的2888名急救医务人员与1300多名急救管理干部!你们都还好吗?急救培训中心的徐老师想你们了!

(徐惠梁　上海市医疗急救中心原副主任医师)

我所经历的三十年上海演艺界及评弹业态之变化

范林元

在2000年之前,统领沪上文艺舞台的主要是由上海市文化局辖属的16家国有院团:上海交响乐团、上海歌剧院、上海芭蕾舞团、上海民族乐团、上海京剧院、上海昆剧团、上海越剧院、上海沪剧院、上海淮剧团、上海话剧中心、上海歌舞团、上海轻音乐团、上海杂技团、上海评弹团、上海滑稽剧团、上海木偶剧团。

其他有影响力的有中国福利会儿童艺术剧院、上海广播交响乐团、上海广播电视艺术团、上海电影乐团、上海合唱团。区级团体有长宁沪剧团、宝山沪剧团、虹口越剧团、静安越剧团、人民滑稽剧团、青艺滑稽剧团、上海魔术团、新长征评弹团、东方评弹团、新艺评弹团等。

2000年,文广两局合并,原16家市文化局下辖的院团分别托管于几大文化部门:市委宣传部直属——上海京剧院、上海昆剧团;大剧院管理中心——上海交响乐团、上海民族乐团、上海歌剧院、上海芭蕾舞团;报业集团——上海越剧院(文新报业)、上海沪剧院(解放报业);传媒集团——上海话剧中心、上海杂技团、上海淮剧团、上海滑稽剧团、上海歌舞团、上海木偶剧团、上海轻音乐团;上海广播电台——上海评弹团。

几年后,这5块缩减为4块。传媒集团的8个剧团,加上从广播电台转托过来的上海评弹团以及由上海广播交响乐团、上海电影乐合并后成立的上海爱乐乐团,组建了上海文广演艺中心(后更名为上海文广演艺集团)。2011年12月30日,宣传部直属的京昆艺术中心撤销,由上海京剧院、上海昆剧团、上海越剧院、上海沪剧院、上海淮剧团、上海评弹团六家院团组建成上海戏曲艺术中心。同时各剧团更名为上海京剧艺术传习所、上海昆剧艺术传习所、上海越剧艺术传习所、上海沪剧艺术传习所、上海淮剧艺术传习所、上海评弹艺术传习所。

2015年,上海的国有演艺院团再次重组为3大板块:大剧院艺术中心——上海民族乐团、上海歌剧院、上海芭蕾舞团,上海戏曲艺术中心——上海京剧院(传习所)、上海昆剧团(传习所)、上海越剧院(传习所)、上海沪剧院(传习所)、上海淮剧团(传习所)、上海评弹团(传习所),上海文广演艺(集团)公司——上海话剧中心(演艺公司)、上海杂技团(演艺公司)、上海歌舞团(演艺公司)、上海木偶剧团(演艺公司)、上海轻音乐团(演艺公司)、上海滑稽剧团(演艺公司)、上海交响乐团(演艺公司)、上海爱乐乐团(演艺公司)。

其他的有中国福利会儿童艺术剧院。区级保留的剧团是人民滑稽剧团。撤销的剧团是上海合唱团、上海魔术团、青艺滑稽剧团、虹口越剧团、静安越剧团、新长征评弹团、东方评弹团、新艺评弹团等。更名为传习所的六家院团,其经济体制由改革前的全额拨款到改革后的差额拨款,又恢复到现在的全额拨款(拨款名称有所改变)。

这连续的变化与布局,在文艺圈外人眼里犹如万花筒般的目不暇接。对一路经历过来的文艺人而言,有很多感慨。如果请那些曾经参与策划并主导工作的一任又一任行政管理者来叙述,恐怕一时也捋不清头绪,说不明个所以然来。然而,这是近30年来上海文艺界实实在在的事实和历史。

一、浪潮中扑腾的评弹界

我是一名评弹演员,1974年进入上海评弹团学馆学艺。虽说不上从艺一生,但掐指算来也整50年了。作为一个对这段历史有所留意的亲历者,站在本专业的角度谈点体会与感受,也许可以对这段历史有兴趣的朋友有窥一斑知全豹的启示,并对沪上演艺界未来提出一点遐思。

评弹是文艺百花园中的一朵奇葩。自明代中期有人以此为谋生之道以来,已有五百多年的历史。它以雅俗共赏的艺术特征、说噱弹唱的表演手法,锤炼成了驰骋江南无敌手的文艺式样。它所表演的内容都是几千年中华民族的精髓、英雄史诗、仁义道德。以前江南地区的贩夫走卒、市井小民目不识丁,却能讲一个又一个历史故事,说一套又一套为人的道理,绝大多数都是听评弹而获得的。所以,评弹不仅是观察江南社会的窗口,也是江南文化的重要元素。有甚者说"缺失了评弹元素,百姓心中的江南将不复存在"。

虽说沪上文艺院团的布局与体制在近30年变化不断,评弹也只是一门曲艺。但以目前上海评弹团被列在政府全额拨款单位的情况看,评弹比起那些改制为企业的"某某团演艺有限公司"等走市场并自负盈亏的单位待遇要优厚不少。政府拨款的待遇在一定程度上反映了曲种在行业内的地位,应该说政府对上海评弹事业的支持力度是很大的。

但就是这样一门百姓喜闻乐见,演出场地曾经遍布江南角角落落,在20世纪40—60年代观众数量仅次于电影的大众艺术,在上海滩逐渐衰弱成了小众艺术。2000年前,上海评弹团也是沪上文艺界的十六强之一,更是上海四个评弹团中的领头羊。无论是国家层面或市级层面,凡是举行大型文艺活动都会有评弹的声音和身影出现。在老一辈演员能登台时出演的都是独唱节目,后来晚辈中少有挑大梁者就改为女声小组唱之类的集体节目。因为它代表的是一个主要艺术门类在重要场合的亮相,也标志着评弹在上海文艺界中的一席之地,以及在文艺市场中占有的分量。

不知何时起,这样的景象渐渐少了,这样的场面鲜见了。每当举办大场面、高层次的文艺活动不见了评弹的踪影,也没有领导者和策划人说"评弹怎么没有啊"的话了。难得有机会出现,整个评弹界就像"天上掉下个林妹妹"一样稀奇。可叹很少有业内人士去仔细地研究和认真地去思考其中的原因,以及如何去改变这种状况。

据不完全统计,改革以来上海的大小文艺团体至少有200多个,演艺从业人员有数千人。尽管大部分是民营团体,但涉及门类广泛,歌舞、音乐、杂技、魔术、戏剧、戏曲、影视、综艺等几乎无所不包,例如锦辉艺术传播公司、上海张军昆曲艺术中心、上海萧雅艺术公司、上海大众乐团、上海金星舞蹈团、腾龙魔术杂技团、晓晖艺术中心、左邻右舍艺术传播公司、老上海爵士乐团,等等。这些民营团体的社会影响甚至超过了某些国营团体,他们在扩大剧种影响、传承剧种艺术、占领市场份额等方面起到的作用是独特的。相反,在几年里,评弹界的上海评弹团、新长征评弹团、新艺评弹团、东方评弹团等四个剧团被撤销了三个,单位淘汰率为75%。撤销后散到社会上的以及出于各种原因离开评弹团的人,一个也没有成为行业中的领军人物,更没成为专业上的佼佼者。这一正一反的差距使得评弹与其他剧种之间的距离拉得更大,从专业上讲,目前上海地区真正的评弹团就一个"上海评弹团"。

社会影响力的减弱导致市场占有率的萎缩。在1980年至1990年前后,除静园书场、大华书场、西藏书场,三家千人左右座位的大型书场外,市区其他专演长篇的中小型书场据不完全统计有雅庐、七宝、西园、玉兰、美琪、碧百、联运、漕北、武定、安康、虹桥、梅文、轻工、共康、宋园、上钢、浦兴、衡山、东方、竹林、鲁艺、长艺、田林、西南、玉壶春、玉茗楼、龙珠苑、彭浦老年、兰心微型厅、天蟾评弹厅、邮电俱乐部、徐汇图书馆、浦东文化宫、乡音书苑等40家左右(郊区几乎每个区县都有10家左右的书场,在此不详细罗列)。

至2015年,市区演出长篇的书场有梅文、武定、龙珠苑、玉兰、长艺、乡音、宋园、鲁艺等10家左右。(郊区各区保留着一至二家书场)

2024年,市区长篇演出的书场有乡音、雅庐、玉兰、长艺、芳草、田林。

郊区有金杨(浦东)、北蔡(浦东)、新虹(闵行)、景江苑(闵行)、珠溪(青浦)、槎溪(嘉定)、南桥(奉贤)。

另外作为公益服务,每月只演几场的非正常演出场地有武定、梧桐、宋园、润余、斜土社区、平凉社区、上钢社区、周家渡、真新社区、七宝等。

至目前,评弹演出市场在上海的总态势是能按评弹惯例每天长篇连续演出的书场,市区有6家,郊区有7家,不定期公益性的有10家。有建制的评弹团,由原来的4个削减为了1个。

值得深思的一种现象是一方面专业队伍严重萎缩,另一方面业余队伍蓬勃发展。据不完全统计,目前上海市区有名有姓的业余评弹组织有市工人文化宫茉莉花评弹团、北站街道评弹沙龙、五里桥街道评弹沙龙、黄浦区评弹之友社、陆家嘴街道梅园评弹沙龙、外滩街道评弹沙龙、七宝文化中心评弹沙龙、杨思街道评弹沙龙、武定书场评弹沙龙、愚谷村静安区退休教师评弹沙龙、鲁艺书场评弹沙龙、广中路街道评弹沙龙、彭浦镇文化中心评弹沙龙、临汾街道文化中心评弹沙龙、武宁小城评弹沙龙、静安新城评弹沙龙、高桥镇评弹沙龙、上海石化评弹沙龙、市政协国际评弹票房、吴韵评弹团等20多个。

这些业余组织每星期都举行活动,算来上海滩天天都有数家业余评弹队伍在活动。以每个票房平均20人计算,总数可达400多人,去掉交叉重复的人员起码也有200人以上。按常理说,爱好者队伍壮大对扩大曲种影响是有推动作用的。但当天时、地利、人和不在同一轨道上运行的时候,其产生的效应就不一定是正面的了。以前业余与专业的分工很明确,性质很明晰。爱好者是陶怡情操,专业人是传承发展。一边是玩票,一边是事业。那是因为专业的水平很高,业余无法企及。而现在的情况是,在很多时候、很多场合,人员不分专业与业余,质量难分业余与专业。尤其是自从有关部门实行放开演出市场,取消个人演出许可证后,许多业余团队组织演唱会、会书等大型演出打的旗号就称"什么什么团"。故意混淆专业与业余的界线,误导社会及不明内因的人们对评弹艺术的认识。其中还有不少人从爱好走向了从业,但艺术质量并没有随着身份的转换而提高。也有些专业人员只要有报酬,什么场合都会去,什么舞台都肯上,完全忘记了自己肩负的责任,久而久之作为专业人员的各项标准和技能都下降了。再说一个专业团体的演员总数才几十号人,结果是由于业余人员数量上的压倒性优势和艺术质量上的业余水平,对比专业团队虽在质量上有专业优势但在人员数量上存在严重劣势，从而拉低了整个评弹界的艺术水准，大大地稀释了评弹艺术的醇度。所以有人说，"现在的书场里已听不到真正的评弹了，即使一些优秀的曲目还有人在说唱，也是精华尽失，像一杯渗水太多的咖啡，滋味寡淡"。再加上专业队伍中能算得上人才的人不断地流失，艺术与人才的整体滑坡导致评弹失去了在文艺界的主流地位，整体事业呈逆生长态势。

二、"秋光疏影"中的评弹人

含蓄、细腻、趣味，文雅、内敛、仔细，这是评弹艺术和评弹人的特质。我们常讲的"人如其书、书如其人"是讲这二者的统一。前辈中如徐云志与《三笑》，周玉泉、蒋月泉与《玉蜻蜓》，夏荷生与《描金凤》，杨振雄与《长生殿》，张鸿声与《英烈》，唐耿良与《三国》，张鉴庭与《顾鼎臣》，严雪亭与《杨乃武》等。我们很难分清他们是书造就了人还是人造就了书，是"人如其书"还是"书如其人"。归根结底是这些前辈们把评弹的艺术特性和自己的人格品位修炼到了极高的程度和高度的统一，从而造就了这一座座丰碑。而今天的评弹界没有新的丰碑，主要原因之一就是没有这两者既有高度又能统一的人物。即便有人稍有成绩但与前辈也是无法相比的，不足以担当起事业领路人之重任。从对现实的观察来看，形成这种局面主要有几点原因。

1. 面子文化

个人认为"面子文化"是国文化中很不可取的却又极具渗透力的文化现象。当文雅变成功利，内敛变成浮躁的时候，其行业风气一定是"面子文化"盛行。因为你要利益索取最大化，一定要把自己弄得如打气的蛤蟆一样又大又壮，使别人不敢小觑。

在这里我举"评弹——中国最美的声音"为例。这句话在当今评弹界是妇孺皆知的语录，在文艺界也是路人皆知的口号。我在前一时的中国评弹网上看到一则由此语录延伸出来的事情，台头是"纪念陈云诞辰暨姑苏公益书会"的一篇通信。原文是"陈云同志生前最爱听书，听苏州评弹，曾赞美苏州评弹是——中国最美的声音"。我们且不论撰文者与评弹是什么关系,有一点是肯定的,他对陈云是不了解的,对这句口号的出处和理解更是一无所知的。有人要问"评弹——中国最美的声音"出处何在?与评弹业态、面子文化有什么关系?

在1998年前是没有这句话的。是年3月,受台湾雅韵文化公司邀请,上海文化局组织了一个评弹小组去台湾,为评弹进岛做先遣探路。成员有彭本乐、陈希安、范林元、盛小云,以及当时上海市文化局台办的一位干部共五个人。这是自1949年以后首次送评弹上岛,对评弹界而言不是惊天动地也是开天辟地的事情,而对邀请方来说是一次做生意前的试验。进岛前后有20天左右的时间,走访的学校、电台、电视台有几十家,平均一天要走几个单位。其中最吃功夫累人的是3月4日,在位于台北市八德路三段25号的"台北市立社会教育馆"那场试验演出。三层楼的剧场、千余的座位,一位演讲人、三个演员,四个人要在陌生地承担一场千余观众从未看到过的曲艺演出,是演员都能想象得出那种压力。

那天傍晚突然下起了大雨,晚7:30演出。但7:00一个观众也没有,此时邀请方和大陆五人团的心情是可想而知的。但刚过7:00,剧场传来潮水般的声音,我们以为发生了什么意外,到台侧一看才晓得是观众进场,就几分钟时间,千人剧场座无虚席,其中半数以上是几天来我们下学校、上电台吸引来的大学生。演出效果用"非常成功"也不足以概括,在此不再赘述。第二天,台北各大报纸大幅报道并刊出标题"评弹——中国最美的声音""盛况空前""大获成功"等文章,这是"最美的声音"词句用在评弹上的开始。由于这场大型试演的成功,邀请方与当地媒体将计就计把它作为评弹的定性词来吆喝,以吸引今后的正式商演,说白了就是生意营销手段。当时的效果说在台北掀起了一阵评弹旋风也不为过,这不能不佩服组织方炒作的本领。大标题下还有"评弹学者""书坛宿将""评弹张国荣""苏州美女"等小标题。其中肯定的一点是,大标题"中国最美的声音"指的是这场演出的本体"评弹"。绝不是现在评弹圈所传的是指哪几位演员或哪位演员,"中国最美的声音"就是一句用来吸引百姓眼球的广告词。

这句原话出自何人之口的呢？台湾的报道说是"国学大师俞大纲说，评弹——中国最美的声音"。俞大纲就读于上海光华大学、北京燕京大学。曾授业于徐志摩门下，精于中国古代文学艺术与戏曲文学研究、京剧创作。1949年去台湾，任教于台湾大学中文系，也是台湾中国文学大学中国戏剧学系的首任系主任。生于1908年，卒于1977年。

这里有一个问题。俞大纲逝世于1977年，是"文化大革命"刚结束时。他于1949年就去了台湾，在这21年中不可能与评弹有直接的接触，也就不可能指名道姓地说"评弹是中国最美的声音"之类的话。上网搜索俞大纲的文章或演讲，没有任何他与评弹的信息，倒是有大量的是近几年来评弹界自己写的"评弹被台湾国学大师俞大纲誉为中国最美的声音"之类的文章。我在台湾的报刊上的确看见过这样的词句，但说的是"昆曲是中国最美的声音""京剧是中国最美的声音"。因为邀请方曾做过多次大陆京昆剧团进台湾商演的案例，用的广告语也是"中国最美的声音"。那么可能的结论就是俞大纲曾在谈他擅长的京剧时用过"中国最美的声音"，或者在谈论中国的方言时说过"苏州话是中国最美的声音"等，媒体将俞大纲在其他场合讲的词语套在了"评弹"的宣传广告上。否则，难道尊为百戏之祖的昆曲不美？称为国粹的京剧不美？而一个地方曲艺倒是"国之最美的声音"，这说得通吗？我在这里要指出的是，别人都是听过、谢过、笑过，唯独评弹人听后打包、带走，并活学活用武装自己。回转大陆没隔几时，就出现了铺天盖地的"评弹——中国最美的声音"的文章。

我举这个例子不是反对做宣传，是反对以宣传替代艺术。有人说这也是一种炒作，但是丢了精髓、没有支撑、缺少底气的炒作，是经不起考验的，更经不起时间的检阅。习近平总书记在全国文艺座谈会上讲话时说："文艺要得到人民认可，花拳绣腿不行，投机取巧不行，沽名钓誉不行，自我炒作不行，'大花轿、人抬人'不行。"两相对照，其中深意不言而喻。文艺界同行中有人说"既然评弹是中国最美的声音，那就是有干不完的活赚不尽的钱，还要政府拨款政策照顾干吗？"说话做事自相矛盾。在"面子文化"的驱使下，评弹人低调、内敛、仔细的品质不见了，评弹艺术含蓄、趣味、细腻的特点减少了。行业的心态、业态、生态都发生了根本性的变化。

2. 缺少思路

我不止一次听人讲"现在的评弹人缺少文化"。以前听到是不以为然的，因为评弹人缺少知识是肯定的，从小学艺的学历都不高。但说搞文艺的人缺少文化是不认同的，而现在我非但认同还深有体会。心态、业态、生态的变化使得一些人没了自知之明，甚至是不知天高地厚，从而对事业造成了伤害。用一位前辈的话说："当今评弹界是个没有艺术权威、缺少领路人的时代。"一个不与外部世界接轨的事业是做不大的，一个没有标杆的事业是危险的，一个没有思路的行业是走不远的。

某次苏州举办青年评弹演员大奖赛时有说、噱、弹、唱的表演，也有即兴表演的板块。这本是件好事，起码在推动青年演员基本功锻炼方面有积极意义，可即兴表演的方式和题目叫人不能苟同。在书目说完后各位演员再抽签表演小品，命题是《广场舞大妈抢地盘》《苏州老太卖菜》《伪娘与女汉子相亲》《父母得了癌症》等。且不论这些题目雅俗如何，单说用小品方式考评弹演员的即兴表演能力就不符合评弹规律。语言艺术与表演艺术是两种不同门类的文艺式样，语言艺术是思路走在嘴巴前，表演艺术则是形体走在嘴巴前。在此不禁要问一声项目策划人和出题者，评弹演员把小品演成了又能怎么的？是改行去当滑稽演员还是话剧演员？更何况还是些无聊庸俗的选题。评弹演员讲究的是用自己擅长的流派编曲演唱本领和过目即成的讲故事能力。策划者不在评弹演员应该具备的基本功上做文章，却去搬抄人家用烂了的俗不可耐的老套子，弄得有些演员无所适从。有的演员确因父母得癌症病故触景伤情而拒绝表演，更有个别老师意气用事带领演员罢演出走。搞得现场一片混乱，文艺圈一片哗然，在社会上造成很坏的影响，说评弹演员没文化更没思路。

有道是老人靠技艺，新人靠创艺。如今老人技艺不强，新人创艺缺乏。这是当今评弹界一个紧迫又至关重要的问题。

三、期望风吹浪打后的觉醒

有人说按此论断，评弹事业日落西山无可救药了？非也。如果评弹是到了那一天，那么我们的讨论也是多余的了，也没有必要探讨路在何方了。要改变困境确实难度很大，但不等于评弹事业已走到了尽头，没有了生存空间，放大了看，比评弹处境更艰难、更糟的门类还有。据国家有关部门报告，就戏曲而言，全国在1959年的戏曲品种是368个，到2015年是256个，消亡了112个。其中40多个曲种还有经常性的演出，74个曲种只有一个剧团（或团体）在留守，成了孤儿。就曲艺而言，目前全国范围内是400种左右，排得上号还能演出的也就七八十种，例如，相声、评书、山东快书、快板、二人转、天津时调、梅花大鼓、铁片大鼓、西河大鼓、京韵大鼓、单弦、北京琴书、四川清音、福州评话、南昌清音、苏州弹词、苏州评话、扬州评话、扬州弹词、蒙古好来宝、白族大本曲、姚安莲花落、侗族琵琶歌、陕西独角戏、花灯说唱、陕北说书、壮族末伦、独脚戏、双簧、上海说唱、金钱板、贵州琴书、徐州琴书、潞安大鼓、乐亭大鼓、兰州鼓子、长沙弹词、常德丝弦、四川谐剧、四川扬琴、湖北评书、西藏折嘎、青海平弦、九江文曲、粤曲三弦书、大调曲子、河南坠子、尺唱、锦歌、温州鼓词、绍兴莲花落、桂林零零落、安徽琴书、凤阳花鼓、福建南音、壮族蜂鼓说唱、京族弹唱、天琴弹唱、尼呐哩、瑶族铃鼓、打溜子、宁夏坐唱、湖南瓦乡歌话、鸡毛竹、神农架龙凤鼓、土家围鼓、竹柝曲、来帕尔等。

在几十年的时间中，逐渐消亡的曲艺门类根本就没做过统计，肯定不会比戏曲灭种的少。那些减去的数字和正在减少数字中的艺术品种，就是比评弹更糟、更惨的门类。

每一个评弹人，每一个热爱者，每一个研究者的共同愿望就是"这么好的艺术不能灭亡"。要恢复到20世纪三四十年代、五六十年代的鼎盛期是不现实的。但如像汽车那样通过修复，评弹这部老车到不了120公里/小时，跑70公里/小时、80公里/小时还是有可能的。这就看我们如何善待它、保养它,以及评弹人的决心与智慧了。这需要主政者的头脑冷静下来,客观正确地分析现状,理出切实可行的路径,制订符合实际的措施。

虽说演艺领域大格局还会变,但无论怎么变,评弹落为了沪上小众门类在10年、20年里恐怕不会改变,也不太可能在近几年内挤进主流艺术的位置。那么做大不行就做精,另辟蹊径找出路。做精就要保存特色,曲种的特色是艺术的实力。沪上四个评弹团只剩一个,按店多成市的规则来看是坏事,但以独养儿子更宝贝的逻辑就是好事。上海是世界第三个特大型城市,老龄化趋势在国内最快。2 425万人口,本地户籍1 500多万,其中400多万是60岁以上人群,占总人口的30%。评弹是以老年人为主要听众对象的艺术,抓住400多万老龄人中的十分之一,40多万人供养一个"独养儿子"应该是没有问题的。关键是你有没有艺术特色,听众是否喜欢。

据相关部门预测,在今后相当一段时期中社会保障的重点是"老少"两头,国家有关政策倾斜的也是这两头。那么能否与木偶剧、儿童剧联手与政府有关部门建立起服务老少两头的专职机构或专门项目呢?如果能形成承接这种政府委派的机制,那么政府的责任有人分担了,评弹的后顾之忧也就减少了。

余下的问题就是看我们自己还有多少实力。从行业内部说,从业人员的数量还是不少的。即便艺不如前人,但从进化论讲"人一代更比一代聪敏"。除了一部分天赋不是当评弹演员的料外,大部分人都是可以调教进步的,只是金钥匙没找到,智慧之门未打开。何况还有20多支业余队伍几百号人,只要运用引导得当,也能成为复兴评弹事业的有生力量。

没有艺术权威的时代应实行集体决策制。一派独大、门户之见、排挤异己是事业的致命伤。文艺体制改革应从行业整体、特点、需要出发,而不是所谓的"一团一策"。保护曲种不从行业整体着手,而去建立一个个局部的独立小王国,最终保护曲种就是句空话。应该根据曲种的地域性建立起类似"江浙沪评弹工作联席会"或"联盟"那样的机制。有事共同谋划,同时要认识到艺术是不以团体的行政级别高低而分等级的,平等协商凡是好的建议都应采纳。这样从小处说可避免像"评弹演员演小品出走"那样事件的发生,从大处讲行业一盘棋,众人拾柴火焰高,古人云:"上下同欲者胜。"

继承与发展是永恒的真理,只是当今的继承与发展赋予了新的内容。既要承袭又要市场,承袭的部分不要轻易改动。没有原汁原味的样本,就没有后人参照的标杆。要留住那些有古董保护能力的高人,开发那些有新思维、新点子的活跃分子去闯荡市场。只要留有正宗样本,新思路走得多远都能收得回来。"中篇评弹"是变化,"短篇评弹"是变化,把各种流派集在一起开"演唱会"也是变化。大乐队、交响乐伴奏评弹,有人出钱有场地可演,不定期或偶尔搞搞未尝不可。老听众不喜欢,让几个陌生白领了解一下皮毛也好,毕竟唱的还是评弹,也算是变化。但用普通话说书,北京话唱评弹,丢掉三弦琵琶,穿起戏装走台步不行。那是颠覆艺术本体,误导听众百姓,日长时久不是被人同化就是自己变种。变化可以,变种不能!

就以上种种现象而言,在其他文艺门类中也有类似情况发生,只是表现方式不一样而已。

我们不以偏概全,也不一概而论,只是提请文艺工作者们保持清醒的头脑,善于思考,朝着正确、长期发展的方向前行。时代前进的步伐必然会淘汰落后、腐朽的东西,但不能本末倒置地去菁存芜。中华民族几千年来生生不息,传统文艺得以传承数百年,靠的是"真、善、美"的护佑。所以,我们必须预防和阻止那些"性感替代美感""技术替代艺术""媚俗替代美丽"的短视行为。

对评弹的愿望是不能让评弹这门说话的艺术,在不能自由说话的年代没有衰落,却衰落于可以自由说话的时代。我们的目的是修复文艺生态,重塑艺术价值!

(范林元　上海市非物质文化遗产代表性传承人)

后　　记

　　2005年5月,当代上海研究所策划推出的《当代上海研究论丛》正式问世。纪念上海解放55周年专辑为其第1辑,由上海市地方志办公室指导、当代上海研究所和上海市地方史志学会共同编著,并由上海社会科学院出版社出版发行。

　　自此,《当代上海研究论丛》成为当代上海研究所的一个重要品牌项目。迄今,已陆续推出5辑。每辑围绕一个中心主题,以上海为主、面向全国征集优质稿件,所录文稿有一定领域的影响力和研究价值。

　　2024年,是中华人民共和国成立75周年。75年,中国由一穷二白到全面小康,已踏上以中国式现代化全面推进强国建设、民族复兴的伟大征程。75年,上海坚持和弘扬历史主动精神,在推进马克思主义中国化、时代化的历史进程中,在革命、建设和改革的伟大实践中,在中国式现代化建设和中华民族伟大复兴的时代征程中,都充分体现和发挥了极其重要的战略地位和独特贡献。今天,在新的历史坐标上,有展望更新,也应有记忆留存和经验的研究总结。鉴于此,当代上海研究所特别推出了《当代上海研究论丛》(第6辑)庆祝中华人民共和国成立75周年专辑,以为记,以为念!

　　感谢上海市地方志办公室一如既往的支持和指导!感谢"方志上海"微信公众号、"上海通"网站和《上海地方志》学术期刊助以发布本专辑《征稿公告》,广而告之。

　　感谢王依群、熊月之、茅伯科、叶舟、贾占锋、魏强、范林元、钱程、戴伟娟、王敏等先生、女士赐稿,使得本专辑得以涵盖重大工作和战略、社会经济、城市治理、人民生活、科技创新、影视艺术、体育音乐等诸多方面,全面展现中华人民共和国75年中的"上海贡献""上海经验""上海智慧""上海引领",亦对上海如何继续当好"排头兵、先行者"进行研究和探讨。

感谢上海市地方史志学会、上海社会科学院出版社,时隔20年,与当代上海研究所再度携手!是缘分,也相信历史总会有一些莫名的巧合。感谢钱社、唐总编、章博士为本专辑严把编校质量关并为其顺利出版所做出的重大贡献!

《当代上海研究论丛》编辑部
2024年6月

图书在版编目（CIP）数据

当代上海研究论丛. 第6辑，庆祝中华人民共和国成立75周年 / 当代上海研究所，上海市地方史志学会编. —— 上海：上海社会科学院出版社，2024. -- ISBN 978-7-5520-4519-2

Ⅰ.K295.1-53

中国国家版本馆CIP数据核字第2024KL8899号

当代上海研究论丛（第6辑）：庆祝中华人民共和国成立75周年

编　　者：当代上海研究所　上海市地方史志学会
责任编辑：章斯睿　张　晶
封面设计：周清华
出版发行：上海社会科学院出版社
　　　　　上海顺昌路622号　邮编 200025
　　　　　电话总机 021-63315947　销售热线 021-53063735
　　　　　https://cbs.sass.org.cn　E-mail：sassp@sassp.cn
排　　版：南京展望文化发展有限公司
印　　刷：上海新文印刷厂有限公司
开　　本：890毫米×1240毫米　1/32
印　　张：9.875
字　　数：273千
版　　次：2024年9月第1版　2024年9月第1次印刷

ISBN 978-7-5520-4519-2/K·732　　　　定价：88.00元

版权所有　翻印必究